货币本位制度比较研究
——兼论人民币稳定锚的构建

Comparative Study on Monetary Standards：A Treatise on the Construction of the Stabilizing Anchor of Renminbi

程　皓　著

科　学　出　版　社
北　京

内 容 简 介

本书将货币本位制度的历史演进按货币形态和管理规则进行分类梳理，比较了近现代三大货币本位制度，即金属本位、可兑换管理本位和不可兑换管理本位的制度成本、宏观经济绩效、激励机制和相容性，分析了各种改革货币本位制度的主张，提出可持续发展的货币本位制度应兼顾生态限度和包容性发展的需要，人民币国际化应构建稳定锚，并探讨了相关设想。

本书以科学发展观和社会主义生态文明观为指导，结合生态马克思主义，吸收中华传统文化、西方演化经济学、新制度经济学、生态经济学的合理成分，强调社会、经济与自然生态体系和谐发展，研究方法以定性分析和定量研究相结合，适合专业研究人员、本科生和研究生，以及对货币制度演进有兴趣的各界读者阅读。

图书在版编目（CIP）数据

货币本位制度比较研究：兼论人民币稳定锚的构建／程皓著．—北京：科学出版社，2019.12

ISBN 978-7-03-060992-2

Ⅰ．①货… Ⅱ．①程… Ⅲ．①国际货币制度－对比研究 Ⅳ．①F821.1

中国版本图书馆 CIP 数据核字（2019）第 067080 号

责任编辑：马　跃／责任校对：贾娜娜

责任印制：张　伟／封面设计：无极书装

科学出版社 出版

北京东黄城根北街 16 号

邮政编码：100717

http://www.sciencep.com

北京建宏印刷有限公司 印刷

科学出版社发行　各地新华书店经销

*

2019 年 12 月第　一　版　开本：720×1000　B5

2020 年 11 月第二次印刷　印张：13 1/2

字数：270 000

定价：122.00 元

序　言

货币是金融的本源性要素，金融是现代经济的核心。货币本位制度是货币金融体系的一项基础性制度，影响和决定着其他相关货币金融制度的基本取向。货币本位制度在生态环境和社会经济之间起着重要的纽带作用。数十年以来，人类社会面临的生态危机、经济危机和金融危机都导致了对货币金融制度，尤其是货币本位制度的深刻反思，各种改革主张众说纷纭。因而，货币本位制度比较研究对深化金融改革乃至实现可持续发展都具有重大的理论和现实意义。

作为货币理论的一项基础性研究，本书以科学发展观和社会主义生态文明观为指导，结合生态马克思主义，以新制度经济学相关理论为基本框架，涵盖系统相容性分析，借鉴新古典学派、货币学派、奥地利学派、生态经济学等对于货币本位制度的研究成果，科学界定货币本位的概念和制度分类，以全球特别是西方七国和中国等国家19世纪以来的数据资料为依据，从制度成本、制度绩效、制度激励和系统相容性等方面对三大货币本位制度开展系统的比较分析和实证研究；运用大量的历史统计数据和文献，进行了时间序列计量分析、结构模型分析、模拟测算等多种研究。本书研究的创新之处包括：货币演进分析、本位制度划分——特别是基于货币本位制度变迁的物价利率关系实证研究、将生态约束纳入管理货币稳定锚构建的设想、心理锚定的理论和方法等。

首先，本书对历史上不同货币本位制度进行概念界说。从历史发展的进程观察，本位货币在币材维度上从实物货币向表征货币发展，同时也在管理规则的维度从市场货币向国定货币演进，即“二维四元素演进”。货币本位概念随时代而变迁，在商品货币时代是关于标准货币币材的规定性；在管理货币时代，则是货币管理所遵循的原则。原则本位观包含了币材本位观。本书依据管理原则和可兑换性，把近现代货币本位制度区分为金属本位制度、可兑换管理本位制度和不可兑换管理本位制度三大类，前两类通常称为商品本位。

其次，本书展开了货币本位制度的成本、绩效、激励和相容性四个维度的比较。

新制度经济学认为，制度有深刻的效率因素，不同的制度必然带来不同的交易成本和绩效。制度成本的比较涉及直接和间接资源成本、管理成本和福利成本。在低准备率和经济增长速度收敛的条件下，模拟测算的可兑换管理本位的黄金资源成本可以大大低于100%准备率下的金本位。不可兑换管理本位的总体制度成本高昂，且不必然比商品本位的制度成本低。

对不同货币制度下宏观经济绩效的比较是从经济增长、就业和收入分配不平等三方面展开。发达国家商品本位下的人均产出增长快于不可兑换管理本位，在不可兑换管理本位下，发展中国家和发达国家都出现了频繁的货币金融危机，失业和不平等现象更趋严重，世界经济增长总体趋于放缓。在不可兑换管理本位下货币金融快速持续扩张，一方面对实体经济增长起促进作用，另一方面反而引起经济滞胀、金融泡沫与破灭从而削弱实体经济。

制度激励的比较基于对不同本位下物价利率关系、利率期限结构和主权融资利率所具不同特征的实证分析。制度是社会的激励机制，一定的货币制度决定了人们围绕币值变动趋势的“预期-行为”机制。制度变迁影响预期改变，行为也随之变异。实证结果表明：中国白银核心金属本位时期存在吉布森悖论，而不可兑换管理本位时期存在部分费雪效应，即通胀预期在金属本位下为零甚至为负，而在不可兑换管理本位时期通胀预期大于零。比较的结果支持弗里德曼为代表的货币本位说。这就解释了金属本位制度培养了节俭和注重长远的道德行为准则，而不可兑换管理本位助长了以“人性不耐”（human impatience）为特征的短期行为。如今，经济呈数量型增长而非质量型发展，社会道德问题、生态环境问题正威胁世界的可持续发展。

20 世纪 80 年代以来，人类经济系统已经超越地球生态系统承载力，基于无限增长的货币本位相容理论应当被抛弃，代之以生态可持续的相容性视角。可兑换管理本位兼有商品货币和管理货币的优点，更可以体现生态约束和社会生产力质性发展的要求。

最后，本书提出了货币本位制度改革和构建人民币稳定锚的建议。

不可兑换管理本位在全球确立的几十年来，还没有形成有效的稳定机制。改革国家或国际货币制度的主张包括三大类，即纯粹的商品本位方案、管理本位方案和折中的商品锚定的管理货币方案。权衡各种货币改革方案，理想的货币本位制度改革的方向是以有限生态承载力制约货币数量的变动趋势，并构建商品锚，锚定管理货币的数量。借由商品锚的世界性，国际货币体系得以重新自发联系起来，构成稳定的汇率体系；远期随着经济增长趋于收敛，则有理由考虑恢复可兑换管理本位。

中国是最大的发展中国家，改革开放取得了巨大的成就。中国的经济总量和贸易地位都跃居世界前列，人民币加入 SDR（special drawing right，特别提款权），都为人民币国际化奠定了良好的基础。在和平崛起的前提下，人民币国际化应走市场化的良币之路，确定自己独立的价值基础，逐渐摆脱过去盯住美元及外汇占款的发行机制，促进形成新的有利于可持续发展的国际货币体系，而不应重蹈美元的覆辙。

我国当前要采取措施，从两个维度加快人民币稳定锚的构建。一是增加锚商品的实物储备，增强人民币的市场信心；二是根据货币价值尺度职能调整人民币与财富价值的比例关系，即相对心理锚定。从测量得到的人民币与美元各自与黄金心理锚的距离来看，人民币脱锚的程度高于美元，应当从货币总量、汇率和参照系数等方面实施调整。

目　　录

导　论

一、联结生态与经济的货币

人类面临的可持续危机已经威胁到了未来代的福祉，而频频爆发的金融危机直接让社会大众承受现实的代价。关于货币本位制度的探讨总是伴随着经济危机和自然生态危机等重大事件而不断深化，本书的研究背景正是与困扰全球的金融危机和生态危机密切相关。

货币起源于交换。交换的出现与自然生态差异、生产技术差异有着密切联系。

传说中，“蚩尤以金（铜）为兵，黄帝以玉为兵，黄帝战胜蚩尤”（龙建民，1988）。蚩尤部落是我国最先发明冶铜和制造使用铜质兵器的部落，但当时其铜兵器还没有达到青铜兵器的锋利，尚不能抵御石英石磨制的玉兵器，结果黄帝战胜蚩尤。但是，黄帝部落所在中原地区其实并不产玉，产玉的是与其毗连的羌族地区。古羌族在石器时代就生产石器和玉器，并以此与黄帝部落交换农产品，这就是“黄帝以玉为兵”的由来。《管子·揆度》中记载：尧、舜时期“北用禺氏之玉，南贵江汉之珠”，反映不同地区的自然资源禀赋差异带来的技术差异。我国台湾地区高山族萨斯特人有个关于初始交换的传说：“昔祖先等遇高山族土著于途中，土人问曰：‘汝等食何物？’答曰：‘食鱼。’土人曰：‘我等系捕鸟兽而食之，可否以鸟兽与汝等之鱼交换食之？’言罢，即出示鸟兽，并换得鱼归。两族之交易，以此为始。”[①]可见，自然资源禀赋差异，以及由此派生的技术差异决定了原始交换的起因和内容，即“由于资源分布的不均衡性和生产技术发展的不平衡性，造成产品在地区间的差异、有无和巧拙，这就成为氏族公社间产品交换的基础，促进了不同地区氏族公社间的交换”（张友直，2009）。

---

① 引自龙建民（1988）第 40 页，转引自许君玖《台湾先住民经济传说集》，载台湾银行经济研究室编《台湾之原始经济》第 133 页。

人类经济的发展是生产力不断提高、劳动分工和市场交换不断扩大的过程，其中货币对人类经济社会发展具有重要的影响。唐人刘秩说："夫钱之兴，其来尚矣……先王以守财物，以御人事，而平天下也……是以命之曰衡。衡者，使物一高一下，不得有常。故与之在君，夺之在君，贫之在君，富之在君。是以人戴君如日月，亲君如父母。用此术也，是为人主之权。"[①]《大转型》的作者波兰尼认为"客观上，货币制度确实是能整合国家的经济力量中最强大的一个"（波兰尼，2007）。

18 世纪以来，工业革命所创造的工业文明[②]给人类社会带来的物质财富超过了过去全部人类文明所创造的物质财富总和，人类的物质生活水平得到了空前的提高。以金融发展理论为代表的西方传统理论不断总结历史经验，充分肯定了货币金融发展对经济发展的积极作用。

巴吉特（Bagehot，1873）第一个全面考察了金融在经济中的作用，他认为，英国的金融体系让投资者方便快捷地找到有利可图的项目并注入资金，这极大地帮助了英国在 19 世纪取得骄人的经济成就。1898 年，瑞典经济学家魏克赛尔（Wicksell，1936）在《利息与价格》一书中提出，在信用经济条件下，货币不仅媒介交易，还媒介投资，货币金融对实际经济活动具有实质性的影响。熊彼特（Schumpeter，1934）认为，经济发展的实质在于创新的实现，而银行信用在经济发展中的重要作用是为生产要素的重新组合提供必需的购买力，这种购买力源于银行的信用创造，正是这种信用创造的能力才是推动经济发展的动力。在熊彼特的启发下，20 世纪 30 年代兴起的凯恩斯主义认为，物价的涨落和利率的高低水平直接影响经济行为，并将国家管理货币作为基本制度前提，构建了国家通过货币政策和财政政策干预经济的理论大厦。20 世纪 50 年代后，许多经济学家开始分析影响经济增长的货币金融因素，以此构建金融增长模型。托宾（Tobin，1965）从论证货币促进储蓄进而推动经济增长的角度论证了货币金融对经济增长的作用。

20 世纪 60 年代末以来金融发展理论不断演进，先后出现了六个有代表性的金融发展理论：其一，Goldsmith（1969）的金融结构论。论证了金融结构和金融发展与经济发展关系问题的重要性。其二，McKinnon（1973）的金融深化论。认为要使存在金融抑制的发展中国家摆脱贫困，就要通过金融市场自由化来动员国内储蓄、提高信贷资金配置效率，实现金融深化，以获得资金上的自给和经济增长与发展，最终形成金融发展与经济发展良性循环。其三，

① 参见《旧唐书》卷四十八《食货志上》。

② 工业文明是指工业社会文明，亦即未来学家托夫勒所言的第二次浪潮文明，它贯穿着劳动方式最优化、劳动分工精细化、劳动节奏同步化、劳动组织集中化、生产规模化和经济集权化等六大基本原则。

Hellman 等（1997）的金融约束论。针对亚洲金融危机，分析了发展中国家金融自由化进程中金融市场失败的原因，提出政府通过一系列金融政策对金融市场监管进行间接控制，既能防止金融抑制又能经金融约束逐步过渡到金融自由化。其四，以 King 和 Levin（1993）为代表的金融发展经验与理论研究。通过计量验证了金融发展确实具有促进经济增长的功能，而且明确区分了金融中介和金融市场作用于经济增长的机理，提出决定金融发展和金融结构的制度因素。特别是从产业和企业层次进行的经验数据研究，更深层验证了金融发展对于经济增长的重要性。其五，我国学者白钦先（1998，2000）提出的金融资源论。金融资源论在货币非中性从而金融非中性的基础之上，提出金融是一种资源，是通过自身配置可以进而配置其他一切资源的特殊资源。金融资源是相对稀缺的、区别于自然资源的特殊的战略性的社会资源，在金融资源论研究如何开发、配置和保护金融资源的基础上，通过整合金融机构观和功能观，形成了“金融可持续发展”流派，着重研究金融如何能够持续发展并对经济发展发挥作用。其六，2005 年以来，中国出现“金融生态理论”。周小川（2005）认为，“金融生态”是指金融运行的外部环境。李扬等（2005）把金融生态系统界说为由金融主体及其赖以存在和发展的金融生态环境构成，两者之间彼此依存、相互影响、共同发展的动态平衡系统。苏宁（2005）则指出“金融生态”是一个比喻，它不是指金融业内部的运作，而是借用生态学的概念，来比喻金融业运行的外部环境，主要包括经济环境、法制环境、信用环境、市场环境和制度环境等。可见，金融生态理论研究的着眼点是，在中国体制转轨时期，金融受到政府过度干预、诚信缺失、法制薄弱等外部环境的影响，如何从多方面优化金融所处的外部环境，实现金融经济协调发展的问题。

从金融与经济的关系来看，经济是金融活动的母体和基础，经济发展状况对金融起决定性作用。表现在经济发展水平决定金融发达程度，经济发展质量决定金融质量，经济发展周期决定金融发展态势。近十几年来，尽管对于金融变量与实际变量之间相互作用的因果关系及其方向仍然存在许多分歧，多数学者承认金融体系对任何经济体都是至关重要的，货币金融对经济乃至文化制度观念都有巨大的反作用。在基础科学的重大突破基础上、科学技术充分转化为生产力的过程中，货币金融体系的适应性、扩张性发展促进了科学技术的应用型转化和生产力、生活水平的提高。

必须看到，金融的作用除了正面效应还有负面效应，过度金融化对实体经济、自然和社会发展的负面影响没有得到研究者足够的重视。在一定的生态环境中，经济基础决定上层建筑，包括观念、制度和文化，上层建筑对经济基础有反作用。在经济金融化的时代，金融和文化之间也有互动，文化既是社会的反映，也是自然的反映，文化对金融经济和自然生态也有反作用。可持续发展的先知——英国经济学家舒马赫（1984）认为，经济无止境扩张被作为人类获得普遍繁荣继而达到和平的途径，它忽视了其他一切包括人类生存所依赖的自然，其内部蕴藏着毁灭人类自身的种子；依靠自私和贪婪驱动的个人发财致富无疑是推动现代经济和社会取得惊人成就的重要力量，但用金钱衡量一切，甚至妄认为金钱是一切价值中价值最高的，会使人看不到真正的追求和生活的意义，会破坏人的智力、幸福和宁静，进而破坏人类的和平。

在金融大危机后，以美国为代表的西方主要国家出现了历史上绝无仅有的“资产价格驱动的复苏”。发达资本主义国家的主要策略从一个迅速的、涉及数十万亿美元的金融紧急救助演变为一个历史上绝无仅有的企图——重新启动金融化，作为经济的发动力量。2017 年美国新任总统特朗普上台后一个月，美国股市强劲上涨了 8 000 点，被看成是其一大政绩。人们一直认为生态危机是实体经济的盲目增长，超越了自然生态承载力，那么金融虚拟经济增长对经济进而生态环境的影响如何？反过来，生态危机对金融有何影响？如何从理论上找出金融与生态相互关联的机理？走出危机的希望何在？中国在完成工业化和走向生态经济的新的十字路口，应当如何看待货币金融的作用和采取什么样的政策？

传统理论总体上都忽略了生态和长期可持续发展问题。西方主流经济学作为资本主义经济体系的意识形态，忽视生态环境，主张增长至上、技术万能，是造成增长崇拜和对生态环境问题冷漠的主要根源之一，导致了实践上的灾难，形成了生态危机。对此，生态马克思主义、生态经济学派都做了具有说服力的分析和批判。“按照马克思货币、资本分析逻辑，即商品、货币、资本的演化脉络与人类文明的发展进程有着直接的关联，货币演化实际上反映出‘人与自然、人与人’关系的发展历程，而资本作为货币的货币，则使这种关系更加密切，并结合成为一个利益相关的货币共同体。可以说，‘充分资本化’是货币工具理性的典型体现，是使生活世界完全货币化的重要工具，最终也使‘货币性’成为解读当代人性及社会文明性质的关键因素。”（李振，2009）

以福斯特（Foster）为代表的美国生态学马克思主义学者，依据马克思主义基本原理系统阐述了资本主义是生态不可持续的社会制度，主张进行生态革命、建立有别于苏联模式的新的社会主义制度。指出资本主义生态危机源于资本积累的内在驱动，通过不断扩大生产和消费，满足人们的虚假需求，从而达到资本家追逐利润的目的。由于有效需求长期不足，资本积累从实物转向价值积累，出现了金融化。金融爆炸，或者说经济虚拟化是资本主义谋求发展的一个新的形式，金融资产的膨胀与实体经济停滞趋势的内在矛盾通过金融危机的形式反映出来，其实质是放大了的实体经济的停滞和冲击。金融大危机本身可以被视为一种“回复均值”：从金融不断膨胀的利润回归到实体经济停滞的增长趋势，结果是成万亿的美元损失。垄断资本主义经济更加依赖中央银行作为最后的贷款人，在金融危机时提供流动性和资本；中央银行越是在防止金融系统崩溃方面有效，它们就创造越多的东西，带来更大的危机；如果金融泡沫变得足够大，它们可以倾覆中央银行和财政部门应对情况的能力，可以预见会出现严重的债务紧缩。尽管新的监管可能到位，但它们不会最终构成有效的抑制。在此之上，国际资本市场的发展也限制了国家监管的权力，迫使它们给金融市场力量让路。恶化的金融危机和发达资本主义经济放缓显示整个体系的脆弱。现实是美国，包括美元的霸权垄断——金融资本主义帝国地缘政治的关键，正处于危机中。地球的生态危机说明，资本主义文明所产生的危机可能终结地球历史上整个有人类的时代。不可避免的是，不但资本主义要灭亡，而且如果我们不改变进程，整个文明也要灭亡。只有开发人类可持续发展的社会主义策略，才是人类文明的希望（Foster，2010a，2010b）。

我国生态马克思主义经济学家刘思华（2006）认为，自然界对于人类具有优先地位，生态环境是人类及人类社会赖以存在的基础，人类的一切实践活动必须遵守和坚持生态优先原则。社会生产力和自然生产力是相互依存、相互制约和相互作用的。存在社会生产力提高和自然生产力下降的逆向运动，社会生产力的提高补偿不了自然生产力的下降。人类文明发展演进过程如下：①古代人与自然朴素的统一时代，表现为农业为主导的自然经济，晚期进入农业文明。②人类探索自然、破坏生态而导致生态危机的征服时代，表现为商品经济和工业文明。③人类重建人与自然统一体达到新的更高水平的生态时代，表现为时间经济或自主经济和生态文明。生态时代是社会主义最终胜利、共产主义必将到来的时代。到那时，人类社会才最终建立起人与人之间和人与自然之间既明白而又合理的关系。

刘思华（2006）指出，20 世纪中叶以来，现代生产力和现代市场经济迅速发展，人类征服自然能力空前提高，现代人类对大自然过度的开发和肆意的掠夺，导致人与自然的和谐统一遭到破坏，使生态与经济的极不协调成为当代经济社会发展的重大矛盾问题。人类需要进行一场彻底的生态革命来拯救人类和地球。他进一步指出，资本主义条件下生态环境问题的产生，首先，应归咎于资本主义剥削制度，这是特殊原因。其次，人们的认识能力，不能正确处理各种利益关系以及生产力水平，则是产生生态环境问题的一般原因。生态环境问题的一般性根源，具有超越具体经济社会制度的特点。如果人们的经济活动只是追求眼前的、局部的、最直接的效益，忽视长远的、全局的、综合的效益，就会贪婪地掠夺自然，破坏生态环境。20 世纪国内外社会主义曲折发展的事实证明，不能正确认识与有效处理社会主义经济利益关系，社会主义社会也会发生生态环境问题。他提出，全面生产理论是现代生态经济社会有机整体的全面生产，可分为物质、精神、人口、生态和社会关系的生产与再生产。基于物质变换裂缝和物质循环理论，提出了物质循环利用、减少垃圾排放的生态经济良性循环原则。他认为，虽然转变经济增长方式是实现生态经济可持续发展的根本途径，但是社会主义国家长期没有从根本上从粗放增长转向集约增长，除了体制原因，速度偏好是首要的根本原因。他把速度偏好归结为官员的局部和短期利益取向。

在生态马克思主义的制度批判中，现代货币金融制度还没有和生态问题联系起来。福斯特认为生态危机特别是气候危机是必须马上用生态革命来响应的，但是金融危机是经济周期中的必然一元。至于新的社会主义制度下金融问题与生态问题如何解决，除了有关稳态、分散的抽象原则性设想之外，没有特别提出金融问题的解决方案。

生态经济学派系统批判了西方主流经济学的生态盲点。美国生态经济学家戴利（Daly）主张以稳态经济（steady-state economy）取代当今的增长经济（growing economy）。稳态经济或恒态经济，是指在经济中的物质/能量总流量或者通量（through volume）是恒定的，尽管可以根据市场竞争而自由变化其配置。稳态经济中经济流量的恒定水平是生态可持续的。由既定流量规模构成的使用中的性能改善是“发展”，因其来源于技术知识的改善或者对目标的更深理解，而“增长”只是流量在物理规模上的数量增加。他赞成 Hubert 指出的（金融资产）指数增长的谬误，认为这种金融行业规则对涉及实体经济的决策有不利影响，如助长了“实体经济可以无限增长”“及时消费比储蓄未来好”等错误观念。作为债务的货币金融资产是一种负的虚拟财富，虚拟财富指数化无限增长的金融观念，引发实体经济可以指数化无限增长的幻觉，使得经济增长成为唯一的目的，超越生态承载能力，由此形成了不可持续的经济，不经济的经济。真实经济的泡沫周期性破灭，收益率下降，使得人们通过现值投资决策[①]将资源流向虚拟经济，使之不断膨胀，最终损害实体经济的发展。戴利指出，根据贴现模型所做的长期投资决策，既不科学，也不符合常理。实验证明，对于长远决策不服从“现在优于未来”的心理假设，因而将贴现模型用于代际资源分配、应对气候变化等长远问题的决策是不可靠的，结果更是有害的。货币无限增长和贴现模型影响社会文化观念：人们过去是为后代着想牺牲眼前消费，现在是倾向眼前消费，不顾未来。广告泛滥是戴利和福斯特等共同批判的对象，认为是操纵消费，创造虚假需求；广告营造的消费文化使得消费本身成为人生的目的、幸福的标志。消费信贷满足了人们的真实或者虚假的消

① 简单而言，是指将投资所获得的未来期的收入按市场利率折成期初价值即现值，与期初的投资比较，如果收入的现值大于投资，即项目净现值大于零，则判断项目为可行，反之则为不可行的决策方式。

费需求，拉动经济增长，引起更多的资源消耗和产生更多的垃圾，超过了生态承载能力。金融危机频频爆发，造成经济的衰退、福利的损失和社会矛盾激化。当前世界金融危机真正损害的是普通劳动者的就业机会和收入水平，金融寡头的权力反而得到加强；虚拟经济膨胀—破灭—再膨胀的一个制度性根源就在于货币本位制度。是什么使得象征性的金融资产如此脱离所基于的实体资产？其一，一个事实是我们使用法定货币，而不是商品货币。商品货币（黄金）不论有何不利之处，至少还受到真实的生产成本的牵制。其二，银行比例保证金系统允许银行存款货币堆积在政府发行的法定通货之上。其三，保证金方式购买股票和衍生品允许进一步将金融资产堆积在已经乘数化的货币供应上。另外，信用卡债务以及其他旨在规避对商业银行和货币供应的公众利益监管的金融创新扩大了准货币的供给。因此戴利等提出了改革信用货币制度的主张，不但禁止金融资产的杠杆交易亦即信用交易，而且最终取消银行信用放款制度。在国际问题上，戴利认为全球化逃避和削弱了国家对生态的管理，不利于全球生态危机的好转。主张以国际化，事实上是区域化，代替全球化，改革国际货币体系，回到1945年布雷顿森林体系的凯恩斯方案并限制资本自由流动（Daly，1980，1991，2008a，2008b，2009；Daly and Cobb，1989；戴利，2006，2007）。

生态经济学把信用货币制度本身作为当前经济制度反自然性的一个重要方面来研究，应该说抓到了生态和金融问题的中枢，提出了经济社会可持续发展理论体系中值得探索的重要领域。

在改善生态的实践中，人们希望发挥金融的积极作用、限制其不良影响是很自然的。在生态方面，金融可能带来一些负面影响。例如，杠杆收购制度/垃圾债券融资创新，使得长周期的大型木材公司普遍成为一些金融控股投资公司的财务收购目标，收购后在归还高额债务本息的压力下公司滥采滥伐破坏生态，这是金融过程破坏生态的例证。而绿色金融和环境金融是将生态保护与货币金融在操作层面结合的创新。Jeucken（2002）认为银行和金融在实现可持续发展中扮演基础性角色，提出金融市场的企业和机构要承担环境责任。1999年以来，中国也有不少学者提出了发展绿色金融，促进低碳经济、循环经济发展的观点。例如，赵静（2009）提出借鉴英国绿色金融项目经验，在我国实施绿色金融措施，具体包括绿色信贷、绿色保险、绿色证券等措施，以促进经济发展和环境保护。在绿色金融中有一类与循环经济、低碳经济相关的环境金融也引起了理论界的关注，王卉彤（2008）引入了国外的环境金融理论，并就如何与中国现实结合进行了初步探索。任卫峰（2008）认为低碳经济是解决全球变暖的重要理念，是人类转向生态文明的一大进步。面对低碳经济时代的要求，探讨了环境金融创新的各种途径，并针对我国实际存在的问题提出了一些建议。朱家贤（2009）认为环境金融是循环经济背景下进行的金融创新，主要研究如何运用多样化的金融产品和投融资手段来保护环境，其具体包括：与排放权相关的环境金融产品及其交易市场，银行类环境金融产品，基金类环境金融产品、环境项目融资与环境保险，等等。

绿色金融与环境金融具有很大的交叉性，绿色金融着眼于“绿化”金融的整个运行，包括金融机构自身运营的绿色节能环保，狭义的环境金融着眼于保护环境和转移环境风险的金融创新。在实践中出现了生态银行、赤道银行、环境基金等绿色金融组织，自发承担生态责任；金融市场上出现了环境金融市场，交易专门以环境变量为基础的创新型金融产品，并且在次贷危机前交易规模不断扩大，在危机中交易迅速萎缩。环境金融作为创新领域还有许多需要完善的方面，如减排的核查认证制度安排问题制约了相关金融产品的透明度和信用度。环境金融市场衍生交易的杠杆性、投机性不亚于任何其他衍生品市场，同样存在着引发金融危机的可能，而这反过来可能造成环境基础市场的萎缩。现实的问题是，没有整体性的有利于生态的法规制度和金融监管保障，绿色金融、环境金融从达到保护生态环境的目的而言，是难以单独运行成功的。

为了应对世界经济金融危机、促进全球复苏和可持续发展，世界各国都在积极发展绿色经济。二十国集团领导人在2009年4月的G20伦敦金融峰会中明确承诺要建立可持续经济，达成“有复原能力的、可持续的”绿色复苏。美国奥巴马政府上台后即推出绿色新政，实施绿色能源战略，优先发展清洁能源以应对气候变化。世界经济朝向生态经济发展的趋势更加明朗，生态文明正在上升成为社会主流意识。

中国作为最大的发展中国家，面对世界可持续生态经济发展大潮，在党的十七大报告中首次提出了在全社会牢固树立生态文明观念、建设生态文明。为此要发展循环经济，显著提高可再生能源比重，有效控制主要污染物排放，大力改善生态环境质量，使产业结构、增长方式和消费模式符合节约能源资源和保护生态环境的要求。这是落实科学发展观、深化全面建设小康社会目标的重大决策，对于发展巩固有中国特色的社会主义具有深远的理论和现实意义。2009 年 6 月政府把绿色发展理念纳入日常工作，提出了节能减排、发展环保产业、循环经济和绿色经济。然而，美国次贷危机在2008 年下半年影响我国，迫使国家推出了一揽子经济刺激计划，一些节能减排措施被迫给保增长让路。

可喜的是，党的十八大提出了“五位一体”建设总布局，将生态文明建设与经济建设、政治建设、文化建设、社会建设一体推进，从源头扭转生态环境恶化趋势，并提出要为人民创造良好生产生活环境，努力建设美丽中国，实现中华民族永续发展。这是我国社会主义现代化发展到一定阶段的必然选择，体现了科学发展观的基本要求。2017 年 10 月召开的党的十九大，确立了习近平新时代中国特色社会主义思想，提出加快生态文明体制改革，建设美丽中国，推进绿色发展等方针政策，为中国发展，也为人类命运共同体指明了人与自然和谐共生的道路。

从长远来看，中国应该抓住战略机遇，科学构建生态文明建设指标体系，走自主创新之路，加大新能源和节能环保技术的研发投资和推广，以循环经济、低碳经济等生态经济模式完成工业化进程，加快我国发展方向和方式的根本转变，协调东中西部区域之间以及经济、社会、生态之间的可持续发展，实现中华民族的伟大复兴。

生态危机和金融危机带来的生态革命与货币金融改革，表面上看似乎是不相交的两条线索。然而，通过以上的背景阐述我们却可以初步确定，两者在实体经济和观念两个层面有着密切联系。货币和交换经济相伴产生，经济的自然基础是生态环境，货币金融对经济增长在短期有推动作用，同时在长期也影响人们的短期化的行为趋向，从而间接影响到生态环境的退化；而生态环境的退化必然制约经济，从而制约货币金融。因此本书选择把生态危机和金融危机结合起来作为研究的现实背景，从可持续发展的视角找到以货币本位制度为基础的货币金融体系的本质问题，提出自己的见解。

二、聚焦货币本位制度

面对气候变化、能源资源危机、粮食危机等不断迫近的问题，国际社会必须从“死亡竞赛”走向合作发展，打造“人类命运共同体”。而相关的制度设计必须把金融制度尤其是货币制度体系考虑进来；深刻反映货币金融体系本质特征的是货币本位制度，这是货币生产、金融运行的一项基础性制度，它决定着其他相关制度的基本特征。而当今的货币危机突出表现为汇率危机及国际货币体系的危机，其本质还是货币本位问题。因此货币本位制度研究具有重大的理论意义。

布雷顿森林体系崩溃以来，由于本位货币的缺失，各国法定货币发行制度出现了罕见的法理和操作上的模糊状态，并成为经济危机、金融危机和生态危机的一个重要制度性因素。

唐智勇（2001）注意到货币本位制度变迁后在金融理论上出现了一个“天洞”：金本位消失后货币发行理论的空白，一些国家得以肆意滥发法律货币造成经济泡沫，导致了金融界的“生态环境失衡”，引发了1994年的墨西哥金融危机、1997年的东南亚金融危机。他认为只要金融理论这个“天洞”不弥补，不规范货币当局发行法律货币的行为，就有可能产出泡沫经济，这种泡沫经济下的金融危机就必然会不断发生，它也许发生在欧美，也许发生在亚洲，或一个地区，或由一个地区爆发而形成世界性的影响进而危及全球范围的经济。

Stephen（2002）认为宪法是美国成功的基石，美国宪法规定“国会有权铸造货币”，而美国现行的不可兑换管理货币本位制度违反美国宪法，应当取消私人银行的货币发行权，实行货币完全国家化。他的观点并不新颖，但具有一定的代表性。但凡主张货币非国家化、自由银行或者主张国家货币，以及主张金本位的人都依据美国宪法反对美国联邦储备系统（简称美联储）“篡取”了宪法赋予国会的货币发行权利，并且其业务没有受到应有的监督。2009 年出版的畅销书《终结美联储》（*End The Fed*）的作者、共和党少数派总统竞选人荣·鲍尔（Ron Paul）就认为美联储的权利缺乏监督，且由其发行货币违反宪法。

许尔斯曼（2011）认为，生产非物质性法定货币（不可兑换不管理货币）的中央银行被委以稳定银行体系及金融市场的其余部分的重任，但这些试图营造稳定的政策滋长了银行家和投机者做出不负责任的决策的错误动机。由于中央银行的援助可以“社会化”部分风险，这些人便寻求尤有风险的投资，向大众许诺极高的收益。此外，他们以低得荒唐的产权比率运作公司（在很多案例中这个比率低至 1%~3%），从而减少他们自己所要做的风险防范工作。很明显，这些决策尽管从银行和投资者个体的角度看是理性的，但是从总体上看却是灾难性的。这些决策并不是在没有那些所谓稳定政策的条件下形成的，相反，货币和金融稳定政策是造成混乱的元凶，它们必然使金融行业屡受危机侵袭，未来也同样如此。

作为金融界对生态危机的反应，实务中已经出现了环境金融和绿色金融。而金融危机一再地给衍生金融领域和银行体系带来重创，这表明没有合理的货币本位制度，依靠绿色金融、环境金融修补现代金融的缺陷，将如无本之木，难以获得成功。

未来货币制度设计在理论和实践上需要以深入的货币制度研究为基础。就国际货币体系改革，中外许多学者提出了自己的创见，总体而言，除了修补现存货币制度和国际货币体系的审慎监管主张，要求对国家或国际货币制度进行改革的主张如下。

（1）管理本位方案，包括超主权货币、主权货币、社区货币等上、中、下三个层面。其中近来引人注意的动态是，区块链技术支持的数字货币，包括以比特币为代表的私人发行的社区数字货币和酝酿中的央行发行的主权数字货币。

（2）商品本位方案，主要是回到 100%准备金银行的金本位。支持这一方案的有奥地利学派、新兴的生态经济学派等。在实践上，美国犹他州于 2011 年 3 月通过法案承认黄金白银为法定货币，被认为是在回归金本位的道路上走出了第一步。

（3）折中方案，旨在兼容管理货币和商品货币的优点，主要是部分商品储备本位，如 Friedman（1951）、张五常（2010）的主张。此外，多德（2004）提出了商品指数本位，世界银行前行长佐利克（Zeollick，2010）提出了一种参照黄金的新布雷顿森林体系，等等。

需要指出，商品本位方案、折中方案都可以有超主权、主权和社区等三个层面的具体形态。权衡三种本位制度的制度成本、经济绩效与社会激励，选择的标准不外乎其与决策目标的相容性和现实的可行性。

这些改革主张众说纷纭，其中的焦点是国家与市场的对立统一，以及随着市场的全球一体化，国家组成的超主权治理体系与市场在货币事务中的对立统一、矛盾斗争的关系。

随着中国不断崛起，人民币的发行基础问题再次凸显，人民币国际化面临本位制度选择的关键时期。人民币国际化要有自己的创新性贡献，就必须要考虑人与生态的和谐发展，而不是物质财富的绝对增长，要考虑世界不同文明的和平竞争和生态义务的平衡。人民币对内、对外价值变动趋势是分裂的；人民币官方利率与民间实际利率的变动趋势也呈现出对立。有人惊呼：人民币找不到属于自己的“锚”，就不能做到币值稳定。而人民币不确定自己的货币发行机制，就找不到属于自己的“锚”。人民币的这些不确定性，正在逐渐摧毁中国经济的活力，甚至导致全社会道德和文化的倒退（季尚，2011）。

本书以构建人民币稳定锚为目标，从客观事实出发，对中外货币制度历史、思想进行整理和分析，对不同货币制度的制度成本、宏观绩效、激励机制和生态社会相容性进行综合的比较分析，以期从中得到建立公正合理、符合自然和人类和谐发展新价值观的新型货币本位制度的启迪。

三、国内外研究现状

西方国家对于货币制度的研究历史悠久、学说流派众多。我国的相关研究主要兴盛于 21 世纪。

关于货币本位的分类方面，在西方大学教材中，将货币制度分为商品货币（commodity money）、商品支持的货币（commodity-backed money）和法定货币（fiat money）三大类。我国教材则一般把货币制度分为金属货币本位制和信用货币本位制两大阶段，而金属货币本位制包括银本位制、金本位制和金银复本位制三大类，金银复本位下又包括平行本位、双本位和跛行本位；金本位下又包括金币本位、金块本位和金汇兑本位[1]。曹钟勇（2008）认为，人类自

① 例如，中国金融出版社 2005 年出版的由朱新蓉主编的《金融学》，就是这样介绍的。

有货币以来，存在原始物品 X 本位制、银本位制、金银复本位制、金本位制、不兑现的信用货币制（纸币本位制）等五种货币本位现象。董德利和司强（2008）认为，货币经历了实物货币（商品货币、贵金属货币）和信用货币（可兑现纸币、不可兑现纸币、电子货币） 两种主要形态。艾瑶（2010）把货币本位制分为商品本位制、混合本位制和信用本位制三个大类。其中，商品本位制，如金币本位制，通过立法规定单位货币的法定含金量；混合本位制，如金汇兑本位制，是一个过渡形式，货币发行准备不仅有黄金，还有外汇；信用本位制可分为超主权国家货币和主权国家货币。

关于货币本位制度设计方面，凯恩斯主张金本位下的国家管理货币制度，国家通过财政政策影响利率水平，达到提高有效需求从而促进经济增长的目的；后凯恩斯学派的 Davidson（2002）提出成立国际货币清算机构（international money clearing unit，IMCU）的设想，这是凯恩斯 1945 年的 Banco 计划的延续。中间派弗里德曼（Friedman，1960）等既坚持经济自由主义同时又主张由独立于政府的中央银行管理货币，因为货币很重要；哈耶克（Hayek）则是自由化、非国家化的竞争性货币制度主张的代表，反对国家干预（哈耶克，2007；Hayek，1976）；而怀特（2004）等新自由派对黄金作为货币过于昂贵的观点提出了挑战。

随着货币虚拟化，兴起了对于虚拟货币、社区货币的研究，货币自由化从实践到理论不断发展。在具体的货币制度设计上，注重采用模型化的货币制度设计研究方法，尤其对商品支持的篮子货币制度进行了详细研究。而现代国际货币体系演进基本上是按照篮子货币思路发展的，从 IMF（International Monetary Fund，国际货币基金组织）的 SDR 的设立到欧元的诞生，以及现在探讨的货币联盟等制度设计都以此为理论基础，如 Mundell（1961）提出了国际最优货币区理论。

从货币及其制度变迁方面，国内研究在吸收西方传统理论成果的基础上研究中国货币金融制度的发展。孔祥毅（2002）根据百年金融制度变迁历史，从金融-经济-社会视角提出了金融深化应有度，金融协调既是金融效率的根本也是金融业可持续发展的保证。孙杰（2002）认为货币制度的演进是沿着不断提高货币供应弹性的方向发展的，并在金融结构、金融管制与自由化以及货币政策等方面，从地区差别角度进行了比较分析。我国学者还从历史角度梳理了中国货币制度的历史演进和政策思想。例如，叶世昌等（2003）和姚遂（2007）等侧重中国货币金融史和思想史的研究；张友直（2009）对我国古近代实物货币特别是具体形态进行了研究；戴建兵（2005）对我国明朝中期以来的白银核心金属本位制度、石俊志（2009）对秦代以来的半两钱制度分别进行了专门研究；燕红忠（2008）挖掘史料并估算了清代前期货币流通量与经济增长，认为货币流通量波动和经济波动十分一致。比较而言，国内货币金融制度研究从商品支持的货币本位来分析货币制度中间形态的文献比较少，如马寅初1944年出版的《通货新论》研究了当时金汇兑本位制度。对我国当代信用货币制度的研究内含在金融体制改革和货币政策调控等理论中。武剑（2000）提出了反“增长陷阱”的货币政策规则，实质是保持货币供应稳定增长的单一规则；郑振龙等（2009）借鉴西方金融发展理论的最新成果并结合中国实际，提出了构建中国多元融资格局、放松不合理管制等主张；蔡定创（2010）研究当代信用货币，指出货币在不同历史阶段上有不同的运行规律，对经济过程的影响也全然不同。

从货币发行权与金融监管出发，郭翠荣和张宏（2003）认为国际货币制度的核心问题是货币资源的主控权和金融资源合理开发的约束机制。这两个方面的问题也是金本位制、布雷顿森林体系到现行的牙买加体系所产生的一系列矛盾与危机的根源。20世纪90年代以来的全球金融危机表明，金融资源的过度开发是导致金融危机的重要原因之一；金融资源的合理开发与配置是防范金融危机的重要条件。刘秀光（2008）研究了金融创新和技术进步条件下货币本位的选择问题，认为在现代经济体系中，货币定义呈现模糊性特征，表现为从现金到活期存款到储蓄存款和各种信用卡、共同基金等多种形式。他认为，信用货币时代的本位货币是中央银行的基础货币，基础货币体现货币的基本职能并仍然应该是货币政策的着力点。陈如和张旭昆（2010）比较了金本位与大萧条、美元本位与次贷危机的关系，认为当前的国际货币本位制度面临变革——“伟大的人类在灾难之后会对社会运行的方式和机制产生新的认识，进而做出制度上的纠正，并力图使之不再发生”。

综合国内外对货币本位制度比较研究的情况，主要集中在货币本位制度的相容性、成本、宏观经济绩效、预期–行为激励等四个方面。

（一）制度相容性

货币制度的相容性比较研究，最具有代表性的是对金本位、金汇兑本位、布雷顿森林体系、法定信用货币的相容性比较，在法定货币制度下对货币政策实行相机抉择抑或货币规则的比较。传统经济学家在肯定资本主义制度和经济增长的前提下，分别从实现充分就业和保障个人自由的角度考察货币本位制度与经济社会发展需要之间的相容性。而 Soddy（1926）、戴利等则从可持续性角度考察货本位制度与自然生态的长期相容性[①]。

---

① 注：文中若不提及具体文献则为前述文献的综合归纳。

1. 货币本位制度与经济的相容性

20 世纪 20 年代，金本位还在西方盛行，凯恩斯等经典传统理论家就注意到货币本位制度对利率和投资率的深刻影响，对金本位和管理货币本位或信用货币制度进行了比较分析。

凯恩斯（Keynes，1923，1930）对金本位制度与管理本位制度的比较研究结果认为，管理本位制度相对于金本位制度更有利于通过国家经济政策进行干预调节，以解决资本主义周期性经济危机和萧条带来的失业问题，缓和阶级矛盾，从而挽救资本主义制度。因此他主张实行管理货币制度，极力反对第一次世界大战后英国恢复金本位。Eichengreen（1992）对 1919~1939 年的第一次世界大战后金本位制度（金汇兑制）研究认为，正是金本位制度使非稳定冲击通过脆弱的国际金融体系放大和传递。因而，要想复苏资本主义制度，只有放弃金本位制度，实行扩张性的财政和货币政策。

钟伟（2001）认为，黄金的自律并不构成人类对清偿力增长的自律。金本位制度下的清偿力不足导致了大萧条的灾难。而布雷顿森林体系在一定阶段促进了世界经济的发展，但是却无法超越特里芬两难（Triffin’s Delimma）的困境。而后布雷顿森林体系作为无本位币的“无体系的体系，在清偿力增长和国际收支协调两方面都陷于软弱”。未来主权国家应当探索包括货币合作在内的宏观政策的全球优化配置，毕竟彻底的货币自主权仅是一种昂贵的理念。

张明（2002b）认为，选择国际货币制度的关键在于国际货币制度的制定者必须保证该制度具备内在相容性。已经不具备相容性的国际货币制度是货币危机爆发的根源，以及货币制度变革的直接诱因。金本位制度在初期消除了复本位制度下混乱的价格体系，保障了世界市场的统一。但是后期却不能适应经济增长对清偿力的需求。金本位的内在平衡机制导致在经济增长和萧条时期都不能顺利扩张货币。

陈如和张旭昆（2010）从世界货币本位、平衡机制、内外均衡和国际协调四个方面，对国际货币体系中的金本位制和美元本位制展开比较研究，归纳了在不同国际货币体系下世界经济的特点和风险，并在此基础上探讨了金本位制对大危机、美元本位制对次贷危机的重要影响。他们认为，没有实物资产充当本位的美元本位体系虽然可以满足经济增长的需要，但会产生一个持续不平衡的国际收支过程，美国虚拟经济市场上的美元增长大大快于美国实体经济市场上的美元供给增长，造成虚拟经济膨胀和资产泡沫，同样导致了经济危机的灾难。因此改革美元本位国际货币体系势在必行，美国必须重视外部平衡和国际协调。

2. 货币本位制度与整体社会制度的相容性

哈耶克等自由主义经济学家从自由市场资本主义原理出发一贯反对国家干预货币事务，认为管理货币本位制度破坏了自由资本主义的基本原则，货币不自由则经济不自由，经济不自由则政治不自由，必然走向对人民的集权统治，因此要求实行货币的非国家化，让银行不受限制地发行任何数量的货币进行市场竞争，市场会选择最有效率的货币。奥地利学派成为金本位制度最持久最忠实的拥护者，认为货币自由竞争的结果必然还是金属本位货币。

20 世纪 60 年代，弗里德曼等货币主义经济学家深入研究英美货币经济的历史，认为纯粹法定货币（pure fiat money）优于部分商品本位（patial gold standard），部分商品本位既不如纯粹的金本位能够体现个人自由，也不如法定货币制度下可以发挥汇率机制应对贸易不平衡，并提出通过固定货币数量增长率达到物价稳定和自然失业率的机械规则，试图在国家干预和个人自由之间找到一个折中的路径，适应垄断资本主义经济增长和社会意识形态的需要。但是弗里德曼在 1986 年发表的《经济学家与经济政策》的文章中说，公共选择理论已经说服他，政府或中央银行出于自我利益不会在长期根据一些假设性的“公众利益”管理货币体系。那些在政府里的或持有货币印刷机杠杆的人，总是容易受到诱惑和货币扩张可以资助短期政治利益的压力。他承认，他一直在“浪费时间”，试图让各国政府和中央银行追随他关于货币规则的想法。也就是说从理论到实践都表明了，政府实行货币规则的政治意愿是很低的（Friedman，1986b）。晚年弗里德曼重新反思了他的货币本位理论，真实商品货币本位成为他晚年研究的重点。在1986年另一篇《政府在货币问题上有何作用》的文章中，弗里德曼认为，货币的出现与政府无关，是自发的；并回答了1960年他曾经试图回答的问题：货币和银行安排能不能完全交给市场？回顾 30 多年间的理论发展和实践经验，理论上包括公共选择理论，认为政府公共政策服从其私利而不是公益，理性预期理论关于制度结构变化将改变理性公众的预期，奥地利经济学派关于货币非中性效果，等等，这些都更加指向硬货币和自由银行体系；而实践上，政府干预方式没有更好地改善，部分准备金银行体系导致通货膨胀预期，催生了货币市场共同基金这类风险管理投资机构的出现，浪费了人才和其他社会资源。弗里德曼最后认为，尽管市场会失败，但是政府失败比市场失败的后果更加严重（Friedman and Schwartz，1986）。

弗里德曼货币政策主张的基础是货币本位，而他对货币本位的选择原则强烈地表现出自由主义的价值观与现实主义的取向。正因为自由最重要，经济自由是政治自由的基础，而货币是经济的中枢，所以货币也就最重要。虽然在货币本位和货币政策选择上他的具体观点和主张前后发生过变化，以至于一些人认为弗里德曼缺乏一致性，但他反对国家干预、维护资本主义自由市场体系是贯穿始终的精神。从弗里德曼评价比较货币本位的研究文献来看，他首先考虑的是这个制度是否符合自由主义的原则，是否能够防止或最大限度地减少政府干预。凡是不利于自由原则的就是他反对的，反之就是他支持的。他认为真正的金本位和法定本位加固定规则都符合自由原则，因而极力支持，不断研究。而部分准备金银行体系不但破坏市场公平原则，使得私人银行获得货币发行权，而且这种存款和放款业务的合并导致的内在风险必然引起政府干预。因此，他是芝加哥计划①的一贯支持者。

3. 货币本位制度与自然生态的相容性

古希腊哲学家亚里士多德曾经反对货币利息，认为货币自身不能产生新的货币，对货币索取利息违反自然。20 世纪 20 年代，化学家、诺贝尔奖获得者弗雷德里克·索迪（Frederic Soddy）从自然规律出发，考察了货币对经济和社会的作用。认为法定货币制度导致货币超越真实经济无限增长，这违背了热力学第二定律，提出了必须限制货币数量增长、取消银行信用货币发行的货币改革主张（Soddy，1926）。20 世纪 70 年代，随着西方工业国生态危机的爆发，世界银行前经济学家、著名生态经济学家赫尔曼·E. 戴利（Herman E. Daly）等研究认为无限增长不可能，也不经济，必须超越增长，实行稳态经济。而信用货币制度下，货币无限增长和贴现模型等，对人们观念和行为的误导是导致生态危机、金融危机的重要原因；银行信用货币发行制度使得铸币税私人占有，这更会加剧社会不公，增大生态压力。因此生态革命也包括改革货币制度，实行100%准备金制度，银行只能以自有资金发放贷款和收取符合技术进步速率的低利息。

（二）制度成本

货币本位制度的成本包括资源成本、管理成本和福利成本。

1. 资源成本

Friedman（1960）比较金本位和法定本位的时候，从资源成本的角度计算认为，金本位的资源成本太高、法定本位几乎没有成本，这使得他倾向于法定本位，并致力于相应的货币政策规则研究，试图弥补法定本位依赖政府的缺陷。当看到法定本位下金融业不断膨胀出新的机构和交易，Friedman（1986a）转而认为，法定本位不能形成稳定的预期，导致了比金本位更高的资源浪费。

---

① 芝加哥计划，是芝加哥大学的著名经济学家（包括 Irving Fisher、Frank H. Knight、Henry C. Simons 等）于 20 世纪 30 年代提出的银行改革方案，其中要求取消银行的部分准备金制度，对活期存款实行 100%准备金。

由于他主张的固定规则没有可能真正实行，法定本位的非自由、高成本和内在不稳定性都超过了真正的金本位，这是弗里德曼晚年货币本位研究再次转向金本位和更广泛的复本位等商品本位的真正动机。而劳伦斯·H. 怀特（Lawrence H. White）认为金本位的制度成本并不像Friedman（1960）认为的那样高；而且，法定货币时代并没有节约采矿和铸币的费用，世界贵金属的生产和销售依旧，甚至在通胀避险的需求下价格不断上涨（怀特，2004）。

2. 管理成本

许尔斯曼（2011）认为货币的相关成本并不仅仅是各种货币实物的制作成本，而是每一种货币体系各自运行需要的总成本。货币的相关收益不仅包括狭隘的“交换服务”，还应包括防止通胀之类。伴随金、银生产的自然成本高意味着它们不会被随意增产，这进而意味着金、银等商品货币有着对抗货币购买力过度贬损的内在自然保障；不兑现法定货币体系的管理成本问题主要涉及各国中央银行为实现货币政策、汇率政策目标所需的操作成本、机会成本，储备货币贬值和本国货币危机带来的损失成本，等等。

3. 福利成本

福利成本的提出是基于不稳定性带来的消费者效用损失。不稳定性问题主要体现在，包含部分准备金制度的管理本位下，通货膨胀、经济周期性等不稳定造成的福利损失。理论和实证研究都表明，通货膨胀会给一个国家的社会福利水平带来损失。Bailey（1956）、Lucas（2000）、Serletis 和 Yavari（2004，2005）等都进行了实证测算，表明通胀确实带来了福利损失；陈利平（2003）在一个引入消费攀比的 McCallum-Goodfriend 框架中讨论通货膨胀的福利损失，得到的福利损失稍微高于 Lucas 模型中的福利损失；龚六堂等（2005）发现通货膨胀对中国经济的福利影响比对美国经济的福利影响更为明显；陈太明等（2008）认为提高社会福利水平的一个重要手段是维持低通货膨胀。经济周期是资本主义的基本矛盾决定的，其中银行信贷的周期性扩张与经济周期有着密不可分的联系，银行的信用货币创造甚至被一些学者视为经济周期的始作俑者而要求从货币制度上废除。

（三）宏观经济绩效

Bordo（1995）比较了西方七个发达国家金本位、战争间隙、布雷顿森林体系、美元本位体系下的经济增长和通货膨胀。认为可兑换货币制度，包括古典金本位制度时期和布雷顿森林可兑换时期（1958~1970 年）具有较好的经济绩效。布雷顿森林可兑换时期的产出增长是最快的，也最稳定，古典金本位制度时期虽然产出增长也很快，但是稳定性明显低于前者。原因是可兑换货币制度能够提供一个物价稳定器。两个可兑换货币制度时期货币增长和长期名义利率都是较稳定的。其中古典金本位制度时期下的货币增长和名义利率最低。古典金本位制度时期较之布雷顿森林可兑换时期对供给和需求的冲击更有耐力，价格和产出调整更快，并且货币制度的承诺机制更为可信。从1974年开始的浮动汇率制度缺乏黄金可兑换这个名义稳定器，如果货币当局能够遵循可信的规则，如单一规则、盯住通胀等，也可以提供一种名义稳定器。田素华（2000）、王文平和冯健（2002a）也进行了类似的研究，通过比较国际货币制度的宏观经济绩效，从成本–收益角度提供选择国际货币制度的思路。

Lopez-Cordova 和 Meissner（2003）对 28 个国家 1870~1910 年数据进行实证研究认为，在19世纪的第一次全球化过程中，货币制度对贸易模式发挥了重要影响，当两国都实行金本位后贸易量增长约 30%。Rolnick 和 Weber（1994）使用 15 个国家的 80 年以上的历史数据，比较了法定货币和商品货币本位下的货币总量、通胀和产出，研究发现，商品货币本位下各国货币总量的增长速度与通胀关系、国家之间指标的相互关联性都比法定本位要低。货币增长与通胀的相关性在商品本位下更低，而货币增长与产出增长之间的相关性在商品本位下更高。

（四）货币本位制度的激励分析

Wood（1983）比较了美国在不同本位制度下的利率期限结构，并认为，在法币本位下名义利率水平通常较高，在其他条件不变的前提下，金本位制的利率曲线较平滑而法币本位制下利率曲线向上倾斜。王文平和冯健（2002b）认为利率贴水实际上是货币本位制的函数，利用比利时、法国、瑞典及英国数据验证了法币本位制度下名义利率和期限贴水水平值平均而言较金本位制度高。

Bordo 和 Rockoff（1996）研究了 1870~1914 年金本位时期 9 个资本进口国的融资利率，发现忠实于金本位成为“好管家的标志”，意味着一个国家实行了审慎的财政和货币政策，大规模财政赤字只是短期措施以应付诸如战争、金融危机和贸易冲击等众所公认的紧急情况。这样的货币当局可以信任，不会对外债违约。这帮助外围国家以优惠利率获取西欧核心国家的资本。而那些记录不良、不能坚持金本位的国家则被提高了借款利率。

物价利率是经济学中的重要变量，西方学者 Klein（1975）、Ibrahim 和 Williams（1978）、Dwyer（1984）、Friedman 和 Swhatz（1974，1982）、Lee 和 Petruzzi（1986）、Barsky 和 Summers（1988）等通过统计分析确立了物价利率行为在不同货币本位制度下的变异，即金属货币本位制度下的吉布森悖论现象在不可兑现管理货币本位制度下消失，并代之以费雪效应。不兑现本位下的费雪效应得到中外大量实证所支持，如 Mishkin（1992）、刘康兵等（2003）。但 1970 年以后，在不兑现管理本位条件下，人们发现实际股票收益率并不像费雪效应所说的和通货膨胀无关，而是具有很强的相关性，这就是费雪悖论。郭建军（2008）、班洁和戴菲菲（2010）实证认为我国股市也存在费雪悖论，股票收益率与通胀率负相关；黄安仲和毛中根（2008）则实证研究得出，在中国股票市场上费雪效应一般只存在于金融资本比率不高的行业，如港口运输、农林类等。

许尔斯曼（2011）认为现行货币制度——法定垄断、法定货币法以及合法中止偿付不知不觉成了制造社会不公的工具，引发通货膨胀、不负责任和不合理的收入分配——通常是劫贫济富。通货膨胀影响人的道德和精神性情，为永无止境地增加信贷量而设计的货币制度，破坏了个人责任感的根基。廉价信贷激励其受益者浪费资本，而无须承担全部负面结果，更为重要的是，廉价信贷影响着其受益者本身的人格，它不仅为经济不可行的生活方式提供资金，事实上还奖励人们懒惰、冷漠地对待他人和他们自己，社会道德衰败。

综上所述，依据经验事实进行货币本位制度比较研究的主要见于国外文献，而且近二十年来相关研究趋于萎缩。我国也仅有零散的几篇局部研究，内容不够系统。因此本书的研究可以看成是对货币本位制度全方位比较研究的一个时间上的延续和对象上的拓展，比较的维度也更加系统和全面。

四、本书的思路与基本结构

（一）基本思路

马克思特别注重对经济发展和经济活动中的制度因素的研究。基于生产活动和经济发展的社会条件考察经济制度与经济活动效率之间的内在联系，运用历史唯物主义的思想观点和方法揭示经济制度发展变化的客观规律。一方面，透过现实中的经济现象和经济活动分析所体现的经济关系和经济制度的本质；另一方面，把生产力和经济发展看作最终对经济制度演变起决定作用的因素。

以凡勃伦、康芒斯等为主要代表的旧制度经济学认为，经济学研究的对象应该是人类经济生活中借以实现的各种制度，以及这些制度的起源和发展。新制度经济学（new institutional economics）以科斯、威廉姆森和诺斯等为代表，并由威廉姆森命名。诺斯认为，制度（institution）是为了约束追求福利或效用最大化的个人行为而被人们制定出来的一系列规则、守法程序和道德伦理规范。“制度提供了人类相互影响的框架，他们建立了构成一个社会，或更确切地说一种经济秩序的合作与竞争关系。”（诺斯，1994b）新制度经济学派认为，人们发明设计正式和非正式的规则、约束——包括行为规范、惯例以及自律行为准则——来约束相互的交往，制度就是由这些约束和它们的实施机制所构成。正式约束只有与非正式约束相容的情况下才能发挥作用，否则就会出现紧张。非正式约束为正式规则的变迁指明了成本较小的方向。舒尔茨把制度分为四大类，其中货币、期货市场等属于降低交易费用的一类制度。

新制度经济学寻求制度分析与主流经济学的耦合，利用主流经济学的理论与方法建立了一个涵盖资源、技术、偏好和制度的制度经济学新分析框架，用以解析制度结构、考察制度运行，揭示制度体系在经济体系中的地位，判别制度设置对于经济运行所发挥的作用。同时，制度经济学研究不同制度结构对激励和行为的不同影响，并确定最有效率的制度框架的解。人们对既定制度安排和制度结构是一种满足状态或满意状态，且无意也无力改变现行制度时处于“制度均衡”状态；而当人们对现存制度抱一种不满意或不满足，意欲改变而又尚未改变的状态时则处于“制度非均衡”状态。制度变迁是对制度非均衡的一种反映，制度非均衡不一定导致制度变迁（程恩富和胡乐明，2005）。

货币本位制度的演化既是一个受到日益扩大的生产和交换推动的演化史，也是各种利益集团斗争均衡的历史。选择货币本位制度的前提是，深刻了解不同货币本位制度的成本绩效差异、相容性和行为激励特征，这就需要开展比较制度研究。制度比较的结果决定了制度选择，而比较标准的选择决定了比较的结果。比较制度经济学侧重解释制度的差异；新比较制度经济学重在解释制度的多样化；各种比较制度理论基于不同的目的和对象有不同的比较标准。马克思经济学的制度比较与选择理论基于宏观效率标准——生产力标准，以及微观效率标准——劳动生产率、利润率、剩余价值等标准；新制度经济学的比较方法是，将一种可行的形式与另一种可行的形式相比较，其中交易费用、经济绩效是关键的比较概念。从马克思经济学和新制度经济学来看，宏观经济绩效是共同的关注点。新制度经济学认为，经济绩效的好坏都可以从制度的优劣找到原因，而制度优劣的评判标准也就离不开经济绩效的好坏。比较经济绩效也必然要考虑成本约束。

由于实际情况的复杂多样，理论界通常认为没有最优的制度，只有适宜的制度。因此任何制度的选择标准必须结合具体的时间、空间和对象来确定，即联系具体的时空对象的观点，必须关注制度与实际的相容。激励分析将制度看成是一种影响未来行为的激励系统，分析经济主体的预期行为，有助于找出不同制度对人的行为的不同影响，从而为制度变革指明方向。

本书的基本思路如下：以全球生态危机和金融危机及其带来的生态革命和

金融改革为背景，以科学发展观为指导，本着促进建设生态文明和可持续和谐社会，结合生态马克思主义，以新制度经济学关于制度成本、宏观经济绩效的制度比较理论为主干，吸收当代西方非主流经济学关于货币制度通过预期与行为激励路径以及经济和金融危机、生态危机发生内在联系的相关理论研究成果，从制度成本、制度绩效、制度激励以及相容性等四个方面进行系统的比较分析和实证研究，通过比较分析得出可持续发展的货币本位制度原则，结合人民币国际化战略，提出构建管理本位货币的稳定锚的政策建议。

（二）内容结构

全书分为六章。

第一章，货币本位制度界说。在分析两种本位观和四类货币形态的基础上，按照表征货币与商品的兑换关系将近代以来的货币本位制度区分为金属本位、可兑换管理本位、不可兑换管理本位，从基本规则、运行机制和特点等方面加以概述，作为后续深入比较的基础。

第二章，货币本位制度成本。从资源成本、管理成本和福利成本等方面进行比较，从金本位和可兑换管理本位的资源成本、不可兑换管理本位下的物价、汇率不稳定、货币金融和经济危机损失，以及通胀引起的福利成本等方面表明不可兑换货币本位的制度成本总体高昂，甚至可能大于可兑换货币本位的制度成本。以中国为例，对可兑换管理本位制度的资源成本进行了推算。

第三章，货币本位制度的宏观经济绩效。通过对西方七个发达国家以及中国的不同本位制度时期经济增长、就业和收入分配不平等的比较，表明在不可兑换本位下发达国家增长放缓和部分发展中国家增长奇迹并存，而世界的经济增长是总体趋于放缓的、世界主要国家收入差距有扩大趋势、发达国家失业率持续偏高。实证表明：货币与金融对经济增长的促进作用是有条件的，不同的发展阶段和具体条件下有不同的效果。

第四章，货币本位制度的激励分析。从货币本位制度决定预期的理论出发，从利率期限结构、融资利率水平以及物价利率关系三个方面，比较了不同货币本位制度下不同的通胀预期、违约风险，并反映在这些经济变量和相互关系上。对中国在不同货币本位制度下的物价利率关系进行了实证，表明货币本位制度决定了通胀预期的有无，从而决定了物价利率关系的变迁。通胀预期下的行为短期化激励机制是造成经济质量低下、生态退化和道德衰败的重要原因。

第五章，货币本位制度的相容性。从经济可持续发展而不是无限增长的视角看待货币本位制度的相容性。论证了不可兑换管理货币本位的不相容性因素，包括货币无限发行和币值不稳定、货币管理的权责利错配、对社会伦理道德的破坏性影响。而可兑换管理本位则具有与可持续发展的相容性因素，包括商品本位依托自然物质基础、可兑换管理本位兼有商品本位和管理本位的优点、商品本位的运行基础是市场原则。

第六章，货币本位制度改革。频繁的危机使得不可兑换管理本位制度成为人们不满和抨击的对象。对国际货币体系的改革方案进行了评析，认为可兑换管理本位比较适应可持续的货币本位制度的要求，是长远改革的方向，当前需要给管理货币加上包括生态约束和商品组合在内的稳定锚。人民币国际化应当走良币之路，建立自己独立的价值基础，通过心理锚的设定、测量与调整策略，增强人民币的竞争实力。以黄金锚为例构建模型，分析了影响稳定锚构建的因素，提出了增加金银储备等稳定锚构建策略。

五、主要的创新

（一）研究视角和分析框架的特色

首先，将货币放在联系经济和生态的纽带位置来思考货币本位制度的功能和作用，提出货币本位制度既要避免激励不当导致经济失衡，也要克服过度虚拟化而与自然脱离的态势，让货币本位制度既表达经济学的真理，也表达生态学的真理。不兑换管理货币恢复生态约束性的路径是与实物锚相联系。

其次，对制度经济学和生态经济学分析范式的融合。运用新制度经济学方法，比较不同货币本位制度的宏观经济绩效、制度成本、制度激励；进而运用生态经济学可持续发展的立场方法，分析不同本位制度在生态经济条件下的相容性，指出“无限增长”和“增长极限”的内在冲突，并以此为支撑，提出当今不可兑换管理本位制度需要设定稳定锚并逐步收敛货币供应量。

（二）主要创新点

第一，对中国金属本位制度下的物价利率关系进行了实证分析。吉布森悖论问题在过去国内的理论研究中尚不多见，用现代计量方法实证研究中国吉布森悖论问题几乎空白。实证结果表明我国白银核心金属本位制度下存在吉布森悖论，进一步支持商品本位制度下货币的有限性决定了它们具有类似的价格水平预期和行为模式。

第二，将生态约束纳入管理货币稳定锚的构建，具有新颖性。一方面，从生态承载力角度要求货币在变动趋势上应当稳定而不是增长；另一方面，构建具有生态资源稀缺性的商品锚。既把稳态经济的通量恒定主张具体纳入货币制度，又突破了稳态经济的国家货币制度框架，通过可兑换管理本位进行流通域分层，以商品锚解决国际货币体系的特里芬难题。

第三，提出了心理锚定的理论和方法。在人民币稳定锚的构建中首次提出设定“心理锚”的概念，即人民币作为储备货币，要具有储备货币的价值优越性，必须从具备客观财富尺度的角度稳定人民币与参照的财富总量（如黄金）——心理锚——的价值关系。这种锚定并不指向可兑换，但可以为人民币的价值管理提供参照依据。通过测算，当前人民币与黄金的锚定不如美元与黄金的锚定，人民币货币供应总量过高，对美元和黄金都存在高估，存在贬值调整的压力。

第四，两个维度四种元素相结合的“二维四元素”货币演进分析，是一种新颖的分析结构。一个是货币载体维度，区分从商品货币到表征货币的形态演进；另一个是货币管理维度，区分从分散的自由竞争到中心化的垄断管理的变迁；商品货币与自然物理世界相联系；表征货币与人类抽象观念相联系；自由竞争与货币多元化相联系；国家垄断与货币单一化相联系。二维四元素分析综合了前人的单维度分析，如货币虚拟化演进分析，或货币垄断化演进分析，将两者结合，构成四种组合，较好揭示了本位货币和货币本位制度的变迁与本质，系统全面地反映了丰富多样的货币形态。

第五，依据原则本位观和可兑换性程度不同界定19世纪以来三大货币本位制度为金属本位、可兑换管理本位和不可兑换管理本位，是一种较新颖的分类方法。一方面，凯恩斯认为管理货币是最一般的货币形式，也是未来货币发展的方向。另一方面，管理货币明确包含了银行信用货币和法定基础货币，避免了信用货币、法定货币等带来的含义模糊，兑换则突出了管理本位中的矛盾统一：管理与监督。管理本位下，可兑换是管理下的有限可兑换；而不可兑换也不等于放弃了管理和原则。原则本位观包含币材本位观，也为管理货币构建综合的实物和名义的稳定锚体系奠定了基础。

第一章　货币本位制度界说

第一节　两种本位观

货币本位（monetary standard）是指关于一个国家的本位货币或者标准货币的规则，和货币制度既有区别又有联系。货币制度（monetary system）大体涉及这样一些方面：货币材料的确定，货币单位的确定，流通中货币种类的确定，对不同种类货币的铸造和发行的管理，对不同种类货币的支付能力的规定，等等。所有这些方面，也称为货币制度的构成要素（黄达，2003）。一个国家的货币制度必然包含货币本位的规定性，一定的货币本位规定性就形成了以这种货币本位为特征的货币制度。从实践来看，货币本位制度体现了货币制度的主要内涵，货币制度变迁的标志即货币本位的变换，因此通常人们用货币本位指代货币制度。

实际上，现实存在着两种货币本位制度理论，一是币材本位观，二是原则本位观。

一、币材本位观

本位货币（standard money），意为标准的货币。人民出版社1983年版许涤新主编的《简明政治经济学词典》对“本位货币”解释如下：一个国家法定作为价格标准的主要货币，是辅币的对称。传统的货币本位定义是源于币材本位观，这种观念下，货币本位，或者说货币的标准，是规定以什么为本位货币，以及单位货币的价值规定性。金属铸币货币时代，货币本位是指本位币中所含金属的净重，换言之，就是用一个单位重量的贵金属所铸成的货币单位的数量，如英国金镑的重量、成色、公差等。1987年商务印书馆出版的《现代汉语词典》将“货币本位”解释如下：货币制度的基础或货币价值的计算标准。这种定义的前提是货币具有价值，而价值计算标准离不开币材的价值。

部分学者认为，从铸币时代开始才有货币本位，此前都是商品货币，金块、银条的铸造没有统一的成色标准，也没有统一的重量，因此不能称为标准货币；进一步，没有标准的本位货币不能构成货币本位。例如，我国秦代的“半两钱”、英国金本位时期的“金镑”就是标准货币。这是一种绝对的铸币本位观念，能够满足这个观念的本位制度历史上只有一部分，如金本位中的金币本位制度等。实际上，集货币三大职能于一体的标准铸币只是一个特例，记账单位、价值尺度、流通媒介是可以分离的。近代金属货币为主要流通货币，货币本位常常用本位币的金属币材来标称，如单一使用黄金就是金本位，而对所有使用金属作为币材的货币，统称金属本位等，主要都是围绕币材而言，并不要求标准货币的实物存在①。同时也可以发现，对多金属本位的界定通常含有不同金属本位货币相互比价关系的含义在内。例如，历史上欧美都曾同时使用金和银作为本位币材，固定两者比价的称为金银复本位，反之，不固定比价就是金银平行本位。金银复本位实施的前提是，规定单位本位币的金或者银的成色和含量等，方能确定两者的比价；而金银平行本位则没有这种固定比价的要求，对金或者银本位币各自也不一定规定标准。有时候，即使官方有指导性的比价，如果没有官方的保兑，比价也就名存实亡。而且货币本位的规定性在一定法定程序下是可变的，如金本位制度下单位本位货币的含金量可以调整，复本位制度下金银币的兑换比率也可以调整。因此，传统货币本位的关键还是币材。Mason（1963）指出，18、19 世纪货币本位的问题是选择什么金属作为记账货币，本质问题是方便给商品定价，解决的办法是法定某种金属的固定价格并制造主币，其他金属的铸币与本位币的兑换随行就市依金属比价而定。随着不足值铸币和银行券的发展，本位货币变成这些非本位货币的价值标准。一旦统一的价格体系建立，货币本位问题就从方便变成实质性的：哪种金属提供商品更稳定的价值标准？这与古典的劳动价值论以及可兑换货币只能代替但不能扩大流通的传统观念一致。

然而，本位货币的重要性由于其与货币数量或价值关系的减弱而逐渐下降。事实是作为表征货币出现的银行券和存款补充了货币供应量，纸币在支付能力上与金属货币完全相同。18、19 世纪之后的货币本位概念在 20 世纪初已经不相关或者行不通了。第一次世界大战后，原来金本位制度的国家发行纸币的数量远远超过了本位币的数量，其与金属本位币的可兑换性只有部分准备金

---

① 中国白银核心金属本位时期的标准记账单位实行虚银两制度就是一例。当时没有标准银两的实物存在，各种成色重量的银两通过折算成虚拟的标准银两，如上海规元两，再进行记账和加减汇总。

的保障；流通中货币的真实增加动摇了传统的货币本位观念，金属货币不再被当作商品的价值标准，表征货币成了黄金和其他商品的价值尺度，反而黄金的价值变成表征货币价值的结果而不是原因。并且，随着越来越不愿意接受典型金本位下常有的价格跌落，一些国家的国内表征货币不再服从与商品货币可兑换的制约，货币本位的思想被无形中颠覆——从"货币是商品价值的尺度"颠倒成"商品变成货币的价值尺度"了。

早在1931年前，本位货币就成了空洞的法律术语，货币本位的概念简化为"货币"，以至于有人把不兑现纸币作为一国货币的本位货币，称为"纸本位"（paper standard）。马寅初（2004）认为不兑换纸币可以伸缩自由，不受金准备的牵制，关键须有健全的金融控制机关，使通货的伸缩适合市场的需要，故纸本位也称管理通货制。而杨端六（2007）则认为纸币本身没有任何价值，是百分百的虚币；称纸本位没有意义，还是纸币本位为好。Mason（1963）认为，在经典框架中，纸本位是个矛盾的术语，纸本位既不是商品货币也不是表征货币，同样一张纸可以代表 1 元也可以代表 100 元，它表示的就是没有本位。而曹钟勇（2008）希望调和商品货币与法定纸币在本位概念上的矛盾，认为货币必含货币本位要素，而货币本位作为货币价值的计算标准则规定了货币作为一般等价物的价值或交换能力，提出货币本位的本质是"单位货币本身应包含一定量经公意约定、普遍接受、相对恒定的具体价值量，或抽象价值量"。

二、原则本位观

以一种商品为条件的货币的稳定性产生于前工业社会，当时的关注集中于交换。20 世纪初人们把重点和注意力转移到生产和就业。本位货币与货币总供应量的关系变得神秘莫测，一个逐步增长的觉悟是货币影响就业和总的商品交换。在此背景下，产生的一种新观点认为，货币本位的界定问题可以借由识别制定政策的指导原则——货币政策当局在不同货币政策中选择最能实现社会目标的政策时所遵循的真实准则——来回答。例如，多德（2004）把货币本位制界定为货币发行管理的组合规则。

根据这种新的本位观，如果黄金是准则，则所执行的政策将是引起货币供应量直接随本国黄金准备量波动的政策，相反效果的政策将被避免。可以成为货币政策指针的还有银，两种金属中的一种或者两种，或者是包括了这些金属的一组商品，构成了商品准备本位。当一国或者多国采用这样的准则，不论是哪种商品或组合，政策就能固定货币之间的兑换比率，使之在各国运输成本的范围内波动。这种多国接受的商品货币本位可以自发形成国家之间联盟化的货币体系（unionized monetary system）（Davidson，2002）。另一种可能的国际本位是国际收支本位，这无须使货币稳定于物，而仅仅以国际收支为准则。如果以平衡国际收支作为货币政策准则，那么长期的赤字或盈余将要求紧缩或者通胀的货币政策或改变货币平价，这是隐含在IMF协议中的本位，但只有成员国不仅遵循文字而且是精神实质的时候才是真正的本位。那些不愿意本国国内遭受外国动荡影响的会寻求货币政策，纯粹受国内指标的左右，如一个稳定的物价水平（金本位），稳定的人均货币收入（劳动本位），或稳定的就业增长（就业本位），可以用灵活的汇率或累积或消耗过剩货币准备来抵消外国冲击于国境之外。在我国，清末的刘冕执曾提出“能力本位”，实质是取消金属货币，实行按能力发行的纸币制度（叶世昌，1991）；唐智勇（2001）则以“权本位”货币理论取代金本位货币理论，其权本位的特色是将经济社会中的货币在概念上分为法律货币与商品货币加以定义和讨论，说明权本位作用下法律货币是如何由外生变量向商品货币内生变量转化的，本质还是一种以币值稳定为准则的本位。

原则本位观有其优点，它适应了现代货币虚拟化呈现的复杂多样的存在方式——如电子货币、数字货币等，超越了以磁性芯片、电子甚至数字、观念等似是而非的“币材”来区分本位的定义方式，反映了现代货币本位的本质。这种本位观虽然试图涵盖商品本位，把商品本位也视为原则的一种，但其历史背景却是后商品本位时代，只能通过货币政策目标来限制货币政策的自由裁量，从而制约货币数量增长。原则本位观的问题在于，这些目标，如国际收支、就业、劳动收入、物价都难以持久成为货币政策的目标。在短期某些原本次要的矛盾会上升为主要矛盾，货币政策做出反应就背离了原来遵循的原则——本位，而在原则之间（如就业目标、国际收支平衡、劳动收入）可能构成冲突，最终结果可能是顾此失彼。而且弗里德曼指出，货币当局并不愿意过于具体地承诺某种原则，而希望保持政策目标方向的自由裁量权。

频繁转换在不同的本位等于没有本位，货币本位难以定义，甚至“货币本位”自身开始在现代货币理论中消亡。但20世纪30年代的金融动荡让货币本位概念复活了，20世纪70~80年代的滞胀、21世纪初叶的世界性金融危机，都一再地复活着货币本位的概念，反映出人们希望保留本位概念中隐含的稳定性成分，以应对价格的剧烈波动。

尽管货币本位被越来越多的模糊性掩盖，但是这个概念不可忽视。一种本位——或者缺乏本位——的货币行为如同其他任何人类行为一样隐晦。一般把没有标准视为问题，而不是一种原则。如果货币行为要被理解并合理地引导达成社会目标，就需要而不是排除一个本位。我们有理由要求，货币本位的概念必须得到明确的表述。

第二节 四类货币形态

货币是一定生产力和生产关系的缩影。通观货币的发展史，可以按照四种组合来分析货币本位的构成，即货币载体分为商品货币、表征货币，货币的管理分为（市场）自由竞争、（国家）垄断。商品货币与自然物理世界相联系；表征货币与人类抽象观念相联系；自由竞争与货币多元化相联系；垄断与货币单一化相联系。以货币从商品货币到表征货币的形态演变维度和从自由竞争到垄断的管理维度展开货币演进分析，揭示本位货币和货币本位制度的变迁和本质。货币演进如图 1-1 所示。

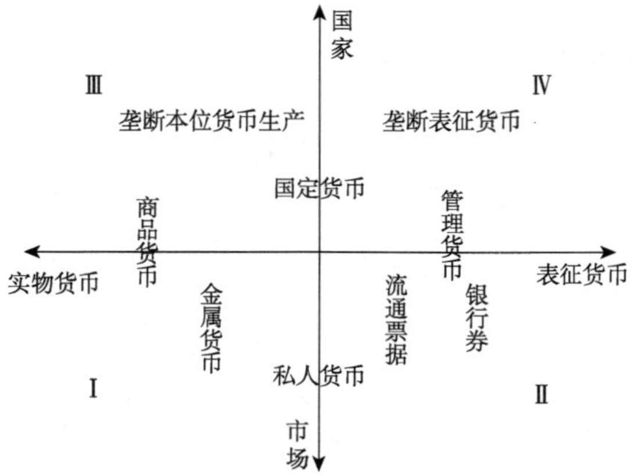

图 1-1 货币演进的二维四元素象限图

一、第Ⅰ象限：商品货币与（市场）自由竞争

马克思从商品寻找货币的起源。他在《资本论》中深刻论证了货币是商品交换过程的必然结晶（货币结晶是交换过程的必然产物）（马克思，1962a）这一科学命题。“只要理解了货币的根源在于商品本身，货币分析上的主要困难就克服了。”（马克思，1962b）马克思认为，在以共同占有生产资料为基础的原始公社内部，生产者并不交换自己的产品。实际上，“产品交换是在不同的家庭、氏族、公社互相接触的地方产生的，因为在文化的初期，以独立资格互相接触的不是个人，而是家庭、氏族等。不同的公社在各自的自然环境中，找到不同的生产资料和不同的生活资料。因此，它们的生产方式、生活方式和产品，也就各不相同。这种自然的差别，在公社互相接触时引起了产品的

相互交换，从而使这些产品逐渐变成商品”（马克思，1962a）。因而，“在不同公社间的物物交换中变成商品的那些特殊使用价值，如奴隶、牲畜、金属，通常成为公社本身内部的最早的货币”（马克思，1962b）。人类早期的商品交换产生了以私有制为基础、多元化的商品货币。

Menger（1892）则从市场交易成本本身探求货币的起源，认为不同的商品具有不同的可市场化程度——易于以较低的费用出售并获得好价格的商品就是可市场化程度较高的商品——每一位交易者通过将自己的产品换得更高可市场化程度的商品，从而间接换取自己真正需要的商品。在这里，交易价格、搜寻成本、交易费用等决定了交易者的最大化预期收益。当间接交换通过降低交换成本优于直接交换时，可市场化程度高的商品就会被交易者累积起来作为交换媒介。一旦众人都认识到间接交换的好处并从善如流，社会选择将使交换媒介逐渐集中在一个或几个商品，这些就成为最早的货币。

商品货币经历了从最早的实物货币发展到成熟的金属货币，而自由竞争是市场经济发端的状态，这两者天然的结合，早期呈现出人类丰富多样的商品货币自由竞争的时代，晚期的代表则是金本位。这种结合不需要政府干预——“英镑的金本位制度的形成，是市场选择的结果，而不是人为设计、强制推行的结果”（杜恂诚，2004）。

二、第Ⅱ象限：表征货币与（市场）自由竞争

随着市场的地理范围扩大和交易总量增长，一部分个人开始经营货币，逐渐发展成为钱庄、商业银行，经营保管存款、汇兑结算和贷放货币等业务，表征货币是他们重要的工具，既可以代替铸币流通，还可以增加自己的贷放资金。实物货币流通被部分表征货币替代，节约了流通成本。

历史上自由竞争的私人表征货币与私人商品货币具有完全直接的可兑换性。但在 20 世纪 70 年代，哈耶克提出货币非国家化，并预测在没有法律障碍的条件下，市场将自然演化出一种稳定的、由私人竞争性发行的不兑现货币体系，这种不兑现货币的购买力是以某种篮子的商品来度量的，且篮子中商品的构成是可变的。如果货币发行人恪守可实现的购买力合约保证，等同于一种可兑现货币的体系，等同于商品或者多商品本位（哈耶克，2007）。但怀特（2004）指出，只要利润最大化的发行人通过一次性恶性通货膨胀所得的收入高于长期守约从事低量发行的收入流现值，对这种可能性的预期将导致人们不愿持有私人不兑现货币。因此，私人发行的不兑现货币的可行性依然受到广泛的质疑。

黑田明伸（2007）将封闭性地域团体内部债权债务关系基础上的流动性货币称为内部货币（inside money），这种货币虽然还没有具备本位货币的普遍

接受性，但是具有地域或社区流动性，对本位货币具有补充作用。现存的地域货币等补充货币形式都采取表征货币方式，由社区、公司等非政府组织自由发行，如飞行里程计划、信用卡积分、社区教育时间货币等，都是有具体的可兑换对象存在，从而获得消费者的信任。迄今为止，市场上成功的私人表征货币发行都是依靠具体的可兑换商品或服务作为保证的。

一定时期表征货币依附商品货币而发展，形成流通中既有商品货币也有表征货币的混合流通局面。表征货币的使用方便，逐渐培养了人们的习惯，兑换的行为减少。以此为契机，为了追逐更大的利润，私人的可兑换表征货币的发行量逐步扩大到使现金准备率事实上从足额变为部分，从而增加了流通中的货币量。这就为货币危机留下了隐患，成为国家干预私人表征货币发行的一个显在的原因。

三、第Ⅲ象限：商品货币与国家垄断

19 世纪末，世界的商品货币基本都演进到了金属货币时代，而西方世界的国定商品货币时代也来临了。民族国家的发展源于它赢得了与竞争组织——帝国、城邦、城市联盟、地主网络、宗教秩序、海盗团体、部队和许多其他的治理形式的斗争，它在斗争中取胜的能力依赖于其动员士兵和其他军事资源的独特能力。这种能力依赖于商业活动的范围、信用的可得性、税款缴纳，以及战争中士兵对统治者的忠诚。与其所取代的竞争形式不同，民族国家运用中央集权的官僚机构，维持自己在确定统治领域内的秩序，民族国家具有以赋税形式征集巨额收入的能力，以维持自己的常备军事力量。一个用货币支付的税务系统，加上能够借入大量资金的能力，允许民族国家的统治者无须借助那些过时的方法来发动战争，这些方法包括：直接占有食物、武器和动物等。明晰界定的私人财产权和市场的建立促进了这套基于税收和债务的工具体系，使其能够动员赢得战争所必需的资源。在能够让税收变得更方便的意义上，市场环境以并不明显的方式促进了国家的形成（鲍尔斯，2006）。

基于 1648 年威斯特伐利亚和约的精神，19 世纪的西方民族国家在境内普遍实行政治集权、控制货币的生产和管理、垄断货币权力。表征货币的伪造和欺诈问题、实物货币的质地杂乱都带来了交易成本，国家介入了法律救济和商品货币的标准化。民族国家一方面促进国家货币的发展，另一方面限制外国货币的竞争，外国货币在本国的流通被正式禁止。国家货币增强了民族国家的凝聚力，为政府提供了铸币税财源，政府可以通过货币影响国内产出和就业，并对外实行货币隔离。

国家对商品货币的铸造进行了直接或者间接的垄断，以维护货币的标准规格和获得政府的财政收入——部分表现为铸币税。国家垄断商品货币，存在两个层次。第一个层次是仅从法律上规定货币本位和货币流通秩序，国家不直接从事货币生产，如金币本位制度；第二个层次是直接垄断商品货币的生产发行，中国历史上长期流通的铜质制钱基本上就是后者。在我国，国家垄断金属货币的时代可以追溯到战国时期，各国都有自己的铸币，如刀币、布币等。公元前 221 年，秦灭六国，将秦国的半两钱制度推广到全国使用，形成了全国统一的半两钱制度。战国时期，半两钱已在秦国流通了 115 年（石俊志，2009）。可以认为，中国制定货币本位、统一本位货币始于秦朝。此后，除了少数时期，如汉文帝时期，民间自由铸造、政府监督管理的铸造制度，中国的纪重铜钱铸造基本为国家所垄断。可以说，中国的金属货币本位制度是商品货币和国家管理的奇妙结合，特别是到了白银核心本位时期，国家继续垄断铜钱的铸造，但金、银等货币依然自由铸造，实行市场化的自由竞争。

四、第Ⅳ象限：表征货币与国家垄断

在第Ⅳ象限中，国家通过中央银行或财政部门垄断发行流通中所需的表征货币，通常为法定纸币的印刷和发行，而私人完全没有生产发行权。在没有银行等信用机构的国家或地区就是这种状态。在一定时期，可兑换性是私人和国家的表征货币发行共同依赖的保障机制。频繁和严重的私人银行挤兑和破产事件导致中央银行诞生，统一发行表征货币，并依靠与商品货币储备的兑换性保障其可接受性。但是国家的战争开支使国家也可能停止兑换，动用硬通货储备来获得实际资源用于战争，战后通常会恢复可兑换。西方国家垄断纸币发行的早期依然是可兑换商品本位，或者具体地说是金属本位，具体到 19 世纪末 20 世纪初，在欧、美、日等国家和地区是金本位。同时期中国依然处于白银核心金属本位，直到 1935 年的法币改革，才开始由国家垄断表征货币。

战争和战争威胁加强了国家垄断的能力，包括对货币商品的收购囤积、自由输出的禁止和表征货币的兑换能力限制，使得自由竞争的商品货币被国家垄断的商品货币取代。商品货币的进一步集中致使大部分国家商品货币准备短缺，只能用于对外结算；内部流通则靠国家发行不兑换表征货币，即法定货币。典型的代表是第一次世界大战后，西方国家建立起来的金汇兑本位，这个时期的储备货币是多元的，英镑、法郎和美元都是中心外汇储备货币，在国内具有与黄金相同的可兑换性。而战后随着世界黄金的 70%以上集中在美国，金汇兑本位发展为布雷顿森林体系。而到了布雷顿森林体系崩溃的 1971 年，美国的黄金准备下降到 30%以下。美国如果继续成为单一可兑换体系的中心就失去了基础和合理性。而最终各国选择了放弃可兑换性，黄金非货币化，汇率自由浮动，国家垄断的表征货币完全不可兑换并延续至今。

实际上，不兑换纸币制度的成立是一种强制性制度变迁，是政府法令引起的变迁（杜恂诚，2004）。“纸币的本质绝非自然性，而是社会关系的反映，象征着人类文明的一次巨大变革，它挣脱了贵金属对于实际供给量的限制，取消了货币的‘先天障碍’，使得货币的物理和机械越来越远离现实社会的货币形式，这象征着货币自然性根基更为彻底的终结，从此实现了货币彻底‘文明化’的发展之路。”（李振，2009）

凯恩斯（Keynes，1930）认为，现代文明国家的货币都是国定货币。为了和哈耶克（Hayek，1976）的“非国家货币”对照，这里把国定货币也称为国家货币。国家货币不但包括国家强制发行的法定纸币，即正式货币，还包括国家或中央银行担保在对其本身的支付中被接受的货币，或担保可兑换正式法定纸币的货币。所以大部分的现代银行货币也都是国家货币。银行货币在流通中占主体地位，在早期是可兑换银行券，在现代则是存款货币。实际上，在现代不兑现货币体系中，法定纸币由国家（中央银行或者财政部）垄断，信用创造的表征货币由银行垄断，国家通过管理维护银行货币与法定纸币的同等使用与有限可转换性。这就是现在世界上普遍的市场表征货币与国家表征货币的组合。

货币从自由竞争到国家垄断，是生产力和生产关系的发展从自由资本主义到国家垄断资本主义的必然。流通货币从商品货币到表征货币，一方面受到习惯、技术和交易费用等因素的推动，另一方面也反映出单一币材在维持可兑换性方面的弹性不足，易被垄断，加上国家之间的货币经济合作不复有效，甚至遭到破坏，导致各国采取不得已的措施，放弃商品货币，以维护本国经济的稳定发展。

以上四个象限从先后次序来看，反映了本位货币形态上的演化过程，揭示了市场和国家在本位货币发行上的地位和作用。当代表征货币在向电子货币、数字货币等形态演进，国定货币朝着超主权区域货币发展，但市场和商品两个要素并没有从货币演化的进程中消失。实际上，商品货币并没有随着黄金非货币化退出历史舞台，它依然存在于国家储备和私人储备之中，发挥着价值贮藏和国家间最后清偿的作用。而市场表征货币也在蓬勃发展，进行着各种地域或社区内的表征货币实验。或许，未来的货币将在更高的层次上回归市场发行，回归商品本位。

本书所涉及的本位货币形态，涵盖四个象限，即第Ⅰ象限的（市场）自由竞争的商品货币、第Ⅱ象限的（市场）自由竞争的表征货币、第Ⅲ象限的国家垄断的商品货币和第Ⅳ象限的国家垄断的表征货币。根据商品货币与表征货币的兑换关系界定为三大货币本位制度：金属本位、可兑换管理本位和不可兑换管理本位。

第三节　三大货币本位制度界说

在西方商品本位时代，国家只是对本位货币的含金量、成色、规格等做出规定，对商品或金属铸币的铸造数量和发行自由放任，对银行以商品货币为基础发行银行券不加干预，存款人可以通过要求兑现所持有的银行券来监督管理。在金本位时代，货币主要由市场调节——看不见的手，进行自我管理，因此怀特（2004）把商品本位和可兑换银行券自由发行称为市场货币制度，强调在市场货币制度中并不需要中央银行。因此，西方自由主义经济学家理想的货币形态都是图 1-1 中位于市场一侧的货币形态，即没有政府干预和中央银行的商品本位，以及附着在商品本位上的表征货币。

在凯恩斯（Keynes，1930）看来，管理货币才是最一般的货币形式，是货币发展的方向。国家货币可以有三种形式，即商品货币（commodity money）、法令性货币[①]（fiat money）和管理货币（managed money）。管理货币与法令性货币相似，都属于表征货币。管理货币的特殊含义在于，国家保证以某种方式管理其发行条件，使之具有以客观标准——可以是本位商品货币，也可以是其他，如某种物价指数等——表示的确定价值。管理货币实际上早已存在，并且替代流通中的金属铸币[②]。在西方国家，早期的管理货币通过与商品本位货币可兑换建立了一个公众监督机制，一个契约履行的确认，树立起了人们的信心，并逐渐形成了节约手交现金的支付习惯。随着管理货币流通的扩大，准备金不足以及欺诈的存在使得其可兑换性受到了挑战，国家介入了对包括银行货币在内的所有管理货币的管理，中央银行的职能也从清算服务扩大到垄断法定货币发行、金融监管、在银行管理货币失败时提供最后贷款人的救助。这进一步强化了管理货币的信任基础，管理货币取代铸币流通的比例不断提高。

管理货币的性质随着管理当局确定的客观标准而发生蜕变。如果管理当局要求提供100%商品准备作为发行条件，这时的管理货币就成为仓库提货单，可以认为就蜕变成商品货币了，而且事实上，公众对于以熟悉的商品为本位的管理货币与商品货币同等对待。反之，管理货币的发行如果不依赖客观标准，其性质就蜕变成不兑现货币；对于用某种综合物价指数来作为管理货币的一种客

---

① 法令性货币的主要形式是不兑现纸币。

② 英国政府规定在伦敦存储黄金不支付任何利息，而且还收取保管费，但是开设英镑账户可以获得相应的利息。由于英国保证人们可以直接将手中持有的英镑向英格兰银行兑换成黄金，使用英镑比使用黄金更加方便、更具优势，英镑从实际意义上代替了黄金，充当着国际货币的职能，在世界范围内被广泛使用。

观价值标准[①]，等于让公众“以不熟悉的商品为本位”[②]，也被视为带伪装的法令性货币。

现代货币的发展从形态上向没有内在价值的表征货币演进，是基于国家垄断法定货币发行并与社会订立了货币的“管理契约”——管理货币充当法偿货币，同时国家要保障管理货币的价值可以通过某种客观标准来确定，否则，恶性通货膨胀将使表征货币失去市场交换能力，甚至对于负有违约责任的管理者——政府——进行撤换。现代国家的法令性货币，其本质是国家及其银行体系以管理承诺或者信用取代商品价值，将货币虚拟化为可流通的期权，对于未来商品具有短期可预期、长期不确定的兑换能力。

本书比较研究所涉及的货币本位制度主要涵盖 19 世纪之后的货币本位类型。一是商品本位制度下的金属本位制度，包括西方国家的金币本位和我国的白银核心金属本位；二是可兑换管理本位制度，包括金块本位、金汇兑本位和布雷顿森林体系；三是不可兑换管理本位制度，即后布雷顿森林体系，也被称为法令性货币制度。

金属本位制度以国家垄断金属货币为本位货币，银行发行的表征货币不具有本位币地位，与本位货币具有完全可兑换性，即准备金比率达到 100%——这个比率不一定是客观实在的，但是法律上支持这个准备率，而凡是不能兑现自己所发行银行券的银行均被视为违法。一方面，存款人兑现的要求具有随机性和不确定性；另一方面，作为债务人的银行，发行银行券越多则获取利润越大，因此，银行必须处理好两者之间的平衡关系——金属本位制度的利益维护倾向是侧重于分散的市场参与者，而不是金融机构；国际货币关系以货币所含金属的市场价格形成比价，同种金属形成以进出口运输成本为上下摆动范围[③]的固定汇率。当然，货币含金量可以变动，不同金属的市场比价关系也可能发生变动，从而导致国际货币关系的变动。

可兑换管理本位制度的特征有两个方面。对于一国之内，规定以国家法定的表征货币为国内流通货币，银行创造的信用货币等同于法定货币，即国内发行流通的都是管理货币。一方面，仅少数中心国家有能力继续保持有条件的管理货币与特定商品货币之间的可兑换关系，而多数外围国家的管理货币，在其国内不具有直接的可兑换性。另一方面，在国际货币关系中，以中心国家有条

---

① 黄达（2003）指出，20 世纪 70 年代后，各国的法令中都抹掉了以任何商品充当币材的规定。过去货币制度中最重要的一个构成因素——币材——消失了。现在的货币制度似乎可以比照称为不兑现本位或者百物本位。

② 根据凯恩斯《货币论》关于货币契约的逻辑，没有商品本位的管理货币的契约条件实际上是只有在使用管理货币交易时才能确定其本位商品是什么和有多少。因此对公众而言，对这类本位商品是不熟悉的。

③ 金本位制度下即黄金输送点。

件保证可兑换的金属货币为国际本位货币[①]，少数中心国家的管理货币作为关键货币与金属本位货币保持固定比价[②]。外围各国管理货币与金属本位货币或者关键货币保持固定比价，各国货币相互间形成固定汇率。外围国家可以通过兑换所持有的关键货币来获取金属本位货币，整个中心-外围结构构成可兑换管理本位制度的体系，本质是，在商品本位货币相对流通中管理货币的兑换准备率显著不足100%的条件下，实行的一种弱化的商品本位制度，具有过渡性。第一次世界大战以后，中心国家实行金块本位制，而其他国家放弃本国货币的国内可兑换性，逐渐形成了以英、法、美为中心的国际金汇兑本位。第二次世界大战后建立的以美国为中心的布雷顿森林体系，也是这种本位制度。在可兑换的管理本位制度下，金融机构履行可兑换性的强制性义务逐渐从无条件兑换变为满足限制性条件下的兑换，为管理货币的发展打开了一定的空间。

不可兑换管理本位制度以国家法定的表征货币为国内本位货币，银行信用发行的表征货币等同于本位货币，即国内发行流通不可兑换管理货币；以一种或几种国内本位货币为国际本位货币，各国本位货币与国际本位货币的汇率可以自由选择浮动或者固定。这种制度下的管理货币通常被称为无锚的货币或脱锚的货币；也有部分学者将管理货币的非兑换性原则称为某种名义锚。

这里划分的原则有两条。一是金属本位货币的存在性；二是管理货币与金属本位币的兑换关系。把国内管理货币100%可兑换金属本位货币的归为金属本位货币；把完全不具有金属本位的管理货币归为不可兑换管理货币。把金属本位货币不足以完全覆盖管理货币，只能实行直接或者间接的有限可兑换的统称为可兑换管理本位。进行这种新的分类是基于以下几点考虑。

其一，以管理货币取代法定货币或者法令性货币、纸币等，避免了法令性货币、法定货币和纸币在概念、内涵与外延上的模糊性。例如，在不兑现管理本位下，国家法律上明文规定的法定货币形式往往是纸币，由法律规定的发行机构（如中央银行）来发行。这使得人们误认为法令性货币就是法定货币，也就是纸币，除此以外没有其他发行来源。而凯恩斯早在1930年《货币论》中就使用了“管理货币”概念，来突出银行信用创造货币在流通中的主体地位，为货币本位观从币材载体向管理原则发展奠定了理论基础。

其二，管理原则本位，简称管理本位，包含了币材本位，同时相对于常用的信用本位，管理本位可以构建具体的管理原则本位体系，把视野拓宽到了金

---

① 如以黄金为国际本位货币，黄金的生产是非垄断的，各个国家都可以自由生产。即使个别国家实行垄断，在世界范围内，国家之间还是有竞争性的，因此可以说国际商品本位货币是自由竞争的，或是垄断竞争的，总之是非完全垄断的。

② 在金汇兑制下受可兑换国家的兑换条件制约，如金块本位则必须达到规定的金额方可兑换；如金币本位则无限制。在布雷顿森林体系下则要求由持有一定数量美元的外国中央银行向美国联邦储备银行兑换黄金。

属和更多的锚商品，以及更多样地体现生态经济要求的货币管理原则，而不是笼统以信用为本位，便于深入研究本位选择与生态和社会经济的相互作用，有利于丰富货币本位制度改革的选项。

其三，过去常用的一些分类方法强调国际货币体系，而忽略国内货币本位与国际之间存在区隔的实际；本书的分类具有更大的包容性，既适合于国际货币体系的研究，也适合于国内货币本位制度的研究。举例而言，许多研究国际货币体系的文献把金币本位、金块本位、金汇兑本位和布雷顿森林体系统称为金本位或国际金本位，而实证研究表明，金币本位与其他金本位存在明显的性质上的差异，如吉布森悖论现象就只存在于金币本位。究其实质，只有在金币本位时期，管理货币的发行管理可以达到 100%的准备率要求。其他金本位下，国内货币中管理货币取代金属货币成为流通主体，作为兑换性保障的金属本位币相对比率低于 100%，并且越来越低，以至于除了少数国家，大多数国家的管理货币失去了与贵金属的可兑换性，本国的贵金属被禁止货币性流通并被国有化。在可兑换管理本位下，外围国家的国内货币本质是不兑现管理货币，其货币管理原则是维持与中心国家管理货币的固定汇率。

下文对三大货币本位制度的历史沿革、运行机制等进行说明。

一、金属本位

金属本位，是指使用金属作为币材的货币本位。一定地区的币材可得性对金属本位的具体形式有重大影响。随着交换的扩大和冶金技术的进步，金属币材逐渐替代谷物、皮革、布匹等实物货币成为主要的流通货币。人类历史上，铁、铜、金、银、金银合金等都曾经充当过币材，随着经济的发展，币材逐步集中到金、银、铜三种金属。金属本位包括纪重金属本位和名目铸币本位。纪重金属本位，如我国春秋战国时期的铜质半两钱[①]、明清时期的银两[②]，都是依据所含纯金属的重量进行交易；名目铸币本位，如国家造币局统一铸造的金币、银币，其货币单位不表示实际的金属含量，而是独立的记账单位（如民国

① 石俊志（2009）指出，半两钱是中国古代最为典型的铜金属铸币，战国时期秦国实行半两钱制度，于秦惠文王二年（公元前 336 年）成为秦国政府统一铸造和法定流通的货币；公元前 221 年秦始皇统一六国建立中国历史上第一个统一的多民族封建国家，把半两钱制度也推广到全国范围。以铜为主要币材的制钱制度在中国实行了 2 000 多年，成为日常交易的主要流通货币。

② 随着明代西方白银大量流入中国，官方允许白银缴纳税收，白银逐渐成为我国金属本位下流通货币的主体。清末民初的中国白银核心货币体系中存在多种成色、重量的银两流通，如纹银、宝银；同时还有铜钱、铜元、银元和纸币流通。各种白银在主要流通地区形成当地通用的虚银两记账单位，如上海的规元两、天津的行化两及汉口的洋例两等。这些都是市场自发形成的残缺的本位货币，只确定币材和记账单位，没有统一重量和成色实物银两与之对应。

时期铸造的银元，单位为元）。金属本位下可以按币材分为铜本位、银本位、金本位、金银复本位、金银平行本位等。

从世界金属本位的发展来看，存在从多种金属并用的混合金属本位向单一金本位的演化。在很长的历史时期，往往由两三种金属货币并行流通。我国自古就以金、银、铜三种币材作为上、中、下三币。西欧和美国等国家曾经长期实行金银并行流通的复本位制度。从金单本位的实践来看，最早是由英国在1816年正式宣布实行金本位，实际上从18世纪中期英国已经事实上是金本位。1815~1873年欧美主要是金银复本位制，主导国家是法国和美国①，1870~1913年，主要工业化国家先后实行了金本位制。一般把金本位分为金币本位、金块本位和金汇兑本位。本书中，金币本位是典型的金属本位，管理货币发行通常须有100%的准备金，而金块本位和金汇兑本位则属于可兑换管理本位的范畴，管理货币的发行准备已经不足额。

（一）金本位制度

金本位制产生于英国。英国1717年实际上已经开始实行金本位，但在法律上确定英镑的黄金含量则是1816年通过《金本位制度法案》，晚了近100年。典型的金本位制度实际上是金币本位制，一般认为1870~1913年西方主要国家都进入了金币本位。金币本位制度下主币币材为黄金，通过固定铸币平价，把本国货币单位与黄金挂钩，流通货币为金铸币，无限法偿。金币本位制度下金币可以自由铸造，从而保证足值；可以自由输出入，促进贸易；可以凭银行券自由兑换金币，不受时间和数量的限制。

McKinnon（1993）认为西方典型金本位制度时代里，所有国家遵从以下规则：

（1）固定官方黄金价格或铸币平价，并允许国内货币与黄金在此价格上自由兑换。

（2）对个人进出口黄金无限制，对国际交易中的经常账户和资本账户不施加交易限制。

（3）在黄金储备支持的情况下，发行国家货币，并把国内银行存款的长期增长和黄金储备相联系。

（4）在与黄金外流有关的短期流动性危机事件中，允许中央银行在高利率水平上自由地向国内银行贷款。

（5）如果规则（1）被临时放松，则尽快在最初的铸币平价上恢复可兑

① 美国由于金银比价的错配，被低估的一种金属退出流通，在《1853年铸币法案》之前是事实上的银本位，而在1853年以后是事实上的金本位。

换性——如果需要，可以紧缩国内经济。

（6）允许一般价格水平（名义锚）由黄金的世界需求和供给内生地决定。

理论上，在封闭的静态经济体内，黄金供给与需求自动均衡。和其他商品一样，成本与收益的均衡决定黄金的最优产量。增加黄金产量有两种途径。其一，发现和开采新的金矿将使黄金生产规模扩大，产量增加。其二，生产黄金技术的进步可以使生产黄金的单位成本降低，利润增加，从而使黄金产量上升。黄金产量的增长率提高将导致货币供应量增加，黄金计价的物价水平提高。一方面，使黄金购买力下降，投资黄金的收益率提高，一部分黄金被退藏；另一方面，高物价也提高了黄金的开发成本和生产成本，一定程度上使得黄金产量不再增长甚至下降。两种机制造成流通中新增的黄金逐渐减少，增加的黄金存量退出流通转化为非货币黄金。最终，黄金产量、货币黄金和非货币黄金恢复均衡的状态，物价回到原来的水平。同样，当货币黄金存量出现短缺时，物价随之下降，一方面，减少了现有金矿的开采和生产成本，矿主利润增大因而乐于增加投入，提高产量；另一方面，黄金购买力提高使得非货币黄金转化为货币黄金，进入流通，从而弥补黄金的短缺。最终两面合力使得物价恢复原来的水平。

在封闭的增长经济中，黄金产出引起的货币存量净增加会刺激产出增加，物价先上升，产出会吸收一部分黄金，货币黄金转化为非货币黄金抑制物价上升，在新的产出水平上三者达到均衡，物价回到原来的水平。

在开放经济体中，金本位制度有自动调节机制。首先，黄金平价自动决定了各国货币之间的汇率。举例而言，如果美元的金平价为 1 盎司（1 盎司=28.350 克）黄金合约 20.4 美元，英镑的金平价为 1 盎司黄金合约 4.3 英镑，则可以很容易地计算出美元与英镑的比价为1英镑合约4.7美元。这是理论上的比价，实际还要考虑到黄金输送点（gold points）①及特殊的供需波动等市场因素，但基本围绕官方比价波动。只要各参与国家本位货币的含金量不变，则供求波动导致的两国货币汇率的波动幅度不会超过两国之间输送黄金的成本，即黄金输送点。通过黄金的输出入自发调节货币流通量、物价和国际收支，是自由主义经济完成自动均衡的基础。这种国际收支的自动调节机制被英国经济学家休谟称为“价格—铸币流通机制”。在这种机制下，当双边汇率超出黄金输送点时，就会引起一方黄金的输出，从而减少当地银行的准备金，流通中货币的数量相应减少，物价和成本降低，出口竞争力提高，同时进口需求减少。而与此相对的另一方则正好相反，黄金输入，银行准备金和流通货币增加，物价和成本上升，进口需求上升，出口

① 黄金输送点是指两国间的铸币平价加减两国间的运金费用。其中，铸币平价加上运金费用为黄金输出点，是汇率波动的上限；铸币平价减去运金费用为黄金输入点。

竞争力下降。待双方贸易条件的异位逐渐弥补了过去的失衡，黄金储备遂告还原。因而，只要这个机制生效，参与国的黄金储备不会出现不可逆转的枯竭。

历史上金币本位制度给各国带来了长期的货币数量稳定和长期的实际产出、价格水平和汇率稳定性，对社会生产力的推动作用巨大。但是，金币本位的崩溃有其历史必然。

其一，人口的增长要求增加资本积累、扩大产出、解决就业、保持生活水平不至于下降，对黄金的货币需求随之增长，而黄金生产的增长不能满足各国的需要。实际上，黄金的生产供应具有不稳定性，受到自然资源绝对稀缺性的约束，在既定技术条件下存在矿藏资源逐渐枯竭的预期，而黄金生产成本也制约了增量的可供给能力在一定时期的有限性。

其二，黄金存量在各国间的分配不平衡，大部分为少数强国所占有，鼎盛时期的1913年，美国、英国、法国、德国和俄罗斯五国黄金存量约占全球黄金存量的三分之二，对世界黄金总量构成了绝对控制。这造成其他国家金币自由铸造和自由流通的基础薄弱。凯恩斯（Keynes，1923，1930）指出，美国等国家生产了大量黄金，但没有正常流入市场，提升物价，而是被中央银行收购，储藏在金库。美国长期顺差不能通过价格-铸币机制来扭转。自动平衡机制破坏，国际失衡无法纠正，少数国家集中垄断黄金，多数国家黄金短缺，难以维持本国货币的可兑换性。

其三，资本主义的不平衡发展，在金本位集团内部表现出国家互信与合作精神的弱化，本国利益优先的氛围加强，有的采取限制黄金自由输出入、拖延阻挠偿付外债等措施维护本国利益。黄金净输出带来的货币紧缩、价格下跌打击了工商业，引发了工人失业和社会矛盾激化，因而受到产业部门的抵制。为了增加本国生产和缓解失业，各国政府只得让内部平衡优先于外部平衡，摆脱黄金带来的通货紧缩，使得国内价格水平与世界黄金的增量和存量的内生决定关系破裂。

归根结底，金本位制依靠市场调节，对各国逐渐滋长的国家干预、不服从市场规则的行为缺乏必要的制约手段。随着金本位制的维持条件不断被破坏，国际货币体系的稳定性也逐渐失去了保障。历史上战争往往使得金本位国家停止本国法定货币兑换金币，战后恢复。但是在第一次世界大战后，多数国家不能正常执行麦金农的第 5 项规则——恢复到第一次世界大战前的金平价[①]，变成不可兑换管理本位以及浮动汇率或者管理浮动，少数中心国家则从金币本位退化成金块本位。最经典的金本位制度——金币本位制度，在第一次世界大战

① 英国不顾凯恩斯的极力反对坚持在1925年恢复到第一次世界大战前的金平价，英镑汇率高估，导致了长期的萧条和失业，不得不在1931年放弃金本位。

中告别了欧洲，美国则一直维持到1924年。

（二）白银核心金属本位

中国自公元前221年秦朝建立以来，长期以铜钱为金属本位货币，在1935年法币改革之前，中国币制大部分时间都处于金属本位。

从17世纪开始，中国进入一个平行金属本位时代，铜钱和银两同时作为本位货币。铜钱的使用已经有两千多年的历史，而白银则是来自美洲、欧洲、马来西亚、印度和日本。自16世纪以来，这些地区的白银源源不断流向中国，使中国成为当时世界上最大的银窖（弗兰克，2000）。随着17世纪中叶明朝政府采用银两纳税和拨付财政开支，白银正式成为法定通货。银锭和铜钱并行流通的平行本位出现了。银锭多用于批发贸易和大额交易，主要流通于东南沿海地区，因为当地的支柱产业是外贸出口。同时，铜钱在大部分内地省份继续保持其流通领地，主要用于零售贸易和小额支付。

表1-1显示了清末我国流通货币的种类和数量情况。金属货币有四种形式，即银元和银角、银锭、铜币和纸币，分别占45.30%、16.55%、24.90%和13.25%。清政府曾经规定1两纹银等于1 000文铜钱，但这个兑换率没有得到有效的维持，银元和银角及铜币的比价主要还是随行就市。由于银锭及银元和银角的流通量合计占到61.85%，白银成为通货的核心币材，同时金属货币流通量共占86.75%，而且纸币都是可兑换的代币券性质，因此称这种货币本位制度为白银核心金属本位是比较恰当的。

表1-1 清末我国流通货币种类和数量（1910年）

货币形式（单位）	数量	折合银元	占比
A. 银元和银角		950 000 000	45.30%
B. 银锭（两）	250 000 000	347 000 000	16.55%
C. 铜币		522 253 731	24.90%
铜钱（文）	500 000 000 000	373 000 000	17.78%
铜元（元）	200 000 000 000	149 253 731	7.12%
D. 纸币		277 777 777	13.25%
银两票（两）	20 000 000	27 777 777	1.33%
银元票（元）	50 000 000	50 000 000	2.38%
铜钱票（吊*）	134 000 000	100 000 000	4.77%
外国钞票（元）	100 000 000	100 000 000	4.77%
合计		2 097 031 508	100%

*1吊=1 000文

资料来源：彭信威（1965），第888-889页：《清末中国货币数量估计表》

“银两”既是重量单位也是货币记账单位。按照当时的法律规定，制钱只能由政府铸造，但政府不铸造银锭。在清代，外国银元大量流入并逐渐成为沿海地区的交换媒介流通。批发商既用银两也用银元。各地银锭的重量和成色都有差异，存在四种主要的银两重量标准，即关平、库平、漕平和市平。例如，关平是海关规定的，不同的海关的关平重量也有差别。在广州，一两关平银约重 37.68 克，而在天津则约为 37.8 克。库平是朝廷税收的平砝，有中央库平、各省藩库平、道库平之分。中央库平一两约为 37.31 克。漕平用于漕粮折色，平均重约每两 36.65 克，因地而异。市平是用于当地市场交易的平砝，比库平要轻，单位重量也因地而异，甚至于一个城市有不下 10 种市平的。另外一种重要的标准是白银的成色。因为银锭不是政府统一铸造，其成色从 93%到 96%不等，有的甚至低于 90%。纹银代表 93.537 4%的纯银含量，是最重要的成色标准。记账时，实际银两成色超过纹银的要折为 1 两多的纹银，反之银两成色低于纹银的则折合为不足 1 两纹银入账。例如，成色为 98.681 9%的 50 两白银应当折合为 52.749 96 两纹银。

由于同名的银两有不同的重量，同样重量的白银有不同的成色，因而价值存在差异，不同的银两不能按重量单位简单相加。解决的办法就是虚银两制。虚银两制是记账单位，规定某种重量和纯度的白银为一虚银两。虚银两可以被视为一种本地虚拟的计算货币（money of account）。差不多每个城市都有自己的虚银两。例如，天津采用“行化两”，汉口采用“洋例两”。最流行的是 1858 年产生于上海的“规元两”。100 规元两白银相当于 98 两纹银。在 1933 年“废两改元”之前①，上海和其他许多城市多采用“规元两”作为记账单位。

除了记账单位的转换，跨地域的货币流通还需要一个将不同银两转换为当期标准白银货币的国内兑换市场。在这个市场中，钱庄是主要的机构。钱庄兴起于 18 世纪，主要从事货币兑换，有一定积累后开始吸收存款和发放贷款。钱庄发行大量的庄票在市场广泛流通。1933 年前中国还没有票据清算所，钱庄通过它们的汇款和转账系统控制了所有金融交易的清算。钱庄还常常从事洋厘和银拆等高风险投机。“洋厘”是指银两和外国银元之间的兑换，“银拆”是指钱庄用庄票抵押从外国银行拆借白银现款，通常每两天结算，利率称为银拆利率。到 1930 年，中国的金融市场被钱庄垄断，但外国银行则通过银拆支配钱庄。

上海是当时中国乃至远东地区的金融中心，上海“洋厘”被内地的兑换市场视为基准汇率，上海银拆利率则是金融市场的基准利率。每天上午由上海钱

① 1933 年，国民政府废除银两，只用银元作为法定货币，铜元为辅币，史称“废两改元”。

业公会刊出洋厘的行市，以及银拆利率。

晚清政府于 1910 年颁布了《币制例则》改革币制，但因为 1911 年辛亥革命的爆发未能推行。1914 年，袁世凯领导的北洋政府颁布了《国币条例》，正式承认银元和银两同为法定货币，即“两元并行”。铸有袁世凯头像的银元从此广为流通，银两依然是外贸和批发的基本记账单位。1933 年 4 月，国民政府下令废除银两单位，将货币单位统一为元。从此中国进入了银铸币本位。但是随着 1934 年、1935 年白银大量外流，中国的银本位难以维持。1935 年 11 月，民国政府实行法币改革，从此结束了以白银为核心的金属本位制度。

二、可兑换管理本位

可兑换性的维持是金属本位和可兑换管理本位时期的共同约束条件。不同的是金属本位时期管理货币占比较小，具有 100%可兑换性社会契约；而可兑换管理本位时期，中心国家管理货币占比超过金属货币准备，实际是部分准备金制度，依靠人们的支付习惯和一系列缓和挤兑压力的制度机构安排维持有限的可兑换性，而对外围国家而言则是国际金块本位与国内不兑现管理本位的复合。

可兑换管理本位，从国际货币体系角度可以分为前期的金汇兑制和后期的布雷顿森林体系，都以黄金为国际货币本位。

（一）金汇兑本位

自第一次世界大战以后，盛极一时的金币本位已经动摇。战争期间交战国都停止了金本位币的兑现。战后虽然各国努力谋求恢复金本位，但由于黄金缺乏，不少国家虽然恢复了兑换，但没有恢复到第一次世界大战前的平价，如法国降低了法定货币的含金量；不仅如此，为了限制黄金外流，保持黄金储备，一些国家还采取限制兑现的措施，如英国虽然于1925年恢复到了第一次世界大战前的金平价，但不再兑换金币，改为金块，其兑换门槛也提高到最低 1 700 英镑，一般公众是没有能力兑换的。这些使得原来的金本位已经名不符实。黄金储备较多、仍然实行可兑换的金币或者金块本位的国家成为中心国家，外围国家通过外汇储备和存储在中心国家的黄金储备，制约本国不兑换货币的发行。金汇兑本位暂时解决了外围国家黄金不足的问题，将黄金的货币需求压缩在对外偿付需要上，国内流通的管理货币不能直接兑换黄金。

例如，英国黄金储备充裕，实行金本位制度；而 A 国则缺乏黄金，不能实行金本位，为了稳定本国货币，A 国可以固定本国货币与英国货币之间的汇率，将黄金、英国银行存款、英格兰银行的钞票、英国国债，以及出口商收到的英国银行承兑的汇票等作为本国货币的发行准备，存储于英国。其中承兑汇票主要依靠出口换取，由于经过国际知名银行承兑，信誉度极高，是最好的准备金之一。A 国居民如需对外偿付债款，只需要向本国中央银行或指定的官方机构购买金币汇票支付给外国债权人，无须直接运送黄金。1935 年我国实行法币改革，规定法币挂靠美元和英镑，就是一种金汇兑本位制。

Dam（1982）分析认为，金汇兑本位存在两个弱点。一是中央银行可以用两种形式持有其国际储备，即黄金和外汇，而这两者的比例是任意的；二是中央银行的外汇构成不是单一的，而是可以在不同的储备货币之间转换。而在当时世界上，伦敦和纽约是两个主要的储备中心。实行金汇兑本位的国家的中央银行面临储备货币相对于黄金的贬值甚至储备货币发行国放弃金本位的风险。这种风险来自三个方面：储备货币发行国的国内通胀越严重，其发生法定贬值的风险越大；当前储备货币相对其他国家货币越是高估，贬值的可能性越大；而当储备中心的负债大大超过其准备时，外国中央银行持有外汇储备资产的信心会大大降低。这决定了外国中央银行具有自己持有黄金储备的偏好。并且由于两个储备中心的存在，外国中央银行通过转移储备币种的方式减少在原来储备中心的黄金存量。

金汇兑本位制实质上是从一种附庸的货币制度演变而来，而不是根据各国间的协议予以明文规定的。1936 年 9 月，美国、英国、法国达成了“三国货币协定”（Tripartite Monetary Agreement），规定三国的外汇基金相互合作，保持汇率的稳定。一个月之后，美、英、法三国又签订了“三国黄金协定”，以美元为关键通货，每日商定汇率，用黄金来结算该通货的买卖。由于这个制度是在狭小的黄金基础上建立起来的，因此一直比较脆弱。马寅初（2004）认为，金汇兑本位国家通过准备金控制本国的货币，波动程度增大，同时加剧了储备中心国黄金准备的压力，整体黄金准备率减小。实际上，在 1929~1933 年的大危机中，各外围国家纷纷提取准备金，英国为了维持信用，开始还能履行黄金兑换，后来因各国存款太多，黄金所存无几，迫使英国不得不停止兑换，于 1931 年放弃金本位；美国也于 1933 年停止黄金兑换，存款、钞票、公债和承兑汇票与黄金脱钩，金汇兑本位蜕变成汇兑本位，原来主要金汇兑本位中心国家的法定货币成为外围国家清偿国际债务的支付手段。这些法定货币虽然不再能直接兑换黄金，但仍然可以在世界黄金市场按市价购买黄金，黄金与法定货币的兑换没有固定比价，不再是法定货币的定值本位。

两次世界大战期间，西方国家虽然经常出现停止兑换、禁止黄金流通或者调整货币含金量等措施，但人们把这种现象理解为暂时性的特殊举措，对于货币可兑换性的认同和信心依然强大，通过金汇兑制度在整体上维持了货币的最终可兑换性。本书把这个时期归于可兑换管理本位制度时期，而且是较为自由的一种，因为可以提出兑换要求的不在于身份而在于所持可兑换储备货币的数量门槛。外围国家采用管理货币（法定货币和银行货币），增强了中央银行的货币干预能力，为第二次世界大战后走向限定以中央银行为单一兑换人的更为集中的可兑换管理本位——布雷顿森林体系埋下了伏笔。

（二）布雷顿森林体系

1944 年的布雷顿森林会议原本的名字叫“联合及协约国家国际货币与金融会议”。这次会议后建立了 IMF、世界银行、关税与贸易总协定和布雷顿森林汇率体系。

布雷顿森林体系规定美元成为国际储备中心货币，按照每盎司35美元的平价与黄金挂钩，参加国货币与美元挂钩，直接规定兑美元汇率或者规定本国货币含金量，通过含金量的比价间接确定双边汇率。汇率一经确定，各国货币当局有义务在外汇市场进行干预来维持其波动不超过 1%的上下限。如果成员国要求的汇率升贬值幅度超过10%，需要经 IMF 批准。美国保证提供用于储备和支付结算的美元，保证各国政府或央行按官价向美国兑换黄金。黄金退出在私人领域内的流通。IMF 创设 SDR 作为黄金、美元之外国际货币储备的补充。当成员国发生临时性支付困难时，可按其在 IMF 的头寸的 25%为限申请借款，成员国的累计净负债控制在其头寸的 25%以内。维持在经常账户下的货币可自由兑换；对资本账户实行管制以隔绝本国金融市场，防止货币投机；采取财政性措施抵消私人储蓄与投资的差异从而限制经常账户失衡；等等。

布雷顿森林体系的良好运作必须建立在美国的黄金储备足以保持美元兑黄金的有限可兑换性上；为此，美国必须保持国际收支平衡，美元兑其他货币汇率稳定，黄金价格维持在官价水平。

实际上，美国的黄金储备从1945年的200.8亿美元，约占世界59%，增加到1949年的247.71 亿美元，约占世界的70%。黄金价格一直稳定在35 美元官价。这段时间国际收支都是顺差。然而整个 50 年代，除了 1957 年，美国的国际收支都是逆差。例如，罗伯特·特里芬（Robert Triffin）1960 年在美国国会作证时指出，20 世纪 50 年代美国的逆差创造了储备货币、维持了贸易和投资的快速增长。但美元的增长降低了含金量，引发了大量的兑换，最终破坏美元与黄金的联系。如果美国保持顺差，将减少全球流动性而阻碍世界贸易的发展。唯一的解决之道是创立国际储备单位取代美元和黄金。Guttmann（1994）认为，世界贸易的快速增长与黄金产量的增长是不匹配的。从 1929 年到 1966 年，世界年贸易量增长了 4 倍，而黄金的年产量只增长了大约 1 倍。这使得黄金在货币总量中的地位下降，从 1951 年的 68.6%降到 1961 年的 62.7%和 1970 年的 41.3%，美元和 IMF 的储备头寸的占比则不断上升。因此，黄金产量跟不上国际贸易的需求，或者美元相对黄金发行过快过多是美国无法保证美元可兑换性的首要原因，其次是西欧的中央银行兑换和市场投机大幅减少了美国的黄金储备。

从图 1-2 可以看到，美国的国际收支在 1947~1949 年保持顺差，20 世纪 50 年代基本逆差，20 世纪 60 年代基本平衡，进入 20 世纪 70 年代头几年均为大幅顺差。从表 1-2 可以看到具体的国际收支构成情况。美国 1960~1971 年国际收支时有顺差，时有逆差，其中经常项目除1971年外一直保持顺差，即出口和收入项目大于进口和支出项目；资本项目也基本上一直保持逆差，即本国政府和私人的对外资本流出大于外国对本国的资本流入。不论国际收支是顺差还是逆差，美国的净官方储备从 1960~1967 年都是减少的，1960~1968 年美国的黄金储备都是净减少，净官方储备的减少额明显大于国际收支余额，黄金储备的减少甚至大于净官方储备的变动。因此相当一部分不能用国际收支余额来解释。统计误差在 1960~1965 年一直出现在借方，意味着这种误差并不是由随机发生的统计原因所造成。Guttmann（1994）认为，这一时期美国黄金储备减少是兑换和投机所致。

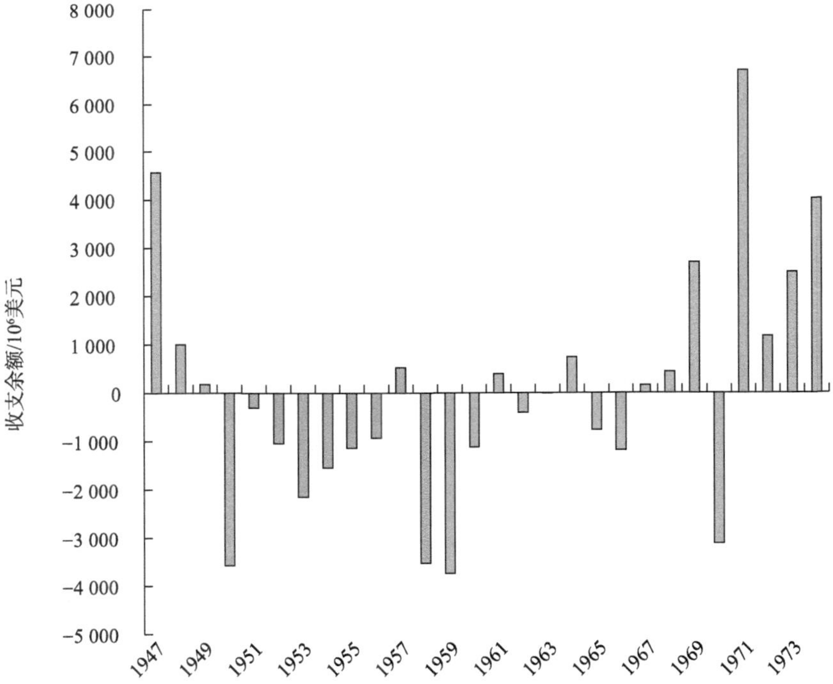

图 1-2　美国国际收支余额（1947~1974 年）

资料来源：1947~1959 年：Guttmann（1994）

1960~1974 年：美国经济分析局

表 1-2 美国官方储备变动情况（1960~1974 年）（单位：10^6美元）

年份	经常项目余额	资本项目余额（资本流出计−）	国际收支余额	净官方储备（增加计−）	其中，黄金储备（增加计−）	统计误差	误差占货物贸易比重
1960	2 824	−3 950	−1 126	2 145	1 703	−1 019	−2.96%
1961	3 822	−3 440	382	607	857	−989	−2.85%
1962	3 387	−3 798	−411	1 535	890	−1 124	−3.03%
1963	4 414	−4 431	−17	378	461	−360	−0.92%
1964	6 823	−6 088	735	171	125	−907	−2.05%
1965	5 431	−6 199	−768	1 225	1 665	−457	−0.95%
1966	3 031	−4 230	−1 199	570	571	629	1.15%
1967	2 583	−2 431	152	53	1 170	−205	−0.36%
1968	611	−179	432	−870	1 173	438	0.66%
1969	399	2 296	2 695	−1 179	−967	−1 516	−2.10%
1970	2 331	−5 459	−3 128	3 348	787	−219	−0.27%
1971	−1 433	8 146	6 713	3 066	866	−9 779	−11.00%
1972	−5 795	6 968	1 173	706	547	−1 879	−1.79%
1973	7 140	−4 644	2 496	158	—	−2 654	−1.87%
1974	1 962	2 063	4 025	−1 467	—	−2 558	−1.27%

资料来源：美国经济分析局

引起各国中央银行兑换的原因，一方面，1958 年西欧国家货币恢复了自由可兑换，20 世纪 50 年代因缺少国际储备货币而出现的“美元荒”从此变成了美元过剩，这促使欧洲一些中央银行把大量多余的美元兑换成黄金。1958~1960 年，这样的兑换额达到 51 亿美元。另一方面，根据 1957 年《罗马条约》（*Treaty of Rome*）成立的欧洲经济共同体，引发了美国跨国公司大量直接投资于新的共同市场。这使得美国国际收支资本项目中的私人资本从1956年就开始大量流出，而这更加剧了国际美元过剩的局面。由于市场担心美元可能法定贬值，1960 年 10 月，自由市场黄金价格一度达到每盎司 40 美元。

美国采取了一些措施应对这种危机：美国和其他工业国建立了“黄金互助基金”（gold pool）来维持自由市场黄金价格接近官方平价；美国财政部同意发行以其他货币计价的债券来容许外国政府减持美元；美联储与其他国家的中央银行建立起货币“互换线”（swap line），使用外国货币代替美元支付以减轻美元过剩。1961 年美联储开始着手提高短期利率以减缓资本外流，压低长期利率以刺激国内经济。最终，1964 年美国实行了资本项目管制来控制美元的流出，包括对外国货币征收利息平衡税（interest equalization tax）和要求银行自愿对外国公司和个人贷款进行“信贷约束”（credit restraint）。

对外流动性负债不断增长，黄金储备在兑换中急剧减少，美元与黄金脱锚的趋势越来越明显。1968年美国不得不宣布联邦储备钞票取消原来25%的黄金准备要求。市场担心美国黄金储备不足，在世界主要黄金市场（伦敦、巴黎、苏黎世）出现了大量抛售美元、抢购黄金和其他货币，以及央行用美元向美国提取黄金的现象。美国只得实行黄金价格双轨制，即外国中央银行兑换黄金的官定价格不变，黄金市场的市场价格由供求决定。当年纽约市场黄金价格每盎司从35美元上升到均价39.26美元，到1971年均价为41.25美元。1971年美国的黄金储备下降到了95.56亿美元，约占世界总量的27%。

中心国家的国际收支余额的规模和性质是衡量可兑换管理本位制运行的两个关键指标。中心–外围国家体系的货币之间保持着直接和间接的固定汇率，这就使得中心国家的国际收支余额的变动决定该体系的储备货币变动，其性质又决定了中心国家储备资产——黄金的变化。中心国家的国际收支越是逆差，其对储备货币的发行越是过剩，其黄金储备越要减少。外围国家与中心国家绑定在一起，却无法控制中心国国际收支的余额规模和构成。在布雷顿森林体系下，信心问题与流动性问题紧密相连。当美元确保可以兑换为黄金时，美元储备的积累才是有意义的。外国持有的美元余额一旦超过了美元的黄金储备，人们的信心就会发生动摇。

20世纪70年代，受经济危机和能源危机的影响，美国经常项目发生巨大逆差，导致市场认为美元高估并进行投机，黄金大量外流，1971年8月，尼克松总统停止了美元与黄金的兑换。此后虽然10个主要国家于12月达成了《史密森协定》（*Smithsonian Agreement*），重新规定了美元兑黄金的比价以及各国之间的汇率，但是美元依然不能兑换黄金。1973年2月，国际金融市场再次爆发美元危机，掀起抛售美元，抢购德国马克、日元和黄金的风潮，1973年6月，二十国委员会决定放弃布雷顿森林体系，让汇率自由浮动，不可兑换管理本位在全球确立。此后，美国和欧洲开始了第二次世界大战后最严重的通货膨胀。

布雷顿森林体系让一国货币承担世界储备货币的责任，本身就存在内在的不稳定性。主权国家的管理货币首先是为本国服务的，这本来就无可厚非，指望美国为世界货币体系的稳定而牺牲自身利益是不现实的。布雷顿森林体系实际正常可兑换只有12年，其间出现了多次美元危机，最终以美元与黄金脱钩、各国货币间汇率自由浮动而告终。1974年人类事实上进入不兑现浮动汇率时代，1976年正式确立牙买加体系。两次世界大战使得国家控制力空前增强，第二次世界大战结束后，世界依然笼罩在两大集团的冷战阴云下，货币本位制度必须给予国家不受可兑换限制的社会资源的控制能力。从1971年到1984年，人们对不可兑换管理本位的信心是不足的，主要工业国家物价高涨达两位数，黄金价格也从 35 美元一度上涨到 612 美元，其中不乏抵御通胀的保值行为。1981 年，里根总统要求美国国会成立黄金委员会，评估黄金在货币体系中的作用。该委员会于第二年报告评估结果，主张维持现有不兑换本位的占了绝对上风。不可兑换管理本位经受住这次考验，加上各国中央银行向市场抛售黄金，黄金价格开始震荡走低，到 2001 年已下跌到 272 美元左右，似乎已经宣告黄金非货币化的成功。但是从 2002 年开始，黄金价格走势一路上扬，美元日益贬值，2011 年美国和欧洲国家的主权信用评级纷纷下调，人们再次回到管理本位的核心问题——“信心”。

（三）可兑换管理本位前后两个时期的主要区别

1. 中心国家的数量

金汇兑本位时期，实际主要存在英、美两个中心国家，外围国家通过调整外汇结构可以在英、美两国之间转移外汇储备和黄金。而布雷顿森林体系只有美国一个中心国家。

2. 是否有国家间正式的制度安排

金汇兑本位下没有正式的制度安排，主要靠中心国国内金本位制度。因此，外围金汇兑本位国家的中央银行和中心国家的居民一样面临中心国家货币相对于黄金的贬值甚至中心国放弃金本位的风险。布雷顿森林体系则有国际协定作为制度保证，并有 IMF 等机构维持协定的执行。

3. 中心国家是否直接可兑换

金汇兑本位时期，英国 1926~1931 年实行金块本位制度，持有 1 700 英镑以上可以直接兑换金块；美国没有受到第一次世界大战的影响，1914~1924 年依然是金币本位，居民无限可兑换；一方面对中心国家的货币发行和物价水平有直接的制约，另一方面还在一定程度上保留了金本位制度不限身份的普遍自由兑换原则。而布雷顿森林体系时期，中心国家美国国内已经禁止公民拥有货币黄金，外围国家公民也同样不得拥有货币黄金，个人不能持美元要求兑换黄金，只有外国中央银行可以向美国兑换黄金，黄金兑换性的发挥受到较大的身份限制。因此布雷顿森林体系时期，各国国内货币与黄金的直接和间接关系虽然名义上存在，但是仅限于维持汇率的需要，一般通过外汇市场干预就可以实现，因此对国内货币发行的实际制约力大为下降，这是造成美元泛滥的一个根本制度因素。美元与黄金可兑换性的破坏是布雷顿森林体系崩溃的最直接原因。

三、不可兑换管理本位

不可兑换管理本位指的是完全取消商品货币，各国均流通不可兑换的管理货币，其发行服从某种管理原则，各国货币之间的汇率由各国自行选择和安排。从可兑换管理本位转变到不可兑换管理本位，主要是国际货币秩序的调整，对各国国内货币制度没有改变。这种制度为国家运用财政政策、货币政策和汇率政策进行宏观调控提供了广大空间。

1973 年 6 月，二十国委员会决定放弃布雷顿森林体系，让汇率自由浮动，不可兑换管理本位在全球确立。1976 年 1 月 IMF 成员国签署了《牙买加协议》，是对既成事实的一个正式确认。因此，人类进入不可兑换管理本位的起始年份可以确定在 1974 年。该协议内容包括：黄金非货币化[①]、储备货币多样化、汇率制度多样化等。牙买加体系在加大国家货币政策自由度和汇率浮动以抵抗外部冲击功能的同时，其不确定性和不稳定性都大为增加，实际上是一个无规则的体系。在解决国际收支失衡和汇率问题等方面，主要依赖大国之间的政策协调。1985 年 9 月 22 日，美国、日本、联邦德国、法国及英国的财政部部长和中央银行行长在纽约广场饭店举行会议并达成协议，由五国政府联合干预外汇市场，诱导美元对主要货币的汇率有秩序地贬值，以解决美国巨额贸易赤字问题，该协议被称为“广场协议”。此后，日元、德国马克等货币对美元都大幅度升值。广场协议将国际货币体系转变成某种有管理的美元体系。美国凭借国家实力构成美元霸权，美元占国际储备货币 60%的比重。黄金非货币化后，国内本位和国际本位都虚拟化为不可兑换管理本位。

与金本位和可兑换管理本位相比，不可兑换管理本位货币体系下，储备货币发行国的货币发行数量失去了约束。20 世纪 80 年代以来，美国经济出现“去工业化”现象，结果是美元支柱的虚拟化，美国靠发行美元而不以商品出口偿还贸易赤字。欧元诞生后迅速成为国际储备货币，在经济放缓、人口老龄化和失业率居高不下的形势下，竟以比美元更快的速度向世界注入欧元流动性，人们对国际货币体系的信心难以稳固。次贷危机后爆发的欧元区债务危机已威胁到欧元自身。

不可兑换管理本位下，世界的货币总量实际受到储备货币发行国的货币政策和本国的货币政策双重影响，而在竞争、增长、就业、选举等短期目标的左右下，货币政策常常摇摆不定，财政赤字有增无减，加上管理货币的内生性发

---

① 1971 年 8 月 15 日，尼克松总统关闭黄金窗口，给从第一次世界大战结束后的几十年黄金非货币化过程画上了句号。这个过程包括金本位制度下管理货币在流通中替代铸币的趋势，第一次世界大战后黄金储备不足，黄金兑换只用来维持固定汇率，1933~1975 年美国禁止私人拥有黄金；1965 年取消美联储存款的黄金准备要求和 1968 年取消美联储钞票的黄金准备要求；等等。1976 年牙买加协议实际上是对黄金非货币化事实的确认。

行机制等，都导致了货币无限增长，通货日益膨胀。迄今为止，不可兑换管理本位下发生了 1970 年的拉美债务危机，1980 年早期的智利和摩洛哥金融危机，1992 年的英镑和欧洲货币体系危机，1994 年爆发的墨西哥金融危机，1997~1998 年的东南亚金融危机和俄罗斯金融危机，以及 2008 年以来的包括美国次贷危机、欧洲债务危机及欧元危机在内的世界性经济金融大危机，不可兑换管理本位下货币金融危机和经济危机的规模和频次都是空前的。

本章小结

金属本位制度、可兑换管理本位制度和不可兑换管理本位制度等三大类货币本位制度依次在人类历史上出现，具有各自鲜明的特点。金属本位制度的本位货币是金属本位币，如金本位制度下的金币。流通中的票据、银行券等表征货币与其保持 100%兑换准备率。政府在货币制度中的作用是维护市场秩序、对伪造和欺诈等破坏流通的行为进行法律救济。这种货币制度下的货币供给弹性低，货币供给不受国家意志的控制，由成本收益的均衡产量决定金属货币的增量供给，由持有人效用决定黄金在货币和非货币用途之间的比例分配。流通中的货币量主要取决于货币黄金的存量。这种货币制度是自发演化，建立在对黄金价值的信心之上的。

可兑换管理本位制度的本位币通常是金属本位币。本国流通中管理货币与其保持直接或者间接可兑换性。兑换准备率介于 0~100%。政府在货币制度中的作用是管理并保证有限的可兑换；同时对伪造和欺诈等破坏流通的行为进行法律救济。这种货币制度下的货币供给弹性较金币本位制度高，货币供给主要不受国家意志的控制，由成本收益均衡产量决定金属货币的增量供给，由持有人效用决定黄金在货币和非货币用途之间的比例分配。流通中的货币量取决于货币黄金的存量和管理货币的发行准备率。这种货币制度是建立在对黄金价值的信心和对货币当局管理的双重信任之上的。

不可兑换管理本位制度没有商品本位货币，货币发行不需要准备金，国家和货币当局有责任管理货币的发行，使之符合某种标准，通常表现为货币在某方面的购买力。货币供给弹性很高，货币供给原则取决于货币政策目标的选择。当局一般对货币量没有明确的限制，对货币政策也不会事先给出具体目标，管理意图与事后的效果不一致，公众就无法验证。

第二章　货币本位制度成本

制度成本是新制度经济学的重要范畴，并与交易费用概念密切相关。肯尼斯·阿罗（Kenneth Arrow）将广义的交易费用定义为经济制度的运行成本。他认为，当交易费用如此之高，以至于市场不值得继续存在，就出现了一个特定的情况，即市场失灵（market failure）（Arrow，1969）。制度成本包括：制度的确立或制定成本、制度的运转或实施成本、制度的监督或维护成本（违反制度的惩罚等），如果考虑到制度本身的创新或变革，还有制度的变革成本（程恩富和胡乐明，2005）。诺斯（North）提出的新的制度供给成本与阿罗提出的关于制度确定、实施和变革的成本具有内在的一致，更突出了清除旧制度方面的费用和不确定性所带来的成本，具体包括：制度本身的规划设计、组织实施的费用；清除旧制度的费用；清除制度变革阻力的费用；制度变革及其变迁造成的损失；实施成本；不确定性带来的随机成本。

诺斯（1994a）认为，技术和制度都对将生产要素组织起来的生产物品和劳务产生影响，形成了技术费用和交易费用。技术费用和交易费用之和等于生产费用。因而，只有当技术费用与交易费用之和的总生产费用达到最小的制度结构时，才是经济合理的。技术变迁对于交易费用存在某种不确定影响。由技术变迁带来的新方法可能会减少交易费用，但同时，技术变迁也可能因为诱发了更加复杂的交易活动反而使交易费用上升。埃格特森（1996）指出，已出现的少量系统经验资料证明，尽管技术进步为设计新的降低交易费用的制度安排提供了机会，但是在发达的工业国家技术进步的净效应却提高了交易费用。

制度加上所利用的技术决定了交易费用。技术费用与制度费用之间存在此消彼长的关系，人们选择技术或制度也许是交易费用上升，但技术费用却下降得更快，或者刚好相反。交易费用中一部分可以用公开市场价格来计算，如交易部门所耗费的资源价格总量，另一部分，如用于获取信息、等待、行贿等的资源，以及由于监督和实施不完全带来的损失等成本就难以直接衡量。

货币形态与货币制度的变迁轨迹可以看作内生交易费用与外生交易费用的均衡过程，亦即私人交易费用转变为社会整体交易费用的过程。杨小凯

（1998）认为交易费用可以分为两类，即内生交易费用和外生交易费用。私人信息积累形成的信息不对称产生内生交易费用，引入信息替代、费用分摊机制，虽然可以消除内生交易费用，但这种努力又会产生外生交易费用，两种费用之间存在消长关系，因而不可能同时下降。货币与货币制度的产生与发展，是以公共知识替代私人信息成为决策依据、建立社会整体费用分摊机制的过程，即不断减小内生交易费用的过程。货币形态、货币制度变迁是公共选择的结果。Meltzer（1986）认为，选择一种货币制度是通过增加由社会整体承担的成本，来减少某些决策的私人风险。这些成本包括维持和运行制度的资源成本和承担该货币本位所含风险的成本。对于货币本位的理性、经济的选择的基础是相对效率。最有效率的货币安排依其本位而最小化个人的成本、最大化个人的收益。货币机制的效率指标选择是困难的。一个国际金本位或商品篮子本位要求用一个卡特尔协议将商品价格维持在一个设定的水平上；一个国际固定汇率安排是以牺牲国内价格稳定为代价，换取外部价格的稳定；一个固定货币增长率规则依赖于中央银行行使货币垄断权和允许汇率浮动。然而，本质上，经济效率性与价格固定或者垄断权力都难以兼容。

根据新制度经济学关于制度成本的理论，以下从资源成本、管理成本和福利成本三个方面，比较不同本位制度下的制度成本。币值的稳定与否将影响到持币者持币带来的风险；持币者、货币发行者为了规避风险的需要而进行风险管理必然产生相关的成本——管理成本；消费者在币值不稳定的环境中其消费行为也受到影响，从而带来福利经济学意义上的福利成本。因此不同本位下币值稳定性的比较，也是制度成本比较的前提。

第一节　不同本位下的币值稳定性

币值的稳定与否是评价货币本位制度成本的前提。币值稳定包含对内币值稳定和对外币值稳定两个方面。前者表现为国内物价的稳定性，后者则是本国货币汇率的稳定性。

一、对内币值稳定性

以下比较主要国家不同本位时期的对内币值稳定性，衡量指标涉及物价水平及其变动的速度和波动。其中，物价水平变动的速度，以物价指数年增长速度的均值表达，是对数化的物价指数对时间（年）和常数项的回归系数，而回归的标准误则表示波动程度，标准误越大波动越大。图 2-1 显示的是英国和美国的物价水平，其中三个阴影区分别表示：1881~1913 年金本位鼎盛时期、1919~1938 年战争间隙时期、1946~1970 年布雷顿森林体系时期。布雷顿森林体系时期又可以根据是否开放黄金兑换分成前后两个阶段，其中 1946~1958 年为不可兑换管理本位时期，1959~1970 年为可兑换管理本位时期，1974~2016 年为不可兑换管理本位时期。

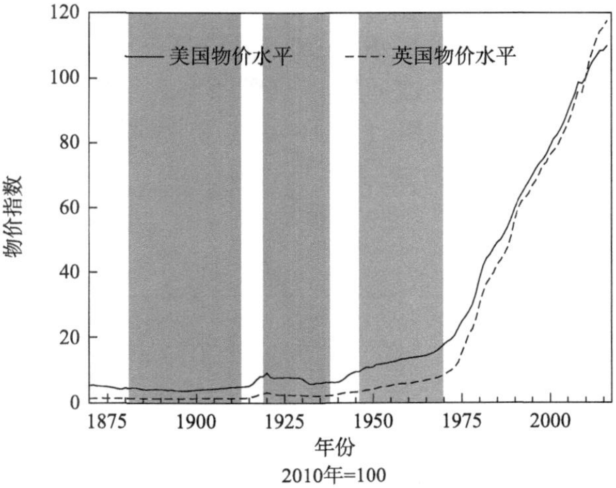

图 2-1　英国和美国的物价水平（1870~2016 年）

资料来源：作者根据相关物价指数计算整理，其中，英国物价水平数据根据英国国家统计署网站发布的消费通胀指标之综合价格指数（composite price index）转换；美国物价水平 1870~1954 年数据来源于弗里德曼和施瓦茨（1991），1955~2016 年数据来自经济合作与发展组织（Organization for Economic Co-operation and Development，OECD）网站数据库的美国消费物价指数（consumer price index，CPI），由作者整理得到

从图 2-1 中可以看到，英国和美国的物价水平从 20 世纪 70 年代开始，出现了明显的上升趋势，而此前则存在阶段性抬高、阶段内平稳的形态。具体地，如表 2-1 所示，1870~1913 年，英国和美国的物价水平稳中有降，美国的年均通胀率为−0.3%，而英国的年均通胀率为−0.07%。美国在 1883~1886 年、1890~1892 年及 1894~1896 年物价水平逐年下降，出现连年负通胀率；英国在这一时期的年均通胀率更低，在 1874~1875 年、1877~1879 年、1883~1887 年、1893~1896 年都连续出现负通胀率，1879 年、1901 年、1902 年、1903~1906 年的通胀率都为零。可见金本位制度下两国的物价水平十分稳定，一些年份还略有通缩倾向。第一次世界大战使物价水平明显上了一个新的台阶，此后在新的台阶上物价总体回落。1919~1938 年，美国年均通胀率为−2.1%，英国年均通胀率为−1.9%。1925~1931 年英国实行金块本位，英国年均通胀率为−1.7%。在第二次世界大战后建立的布雷顿森林体系时期（1946~1970 年），美国的年均通

胀率为 2.1%，其中在不可兑换时期（1946~1958 年）为 2.5%，可兑换时期（1959~1970 年）为 2.4%。英国的物价水平在整个布雷顿森林体系时期（1946~1970 年）年均通胀率为 3.7%，其中不可兑换时期（1946~1958 年）为 4.9%，可兑换时期（1959~1970 年）为 3.7%，前后存在明显差异。

布雷顿森林体系崩溃后，英美进入不可兑换管理本位，消费物价水平持续攀升。从表 2-1 可以看出，1974~2016 年，美国消费物价指数年变化率为 3.5%①。其中，1974~1983 年通胀率比较高，年均约为 8.4%，此后处于“大稳健”（great moderation）时期的 1984~2007 年，年均通胀率为 2.9%。此外，受金融危机影响，金融体系流动性不足，2009 年比上年出现轻度通缩−0.4%。英国的通胀速度明显快于美国，1974~2016 年均通胀率为 4.5%，1974~1983 年高达 12.5%，1984~2007 年大稳健时期年均约为 3.4%；此外，受金融危机影响，2009 年比上年轻度通缩−0.5%。

表 2-1　英国和美国的平均消费价格变动速度（1870~2016 年）

国家	1870~1913 年	1881~1913 年	1919~1938 年	1946~1970 年	1974~1983 年	1984~2007 年	1974~2016 年
美国	−0.3 （11.3）	0.4 （9.1）	−2.1 （7.2）	2.1 （2.9）	8.4 （3.0）	2.9 （2.4）	3.5 （11.6）
英国	−0.07* （4.9）	0.3 （3.3）	−1.9 （6.6）	3.7 （4.1）	12.5 （5.4）	3.4 （5.0）	4.5 （18.2）

*表示 0.1 水平不显著

注：表中数据为 CPI 的自然对数对时间和常数项的回归系数的百分数，括号内为标准误。作者根据图 2-1 的数据计算

以上对英美两国的消费物价水平在不同本位时期的变动情况进行了比较，发现两国具有类似的动态。在金本位制度下价格稳定甚至略有紧缩倾向；战争间隙的金汇兑时期价格也是从战时高位逐步回落，而在布雷顿森林体系（国内为不可兑换法定货币）和不可兑换管理本位下总体为温和通胀。此外，受到 20 世纪 30 年代大萧条和 2008~2009 年大危机影响，2009 年的消费价格均出现较明显的通货紧缩，但总体上升趋势不改。

CPI 水平与居民日常感知的物价变动比较接近，而国民生产总值（gross national product，GNP）和国内生产总值（gross domestic product，GDP）的平减指数则比较全面地反映整体物价变化。Bordo（1995）采用 GNP 平减指数比较了西方七国 1881~1989 年不同本位时期的年均递增通胀率情况，作者在此基础上延伸计算了 1990~2016 年的数据，并计算了同期中国的数据，列示在一起便于进行比较，具体见表 2-2。

① 物价指数平均变化率也称平均变动速度、平均通胀率，系作者计算，采用物价指数的自然对数对时间和常数项的回归系数的百分数，下同。

表 2-2 不同本位时期西方七国和中国的平均通胀率

货币本位时期		美国	英国	德国	法国	日本	加拿大	意大利	总平	中国
金本位（1881~1913 年） （GNP 平减指数计算）		0.3 （3.1）	0.3 （3.1）	0.6 （2.6）	0.0 （4.9）	4.6 （5.5）	0.4 （1.4）	0.6 （3.2）	1.0 （3.4）	2.0 （6.8）
战争间隙（1919~1938 年） （GNP 平减指数计算）		−1.8 （7.6）	−1.5 （7.8）	−2.1 （4.7）	2.2 （9.1）	−1.7 （7.3）	−1.9 （6.1）	−1.1 （11.7）	−1.1 （7.8）	2.0 （8.8）
布雷顿森林体系（25 年）	不可兑换时期 （1946~1958 年） （GNP 平减指数计算）	2.8 （3.5）	4.6 （2.5）	2.1 （6.2）	5.6 （5.1）	4.7 （7.3）	3.9 （3.9）	5.8 （16.0）	4.2 （6.4）	2.0 （3.6）
	可兑换时期 （1959~1970 年） （GNP 平减指数计算）	2.6 （1.5）	3.4 （1.5）	3.2 （1.8）	5.5 （3.6）	5.1 （1.3）	2.9 （1.5）	3.8 （2.1）	3.9 （1.9）	0.0* （6.1）
	整个时期（1946~1970 年） （GNP 平减指数计算）	2.4 （2.6）	3.7 （2.2）	2.7 （4.0）	5.6 （4.1）	4.5 （4.6）	2.7 （3.0）	3.8 （11.5）	3.6 （4.6）	1.2 （6.1）
不可兑换管理本位（43 年）	I 期（1974~1989 年） （GNP 平减指数计算）	5.6 （2.4）	9.4 （6.1）	3.3 （1.2）	8.8 （3.2）	2.6 （2.4）	7.3 （2.6）	12.9 （4.6）	7.1 （3.2）	
	I 期（1974~1989 年） （GDP 平减指数计算）	5.5 （5.4）	9.3 （11.1）	3.3 （3.4）	8.3 （7.1）	2.8 （5.4）	6.6 （5.7）	13 （10.3）	7.0 （6.9）	3.5 （6.7）
	II 期（1990~1999 年） （GDP 平减指数计算）	2.0 （0.8）	3.6 （2.3）	2.0 （2.7）	1.3 （0.8）	0.2* （1.4）	1.5 （0.8）	3.8 （1.8）	2.1 （1.5）	8.5 （9.7）
	III 期（2000~2009 年） （GDP 平减指数计算）	2.4 （0.8）	2.4 （0.6）	1.0 （0.4）	1.9 （0.5）	−1.1 （0.5）	2.6 （1.4）	2.4 （0.7）	1.7 （0.7）	4.3 （2.9）
	IV 期（2010~2016 年） （GDP 平减指数计算）	1.6 （0.4）	1.5 （0.4）	1.7 （0.3）	0.8 （0.2）	0.4* （1.5）	1.2 （1.1）	1.1 （0.4）	1.2 （0.6）	2.1 （2.6）
	前大稳健期 （1974~1983 年） （GDP 平减指数计算）	7.1 （1.6）	12.8 （5.4）	4.0 （0.8）	10.1 （1.3）	4.4 （3.3）	8.5 （1.5）	15.9 （1.5）	9.0 （2.2）	1.7 （1.9）
	大稳健期（1984~2007 年） （GDP 平减指数计算）	2.3 （1.9）	3.6 （6.5）	1.8 （4.1）	1.8 （2.8）	0.0* （4.4）	2.3 （2.8）	4.0 （6.8）	2.3 （4.2）	6.2 （12.8）
	整个时期（1974~2016 年） （GDP 平减指数计算）	2.9 （9.9）	4.4 （20.8）	2.0 （7.0）	3.1 （18.8）	0.4 （10.8）	3.2 （12.9）	5.5 （30.3）	3.1 （15.8）	5.2 （12.5）

*表示 0.1 水平不显著

注：表中数据为物价指数的自然对数对时间和常数项的回归系数的百分数，括号内为标准误。西方七国及其总平采用 GNP 平减指数（1881~1989 年）和 GDP 平减指数（1974~2016 年）计算。中国 1881~1937 年系根据批发物价指数计算；1950~1970 年根据 CPI 计算；1974~2016 年根据 GDP 平减指数计算

资料来源：西方七国金属本位至牙买加体系早期通胀率引用 Bordo（1995）；西方七国 1990~2016 年及所有中国数据为作者自行计算。中国批发物价指数（1881~1937 年）参考王玉茹（1997）；中国 CPI（1950~1970 年）：中国宏观经济数据库定基、环比居民 CPI 推算；中国和西方七国 GDP 平减指数（1974~2016 年）：IMF 金融统计数据库

西方七国在典型金本位时期（1881~1913 年）除了日本以外都保持了 0.3%~0.6%的较低的年均通胀率。中国这一时期处于白银核心金属本位，年均通胀率为 2%，相对较高，这与金本位国家大量向中国输出白银、对华投资和贸易有较大的关系。战争间隙，七国除法国①外均处于通货紧缩、物价回落的

① 法国在此期间虽然总体维持了价格上涨的趋势，但实际上存在着两个相反的变动。1928~1932 年法国汇率干预成功，经济增长，黄金储备大量增加，因此在大萧条早期没有受到世界银根紧缩的冲击，然而 1932 年后法国也卷入了世界经济危机，出现了通货紧缩。

状态，总平为−1.1%的物价年变化率。两个原因可以解释这一时期占主导地位的通缩现象：其一，金本位战后通缩的规律。金本位的规律是在战争时期停止兑换黄金，国内物价快速上涨，而当战争结束以后，价格会逐渐恢复到接近第一次世界大战前的水平，货币恢复可兑换。第一次世界大战虽然迫使传统金币本位制暂时中止运行，但人们依然对第一次世界大战后恢复金本位保持信心。这可以解释 20 世纪 20 年代初的价格运动是符合金本位特征的回归均值。其二，金融危机下信贷紧缩的影响。1929~1933 年发生的大萧条是资本主义史上最严重的经济危机，金本位制度被一些学者认为是造成大萧条的货币根源，实际上，过度投机的确受到了以金本位为典型代表的社会规则的惩罚。当时为了维护金本位制的诚实货币原则，各国政府没有救市，而是听任金融泡沫在货币发行的 100%黄金准备制度下纷纷破裂，银行贷款紧缩，物价下跌。

中国在1935年法币改革前还处于白银核心金属本位时期，此后则为汇兑本位制，采用批发物价指数计算，1919~1937 年的平均物价变动率为 1.9%。中国在此时期国内工业和外贸快速增长，形成了民国时期民族资本主义发展的黄金十年（1927~1937 年），其中一个重要的原因是白银资本的流入。自 1870 年以来，西方进入金本位体系，白银非货币化引起银价不断下跌，金贵银贱的价格格局使得白银资本大量流入用银为币的中国。第一次世界大战不仅极大地刺激了中国的制造业，还刺激了外商在华投资设厂，并于 20 世纪 20 年代达到一个高峰。资本流入加快了中国经济近代化。形成黄金十年的另一个原因是，世界市场的银价降低，增强了中国出口商品在国际市场的价格竞争力。不过，1932 年以后，美国、日本和英国放弃金本位以及 1934 年美国白银收购法案实施使得银价回升，中国的出口额大幅度下降。1932 年比 1931 年出口骤降了近 46%（郑友揆，1984），一部分是因为淞沪抗战，另一部分是因为银价上涨，外国对中国出口商品需求下降。1932 年开始中国转为白银净出口国，1934 年白银出口达到 16 478 万关两的历史最高水平（郑友揆，1984）。

布雷顿森林体系的不可兑换时期（1946~1958 年），西方七国的年总平均通胀率为 4.2%，高于可兑换时期的 3.9%，其中德国和日本的表现却与其他五国相反，可兑换时期高于不可兑换时期。中国在可兑换时期物价几乎没变，变动率为 0，低于不可兑换时期的 2.0%[①]。

不可兑换管理本位时期（1974~2016 年），西方七国的总平年均物价变动率为3.1%，早期（1974~1989 年）较高为7%，其中意大利为13%，此后整体物

① 但是由于当时中国实行计划经济，存在布票、粮票、油票等名目繁多的商品配给制度，名义价格的锁定伴随着供给不足造成的走后门、黑市交易等情况。由于暂时还缺乏这一时期实际价格水平的可靠数据，本书不做进一步讨论。

价下降进入“大稳健”，总平均通胀率在2.3%左右。日本自《广场协定》被动升值日元后，经济一蹶不振，在2000~2009年甚至出现了通货紧缩，年均物价变动率为−1.1%。

中国（大陆地区）在整个不可兑换管理本位时期的物价变动率为5.2%，其中Ⅰ至Ⅳ期的年均物价变动率分别为3.5%、8.5%、4.3%和2.1%。

整体来看，金本位时期的通胀率最低，并且在战争间隙时期大多温和通缩，而布雷顿森林体系的通胀率较高，但相对平稳；不可兑换管理本位时期的早期通胀率最高，整个时期通胀率略低于布雷顿森林体系，但高于金本位和战争间隙时期2~4个百分点。

如表2-2所示，本书还另外用GDP平减指数计算了七国集团在“大稳健”时期和前期的平均通胀速度。在大稳健之前的1974~1983年，七国总平的年均物价变动率为9%，标准误为2.2；而大稳健时期（1984~2007年），七国总平的年均物价变动率为2.3%，标准误为4.2。这一定程度上改变了Bordo（1995）的结论，即后布雷顿森林体系——浮动汇率时期通胀率最高。相反，平均来看，布雷顿森林体系的通胀率（3.6%）相对而言是最高的。这似乎印证了Friedman（1961）的一个观点，即伪金本位不如纯粹的金本位，也不如一个浮动汇率下的法定货币制度（不可兑换管理本位）。进一步，从现有的数据看，纯粹的金本位时期物价变动率明显低于纯粹的法定货币加上浮动汇率，即不可兑换管理本位。现有研究表明，这个“大稳健”的获得并不完全是货币本位的原因。如果将发达国家的“大稳健”与发展中的新兴经济体——外向型经济增长联系起来看，就不难理解，在经济全球化条件下，这种国别物价变动情况的比较可能存在误导。特别是中国逐渐成为世界工厂，以低廉的劳动力和极低的环境保护门槛，承接了发达经济体大量的制造业，将廉价商品输出，从而保持了发达国家整体消费价格的相对稳定①。

不同本位下的物价水平和变动率差异明显。金本位制度下物价水平长期稳定，物价基本围绕长期均值上下波动。而可兑换管理本位在战争间隙总体通货紧缩，从而使得物价水平一定程度向战前恢复；布雷顿森林体系时期存在温和通胀，其中不兑换时期比可兑换时期较高；而完全不可兑换管理本位时期则持续通胀，20世纪70、80年代为高通胀时期，此后逐渐趋于温和，使得年均通胀率低于布雷顿森林体系时期，但仍高于金本位和战争间隙时期。

通货膨胀加剧了生产的交易费用，带来紊乱的经济行为和错误的资源配置

---

① 这个观点的一个较新的实证可以参看杨继军和范从来（2015）发表的一篇文章，该文发现“中国制造”对发达国家物价水平波动的影响系数显著为负，“中国制造”在价值链分工体系下缓解了全球经济的波动，起到了“稳定器”的作用。

（周其仁，2008）。不论何种货币本位制度，造成通货膨胀的唯一原因是货币数量过多，但是在不同的货币本位制度下通货膨胀的原因和危害性存在明显差异。历史上，发现新大陆后大量的美洲金银不断运回西班牙，继而流向欧洲其他国家，引发了欧洲的“价格革命”——16 世纪持续的物价上涨，其中西班牙在上百年过程里物价上涨了约 4 倍（约为年均通胀率 1.6%），欧洲总物价 1600 年比 1500 年增长了 2~3 倍（按年均复合价格变动率为−1.4%~1.1%）。除了金银矿藏的发现和开采对货币存量带来冲击外，金本位的历史资料均证明，非战争时期的长期物价水平是稳定的。金本位制结束之后，特别是进入不可兑换管理本位时代，各国管理货币的供应量由中央银行或者类似机构通过货币政策与市场，主要是银行信用货币创造协同决定。实际上价格上涨的速度最高可达天文数字。

货币主义和自由主义认为，货币发行权被行政机构和享有特权的银行体系垄断，这是对货币和价格总水平稳定的体制性威胁，是造成货币数量过多的制度性根源。因为货币政策存在认知偏差和效果的时间不一致性，还存在主观上为了某种短期的好处而错用、滥用货币发行权。而且，银行体系的信用创造由于没有可兑换性的直接制约，又可以通过金融创新规避监管，实际将风险转嫁给纳税人共同承担。由于风险与收益的不对称，中央银行和商业银行体系都可能存在道德风险，从而更偏好高风险的高收益行为，增发货币从而引起通货膨胀成为这种制度固有的倾向。

二、汇率稳定性

不同本位下的汇率安排是不同的。金本位制度和可兑换管理本位制度下，汇率基本是固定的。金本位制度下各国货币有法定的含金量，汇率由含金量的比例确定。金汇兑本位下外围国家可以规定本币的含金量但不可兑换，通过含金量比例确定和中心可兑换货币的汇率；或者外围国家不规定本币的含金量，直接规定本国货币与中心可兑换货币的汇率，并通过买卖外汇准备金进行盯住管理。布雷顿森林体系下各成员国相互之间固定汇率，并盯住美元，美元维持与黄金的兑换率。

（一）储备货币与黄金比价的稳定性

从图 2-2 可以看到，美元的黄金价值基本上是黄金价格的倒数。金本位制度和可兑换管理本位制度下的 1934 年前，美元和黄金的关系是固定在官价 20.67 美元/盎司，1935~1967 年固定在 35 美元/盎司。1961 年 11 月，美国和其他七国的央行设立伦敦黄金总库（the London gold pool），通过在市场上买卖黄金来维持每盎司35美元的官方价格。然而到了1968年3月17日，黄金总库的成员国央行宣布不再干预私人市场的黄金价格，但是成员国央行之间仍按35美元/盎司交易黄金，从此形成了官方市场和自由市场共存的双轨价格体系。美国政府邀请恩格哈德矿物和化学品公司（Engelhard Minerals and Chemicals Corporation）每日公布其买卖99.95%纯金的报价，构成国内市场价格的基础。1968年后纽约市场上美元对黄金价格开始小幅波动，当年均价40.06美元/盎司，1970年均价还略微下降为36.41美元/盎司。1972年、1973年美国官方黄金价格先后升至38美元/盎司和42.22美元/盎司。1973年6月，二十国委员会决定放弃布雷顿森林体系，让汇率自由浮动，正式实行不可兑换管理本位制度。黄金价格双轨制于1973年11月13日终止，1973年黄金市场价格达到58.6美元/盎司。1974年12月31日起，美国公民重新获得持有金块和金币的法定权利，黄金价格轻松跃升百元大关，达到159.74美元/盎司。尽管美国政府、IMF等开始陆续出售黄金储备，但黄金还是在1980年登上了612美元/盎司的高峰，随后拾级而下，2003年后又快速上升，2010年黄金均价达到约1 230美元/盎司。黄金价格波幅巨大并且极不平稳。如参照黄金价值，则单位美元的黄金价值指数在向零值逼近。不可兑换管理本位没有因为黄金非货币化而改变对黄金的供求关系，黄金需求大于供给的局面不断推高金价，2011年伦敦市场黄金价格平均已达到1 571.52美元/盎司，2012年接近1 700美元/盎司，此后逐渐回落，2016年均价在1 270美元/盎司左右。

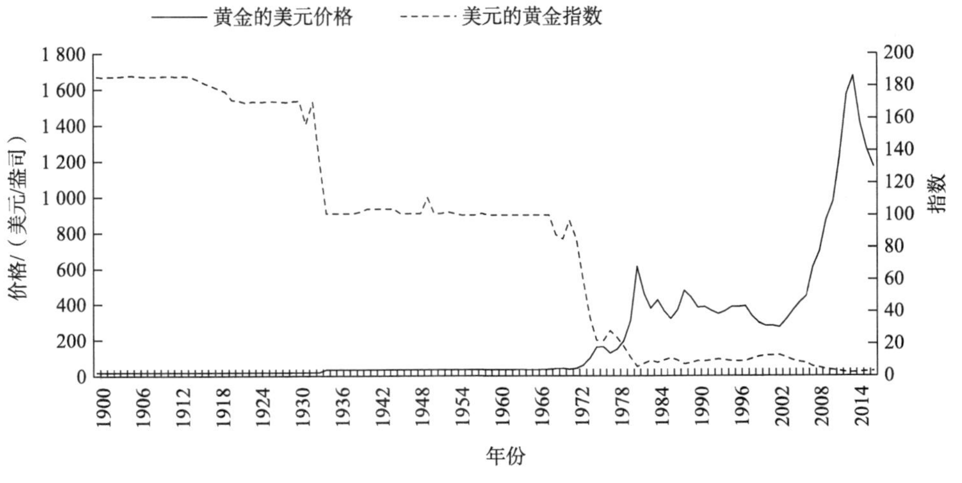

图2-2 黄金衡量的美元币值（1900~2015年）

资料来源：根据美国地质调查局公布的Gold statiscics的数据计算。其中，美元的黄金指数根据公布的1900~2015年每吨黄金的美元价格计算倒数，以1967年为100；黄金的美元价格：1900~1967年数据为每盎司黄金的官方美元价格，1968~2015年数据为Englehard国内市场99.95%纯金价格，1968~1993年数据来自Metals Week，1994~2015年数据来自Platts Mettals Week

（二）各国货币对美元的汇率稳定性

考察汇率稳定性的方法有很多，如某种货币的一种或者多种双边汇率的稳定性。通常一种货币对某种货币汇率升值的同时，对其他币种可能贬值，因此衡量这种货币综合走强还是走弱，可以构造有效汇率（effective exchange rate，EER），剔除了通货膨胀，就是实际有效汇率（real effective exchange rate，REER），它是一种指数。IMF 定期发布的美元指数、英镑指数等反映了浮动汇率时代主要储备货币的升贬值情况。

Bordo（2003）对 1880~1914 年（金本位的主要时期）14 个主要大国汇率波动的研究发现，其平均波动幅度不到4%，以CPI衡量的通货膨胀的波动不到5%。可兑换管理本位时期的汇率通过官方固定，调整的次数较少，在调整期内基本稳定；除了两次世界大战时期，波动幅度最大的就是 1973~2000 年管理浮动汇率制度为主的时期。本书延续对 G7 国家和中国的研究，计算了不可兑换管理本位时期各国货币兑美元汇率的年均变动率，结果如表 2-3 所示。

表 2-3 不可兑换管理本位时期各国货币兑美元汇率的年均变动率

不可兑换管理本位时期	日本	加拿大	英国	中国	欧元前后	德国	法国	意大利
早期 （1974~1989 年）	−4.8 （14.7）	1.9 （6.2）	−2.5 （14.3）	5.6 （20.1）	1974~1983 年	−1.0* （13.9）	4.4 （15.5）	8.6 （11.6）
中期 （1990~1999 年）	−1.7* （13.1）	2.9 （2.8）	−0.9* （5.9）	6.7 （12.6）	1984~1998 年	−3.5 （14.8）	−2.9 （12.2）	0.5* （6.6）
后期 （2000~2015 年）	−1.5* （13.0）	−2.5 （10.7）	−0.0* （9.8）	−2.5 （3.7）	1999~2007 年	−4.8 （9.1）	−4.8 （9.1）	−4.8 （9.1）
整个时期 （1974~2015 年）	−2.8 （18.3）	0.1* （13.4）	−0.4 （12.6）	4.2 （34.3）	2008~2015 年	2.7 （5.3）	2.7 （5.3）	2.7 （5.3）

*表示 0.1 水平不显著

注：表中数据为各国货币兑美元汇率的自然对数对时间和常数项的回归系数百分数，括号中为标准误

资料来源：美国农业部（United States Department of Agriculture，USDA）数据库，其说明来源于IMF和美联储的金融统计数据。德、法、意三国自 1999 年欧元诞生后，将各自国家货币转换为欧元，1999 年后的年均变动率均根据欧元兑美元的汇率计算。汇率均以美元为被标价货币

表 2-3 反映了不可兑换管理本位时期美元兑七国集团中六个国家以及中国人民币汇率的年均变动率。总体来看，1974~2015 年，除欧元国家，各国货币对美元有的升值有的贬值。其中，加拿大元和人民币相对美元是整体贬值的，人民币贬值幅度较大，但在后期出现平均速度为2.5%的升值；日元和英镑相对美元是升值的，日元在早期的升值幅度最大，年均增速4.8%；而欧元国家中，前欧元时期德国对美元一直升值，而法国则先贬后升，意大利则一直贬值；进入欧元时期，在次贷危机前欧元相对美元有年均 4.8%幅度的升值，次贷危机后则进入年均 2.7%的贬值通道。共同的一点是进入 21 世纪以来，美元对以上国家的汇率都是

贬值的，这与美国国际收支长期逆差给美元汇率带来的沉重压力有密切关系。

值得重视的是，不仅各国在不同时期会出现汇率变动趋势的反转，而且各国货币汇率波动的幅度也很大。欧元 1999~2015 年整体对美元是年均 2%的升值，标准误达到 11.9%，除中国外的其他六国整个时期的回归标准误在 11%~19%，这反映了各国汇率波动幅度很大，存在较大的汇率风险。

综合来看，国际货币在不可兑换管理本位的浮动汇率制度下，其升值贬值变化比金本位制度和可兑换管理本位制度都更加频繁，更加不确定，这一点从两位数的标准误上可以得到些许的反映。浮动汇率的不稳定催生了外汇期货（futures）、期权（options）、外汇远期和掉期（forwards and swaps）、货币互换（currency swaps）等一系列旨在规避外汇风险的衍生产品。大量的市场主体通过外汇衍生品交易进行风险对冲和风险转移。表 2-4 反映了外汇衍生品场外交易市场的发展规模。图 2-3 则反映了 2015 年外汇衍生品合约余额的币种分布情况。

表 2-4　外汇衍生品场外交易市场规模（1998~2016 年上半年）（单位：10^6美元）

时间	合约余额	总市场价值
1998/12/31	18 011 138	786 199
1999/12/31	14 344 450	662 296
2000/12/31	15 665 718	849 304
2001/12/31	16 747 649	778 918
2002/12/31	18 447 914	881 255
2003/12/31	24 475 065	1 301 022
2004/12/31	29 288 299	1 546 302
2005/12/31	31 360 382	996 933
2006/12/31	40 270 899	1 265 746
2007/12/31	56 238 245	1 806 943
2008/12/31	50 042 263	4 083 882
2009/12/31	49 181 021	2 069 726
2010/12/31	57 795 891	2 482 474
2011/12/31	63 381 392	2 592 275
2012/12/31	67 358 399	2 313 008
2013/12/31	70 552 601	2 284 115
2014/12/31	75 043 166	2 936 473
2015/12/31	70 446 390	2 579 477
2016/06/30	74 171 098	3 085 850

资料来源：国际清算银行

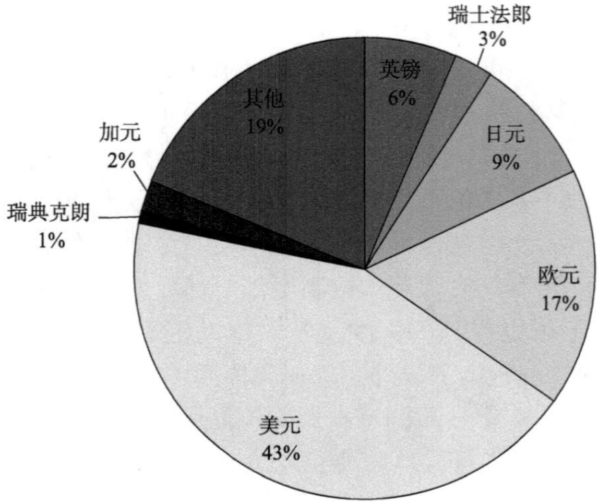

图 2-3　2015 年外汇衍生品合约余额的币种分布

资料来源：国际清算银行

从表 2-4 可以看到，场外交易的外汇衍生品合约余额从 1998 年的不足 20 万亿美元发展到 2016 年上半年的超过 74 万亿美元的规模，总市场价值从最初的不足 0.8 万亿美元发展到逾 3 万亿美元。图 2-3 显示，占外汇衍生品合约余额最大份额的币种是美元，占比 43%；欧元次之，占比 17%；日元占比 9%；英镑占比 6%；瑞士法郎占比 3%；加元占比 2%；瑞典克朗占比 1%；其他占比 19%。美元、欧元、日元、英镑是当前不可兑换管理本位下国际货币体系中最主要的四大储备货币，因此成为外汇风险最集中，避险和投机也最集中的外汇衍生品交易币种，合计占到整个场外交易的外汇衍生品合约余额的 75%。

第二节　金本位制度的资源成本

任何制度都依托于一定的物质形态，因而产生直接的资源成本。不可兑换管理本位下，发行货币不需要保持发行的准备，印刷纸币的实际资源成本被认为是无足重轻的，毕竟，制造纸币成本比制造黄金铸币成本低得多，纸币的成本被认为是可以忽略的一种直接资源成本，而金属货币或准备金的资源成本则大到不能不考虑各种节省的方法。下面以金本位的直接资源成本为例来加以探讨，这种探讨的基本结论对于采用银和其他一种或多种金属以及商品组合作为准备的可兑换管理本位制也具有适用性。

金本位制度的资源成本分为存量机会成本和增量生产成本。存量机会成本是指现存黄金货币的机会成本，可以用非货币黄金用途，如艺术品、珠宝首饰、镶牙，以及工业方面的用途的黄金价格计算出作为货币黄金的金铸币和金块的价值，以此衡量货币黄金的机会成本。而增量生产成本是指额外增加新的货币黄金的成本，包括弥补流通中金币磨损的那部分。这部分成本主要是为开采这些黄金或通过贸易顺差获取黄金而使用的全部劳动、资本和土地的成本。存量的机会成本和增量的生产成本不重复计算。从不兑现管理本位制度转向金本位制度的国家通常将现存非货币黄金铸造成金币、金条等进入流通或增加银行的储备，由此将发生存量机会成本。为了增加货币黄金或者弥补金币磨损而进行金矿开采，直至生产金币或者进口货币黄金所发生的就是增量生产成本。所有已经开采出来的黄金都有生产成本，而决定黄金用途的时候人们才比较货币和非货币用途的机会成本。因此，一般而言金本位的资源成本指的是货币黄金的生产成本。

一、金本位资源成本的估计模型

Friedman（1951）估计了美国实行 100%兑换准备的金本位的资源成本：在20世纪的前50年，美国的国民收入年均增长率为3%，流通媒介占国民收入约为 50%，为了保持物价稳定，流通媒介（通货加上货币存款）的增长必须与经济增长同步——弗里德曼的货币规则——因此，美国实行严格的金本位的资源成本总计约为国民收入的 1.5%，或大约为其年经济增长率的 3%到 50%。若考虑了货币流通速度年均下降 1%，则流通媒介要增长 4%方能满足物价稳定的要求，则资源成本为产出的 2%或产出增长率的 2/3。Friedman（1960）修正了这个估计，在将流通媒介扩大到定期存款的基础上，金本位的资源成本应占到国民生产总值的 2.5%。Meltzer（1983）采用新的流通媒介占国民收入的比例重新估计，进一步将金本位的资源成本从弗里德曼的相当于产出增长率的 50%降低到 16%。

弗里德曼假设技术变化不影响黄金生产的相对成本，在长期货币与产出保持成比例的固定相对成本，则均衡的产出将保持以黄金衡量的产品价格不变。若产出低于均衡，则黄金的生产成本低于其固定的名义销售价格，从而支持产出的扩张，反之亦然。换言之，货币黄金的增长率正好足以保持价格水平不变。同时假设铸币磨损为零，有

$$\frac{\Delta G}{Y}=\left(\frac{\Delta G}{\Delta M}\right)\left(\frac{\Delta M}{M}\right)\left(\frac{M}{Y}\right) \tag{2-1}$$

其中，ΔG 为货币黄金增量；Y 为实际年国民收入；ΔM 为货币需求的年变化量；M 为货币需求总量。根据货币数量的费雪方程可以得出如下动态方程式：

$$\frac{\Delta M}{M}+\frac{\Delta V}{V}=\frac{\Delta P}{P}+\frac{\Delta Y}{Y} \tag{2-2}$$

$$\text{由 } MV=PY=\text{GDP} \Rightarrow V=\frac{\text{GDP}}{M} \tag{2-3}$$

通过测算货币流通速度变化率、通胀率和实际国民收入变化率，可以求解货币需要量的理论增长率。

二、金本位的资源成本——以中国为例

金本位的制度相对来说偏向于将货币风险保留在私人持有者方面，而社会的货币风险相对较小，即主要依靠私人契约来进行个别约定和执行，国家对出现的银行危机和挤兑没有救济的义务。在金本位制度下部分准备金没有明确的法律依据，而只是银行的经营诀窍，如果因为不能兑现而引起挤兑，则银行将因为银行券发行超过实际准备而受到道德谴责和法律制裁——破产。国家对于准备金比率理论上都是按 100%来考虑的，因为所有银行券的持有人都有无条件立即提取现金的权利，换言之，银行如果面临其发行在外的所有银行券同时要求提现的情况也不得拒绝。以下根据中国的情况试算金本位的成本。数据如表 2-5 所示。

表 2-5　中国产出、货币量（M_1、M_2）、流通速度（V_1、V_2）和货币产出比

年份	名义 GDP	M_1	M_2	M_1/M_2	V_1	M_1/GDP	V_2	M_2/GDP
1978	3 645.20	859.45	1 159.10	0.74	4.24	0.24	3.14	0.32
1979	4 062.60	1 069.36	1 458.10	0.73	3.80	0.26	2.79	0.36
1980	4 545.60	1 315.74	1 842.90	0.71	3.45	0.29	2.47	0.41
1981	4 891.60	1 636.56	2 182.50	0.75	2.99	0.33	2.24	0.45
1982	5 323.40	1 885.11	2 589.80	0.73	2.82	0.35	2.06	0.49
1983	5 962.70	2 165.04	3 075.00	0.70	2.75	0.36	1.94	0.52
1984	7 208.10	2 845.24	4 146.30	0.69	2.53	0.39	1.74	0.58
1985	9 016.00	3 011.39	5 198.90	0.58	2.99	0.33	1.73	0.58
1986	10 275.20	3 856.03	6 720.90	0.57	2.66	0.38	1.53	0.65
1987	12 058.60	4 481.67	8 349.70	0.54	2.69	0.37	1.44	0.69
1988	15 042.80	5 490.17	10 099.80	0.54	2.74	0.36	1.49	0.67
1989	16 992.30	5 830.51	11 949.60	0.49	2.91	0.34	1.42	0.70
1990	18 547.90	6 950.70	15 293.40	0.45	2.67	0.37	1.21	0.82

续表

年份	名义 GDP	M_1	M_2	M_1/M_2	V_1	M_1/GDP	V_2	M_2/GDP
1991	21 617.80	8 633.30	19 349.90	0.45	2.50	0.40	1.12	0.90
1992	26 638.10	11 731.50	25 402.20	0.46	2.27	0.44	1.05	0.95
1993	35 334.00	16 280.40	34 879.80	0.47	2.17	0.46	1.01	0.99
1994	48 198.00	20 540.70	46 923.50	0.44	2.35	0.43	1.03	0.97
1995	60 794.00	23 987.10	60 750.50	0.39	2.53	0.39	1.00	1.00
1996	71 177.00	29 893.00	77 265.00	0.39	2.38	0.42	0.92	1.09
1997	78 973.00	34 826.00	90 631.83	0.38	2.27	0.44	0.87	1.15
1998	84 402.00	38 953.70	104 498.50	0.37	2.17	0.46	0.81	1.24
1999	89 677.00	45 837.00	119 898.00	0.38	1.96	0.51	0.75	1.34
2000	99 215.00	53 147.15	138 356.50	0.38	1.87	0.54	0.72	1.39
2001	109 655.00	59 871.59	158 301.90	0.38	1.83	0.55	0.69	1.44
2002	120 333.00	70 881.79	185 007.00	0.38	1.70	0.59	0.65	1.54
2003	135 823.00	84 118.57	221 222.80	0.38	1.61	0.62	0.61	1.63
2004	159 878.00	95 970.82	253 207.70	0.38	1.67	0.60	0.63	1.58
2005	183 867.90	107 278.80	298 755.70	0.36	1.71	0.58	0.62	1.62
2006	219 438.50	126 028.10	345 577.90	0.36	1.74	0.57	0.63	1.57
2007	270 232.30	152 519.20	403 401.30	0.38	1.77	0.56	0.67	1.49
2008	319 515.50	166 217.10	475 166.60	0.35	1.92	0.52	0.67	1.49
2009	349 081.40	221 445.80	610 224.50	0.36	1.58	0.63	0.57	1.75
2010	413 030.30	266 621.50	725 851.80	0.37	1.55	0.65	0.57	1.76
2011	489 300.60	289 846.60	851 591.80	0.34	1.69	0.59	0.57	1.74
2012	540 367.40	308 700.00	974 200.00	0.32	1.75	0.57	0.55	1.80
2013	595 244.40	337 291.10	1 106 525.00	0.30	1.76	0.57	0.54	1.86
2014	643 974.00	348 056.40	1 228 375.00	0.28	1.85	0.54	0.52	1.91
2015	689 052.10	400 953.40	1 392 278.00	0.29	1.72	0.58	0.49	2.02

注：名义 GDP、M_1、M_2单位均为亿元

资料来源：GDP、M_1、M_2：国家统计局，其余为作者计算

以 1978~2015 年的名义 GDP、货币量（M_1、M_2）分别计算出 M_1/M_2、货币流通速度（产出/货币量）（V_1、V_2）和货币产出比（M_1/GDP、M_2/GDP），其中，V_1 与 M_1/GDP，V_2 与 M_2/GDP 互为倒数。名义 GDP 即价格与实际 GDP 的

乘积 PY。

（一）国民收入增长率

对 GDP 时间序列进行指数回归，可以得出 1978~2015 年中国名义 GDP 年均递增约 15.01%。如图 2-4 所示，在 2012 年后，中国 GDP 的动态轨迹明显偏离指数回归的趋势线，反映出中国实行“稳增长、调结构”战略，经济发展进入更加注重质量和可持续能力的“新常态”。考虑到新常态的长期性，这里对未来名义 GDP 增速的估算采用“克强经济学”所提出的 7%的实际 GDP 增长加上 3.5%的通胀率目标之和，即 10.5%。其次，对模型中货币增速的计算还需要估计中国经济新常态下的货币流通速度 V 的变动情况。

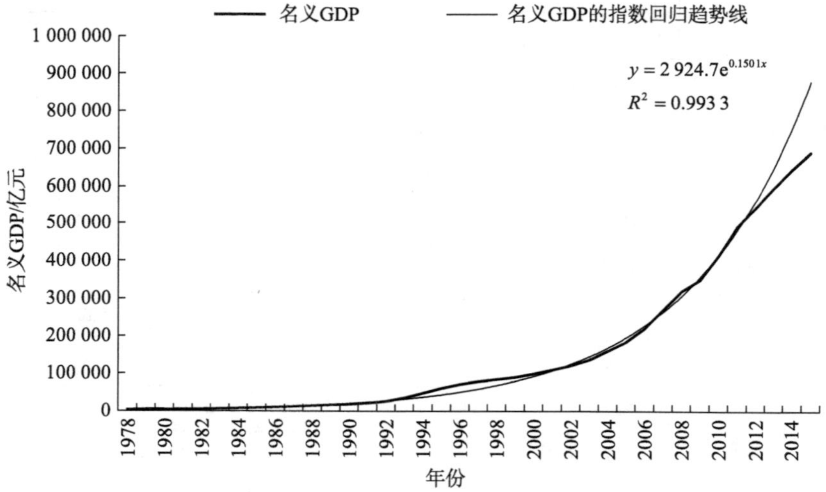

图 2-4　中国名义 GDP 及指数回归趋势的背离（1978~2015 年）

资料来源：同表 2-5

（二）货币流通速度

从图 2-5 可以看出，中国货币流通速度 V_1 和 V_2 在 1978~2015 年均呈现下降趋势。其中，M_1 的流通速度 V_1 下降幅度相对 M_2 的流通速度 V_2 较缓。对数回归方程 $Y = a\ln(x) + b$ 较好地表达了这种趋势（图中拟合趋势线方程中 Y 为货币流通速度，x 指时间，R^2 为拟合优度）。2012~2015 年 M_1 货币流通速度 V_1 基本平稳，图 2-6 为 V_1、V_2 及其线性趋势线（趋势方程 Y 代表货币流通速度，x 指时间，R^2 为拟合优度）。从图中也可看出，V_1 基本没有明显的趋势。回归分析得到的 V_1 的年均变动率为−0.001%，几乎为零，且在 0.1 水平上统计不显著。而 M_2 的流通速度 V_2 则继续呈现了明显的下降趋势，通过统计分析，其年均变动率为−0.019 3%，且在 0.05 水平上是显著的。这就给测算的货币层次选择带来了问题。继续分析货币产出比例，有助于做出综合判断。

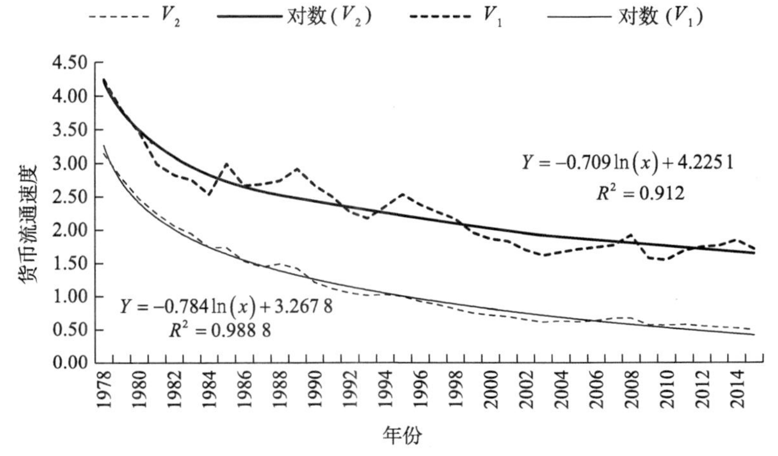

图 2-5　中国货币流通速度（1978~2015 年）

资料来源：同表 2-5

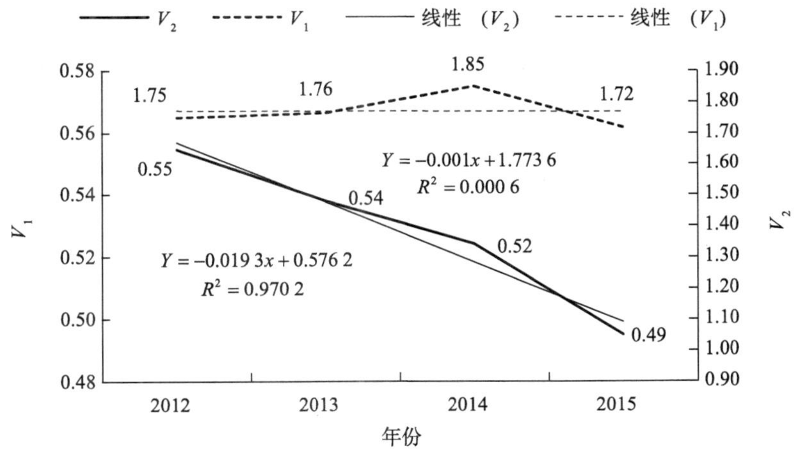

图 2-6　新时期中国货币流通速度的变动速度态势（2012~2015 年）

资料来源：同表 2-5

（三）货币量与国民收入之比

1978~2015 年，我国 M_2 与 GDP 的比值从 0.32 上升到 2.02。图 2-7 显示 2007~2008 年出现明显回落，此后在美国次贷危机影响下，国内货币政策配合积极财政政策加大贷款投放，使其又波动上升，整体增势明显。也表明我国的广义货币量与国民收入的关系还处在不稳定的增长趋势。易纲（2004）认为我国经历了一个较快的货币化进程，因此货币增长快于 GDP。在 2012~2015 年 M_2/GDP 比值的平均数为 1.90，并有进一步增大的趋势。

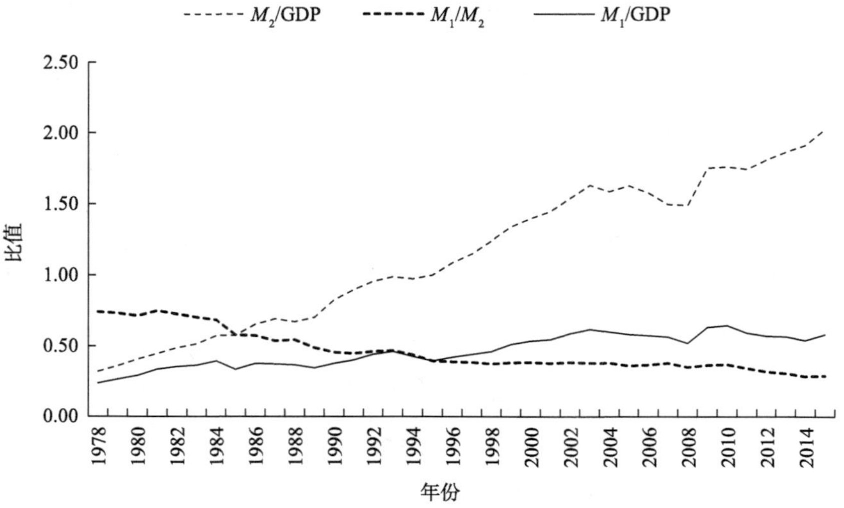

图 2-7　中国 M_1、M_2 比例及与国民收入的比例关系（1978~2015 年）

资料来源：表 2-5 中作者计算各指标值

至此，货币量在 M_1 和 M_2 的选择上，可以做出选择 M_1 的判断，理由如下。

（1）广义货币 M_2 中的一部分是价值储藏职能，属于退藏，而前述模型测算的是执行流通交易职能的货币黄金需要量，M_1 更符合测算的定义。

（2）前述货币流通速度的不同趋势也表明，我国广义货币 M_2 相对经济体量的关系很不稳定，远超大多数发达经济体的货币与产出比，它们通常都小于 1。相对而言，M_1 相对经济体量的关系更稳定，流通速度和货币收入比都较为正常。

（3）我国 M_2 与通货膨胀的关系近年来也越来越不显著，2008 年以来我国 M_2 高速增长，以至于有“货币超发”引起通货膨胀的担忧，但实际上我国通货膨胀基本稳定，因此两者的关系日益弱化。

（4）黄金货币化的过程必然伴随大量去杠杆和信用货币收缩、M_2 相对减少。价值贮藏的形态表现为非货币黄金等其他投资品，而不是存款货币形态，因为银行利息的支付也需要黄金准备的支持，利率下降甚至名义负利率也不足为奇。

因此，选择与 GDP 关系更加稳定的 M_1，即直接执行流通支付功能的现金和活期存款来估算货币流通速度、货币与产出之比。采用新常态时期（2012~2015 年）短期交易货币量 M_1 与产出 GDP 之比的均值 0.57，来代表货币产出比。接下来可以估算中国实行金本位的增量资源成本了。

（四）中国实行金本位的增量资源成本

尽管我国从来没有经历过金本位制度，这里假设中国已经是金本位制度，便于了解在中国现在的经济特征下的金本位资源成本，所以不需要考虑初始黄金货币化的机会成本，而直接考虑符合我国现阶段，在低速增长条件下金币本位的增量资源成本。根据上面的估算数据，得到中国实行金本位的增量资源成本占名义国民收入之比约为6%。计算过程如下：

$$\frac{\Delta Y}{Y}+\frac{\Delta P}{P}=7\%+3.5\%=10.5\%;\quad \frac{\Delta V}{V}\approx 0$$

$$\Rightarrow \frac{\Delta M}{M}=10.5\%-0=10.5\%$$

$$\text{因为}\frac{\Delta G}{\Delta M}=\frac{G}{M}=1;\ \frac{M}{\text{GDP}}=0.57$$

$$\text{所以}\frac{\Delta G}{\text{GDP}}=\frac{\Delta G}{\Delta M}\times\frac{\Delta M}{M}\times\frac{M}{\text{GDP}}=1\times 10.5\%\times 0.57=5.985\%\approx 6\%$$

按2015年名义GDP为689 052.1亿元计算，6%的资源成本就是41 343.13亿元，按6.3元/美元折算，相当于6 562.4亿美元，按1 270美元/盎司计算，新增黄金要达到5.17亿盎司，约合16 070.13吨黄金。这表明按照现在的状况，中国短期内是绝对不可能实行一个100%准备的金本位制的。

这里可以直观地看到，实际国民收入增长率、货币流通速度、黄金准备率和货币与国民收入的比率对金本位的资源成本十分重要。在可兑换管理本位下，银行通常为银行券保留一定比例的黄金准备，假设这一比例是 50%，则黄金增量成本占国民收入的比率可以降低到 3%；如果黄金准备的比例，如怀特（2004）计算的为 2%，则黄金增量成本占国民收入的比率可以降低到0.12%（合黄金321.4吨）；进一步，如果货币流通速度是加快的，又或者货币对国民收入的比率下降[①]使得货币需要量的增长率降低为 2%，这个结果就是0.02%（黄金61.07吨）。可见，经济增长放缓、货币流通速度提升，黄金准备率降低、货币与国民收入比率下降等，都在理论上能降低金本位的资源成本。

① 在美国的金本位时期（1880~1913 年），货币量 M_2 与国民收入的比值一直是低于 0.5 的，现在不可兑换管理本位下这个比值也一直是低于 1 的。因此，未来中国有可能在度过易纲（2004）所提出的高速货币化进程后，这个比值从 1.9~2 转而降低到 1 以内。

三、稳态经济条件下世界金本位的资源成本

关于稳态经济，本书在导论中已介绍其概念内涵。这里讨论稳态经济处于零增长和低增长两种情况下的金本位资源成本。

（一）第一种情况：经济零增长则零增量资源成本

尽管赫尔曼·E. 戴利的稳态经济（steady state economy，SSE）不是按照GNP来定义的，稳态经济与GNP零增长没有等价关系，但如果在一定时期物质/能量的流量既定前提下，技术知识进步不足以推动人工制品耐用性的增加，以及修补能力的提高，那么按照某个标准衡量的经济总量就将出现零增长。此时，如果货币流通速度恒定，货币与国民收入之比恒定，则货币增长率为零，无须增加货币资源成本。

（二）第二种情况：经济低增长则低增量资源成本

如果稳态经济下存在技术知识进步带来的存货增长，则将使得国民收入得到较低的增长，如增长率为1%，其他条件不变的情况下，则货币增长率为1%，设若货币与收入之比为0.4，准备金率为40%，则增量黄金占总收入的比例为0.16%。按2015年世界GDP总量74 469.99亿美元[①]计算，每年需增加黄金1 191.52亿美元，按1 270美元/盎司价格约合黄金2 917.82吨。如果黄金价格为3 000美元/盎司——可以预见，在黄金重新货币化的条件下黄金价格势必大幅上涨，并达到与现有不兑现货币之间的均衡价格——则所需吨数减少到1 235.21吨。而当前世界黄金的年产量自1989年以来就稳定在2 000吨以上，2015年更达到3 100吨（图2-8）。稳态的低增长经济条件下，技术上，黄金有可能在全球再次成为本位货币。

金本位制度的其他成本是比较低的。因为所有存款人都可以通过要求兑换准备金，来验证银行或货币发行者是否履行可兑换保证，既不需要国家设置监管部门常年跟进监管，也无须像数字货币那样存在网络技术门槛，具有更广泛的接受度和自由度。不能保证兑换性的个别机构将受到市场的淘汰和法律的制裁、道德的谴责。同时各国之间货币汇率稳定，国际市场自动按金平价联结成统一的市场。这将大大减少汇率浮动带来的外汇储备、外汇市场衍生交易等耗费的资源。

---

① 数据来自世界银行，以2010年美元计算。

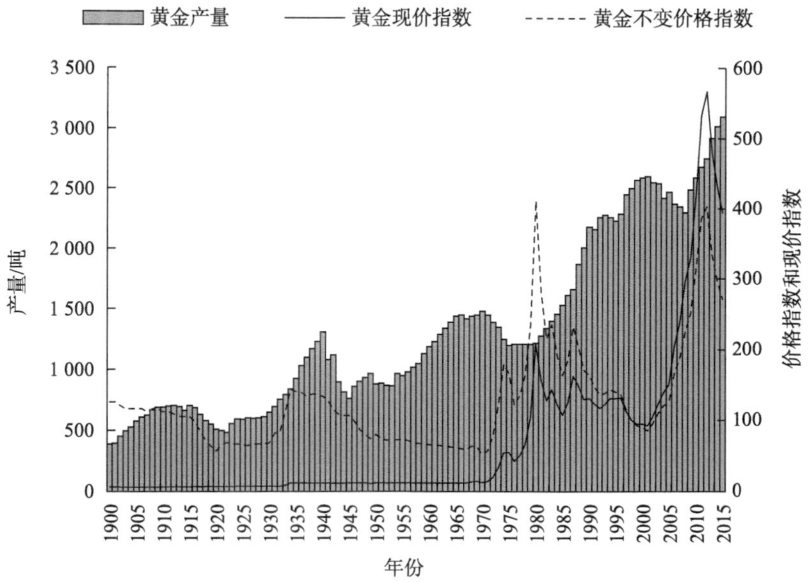

图 2-8　世界黄金产量与价格（1900~2015 年）

资料来源：美国地质调查局公布的 Gold Statistics，其中黄金不变价格以 1998 年美元计算，黄金现价指数和黄金不变价格指数均为作者以 1998 年为 100 转换

第三节　不可兑换管理本位的管理成本

货币的相关成本不仅是各种货币实物的制作成本，还包括各种货币体系各自运行需要的总成本。货币的相关收益不仅包括狭隘的“交换服务”，还应包括防止通胀之类。金属本位下，货币生产的成本是主要的。伴随金银生产的自然成本高，意味着它们不会被随意增产，这进而意味着金、银等商品货币有着对抗货币购买力过度贬损的内在自然保障。金本位制度并不需要中央银行之类的公共机构来管理货币，因此其管理成本最低。但在不可兑换的管理本位下，一国本位币是货币当局发行的纸币，虽然生产纸币的资源成本微不足道，但其制度变迁、运行和维护的总成本却十分庞大，直接支付成本的主体可以分为政府和社会两个部门。政府一方的成本包括货币当局的金融监管、货币政策制定与实施、危机救助等政府管理成本；社会一方的成本则包括预测成本、应对通货膨胀和汇率风险的风险管理成本、影响货币当局的政策游说成本、通胀导致资源错配的成本等。

一、政府的管理成本

在不可兑换管理本位制度下，政府的管理成本是指，各国为实现货币政策、汇率政策目标所需的操作成本、机会成本，储备货币贬值和本国货币危机带来的损失成本，等等。在不可兑换管理本位制度下，央行及其他金融主管机构设立了庞大的官僚体系——2004年，联邦储备系统雇佣员工约23 000人，德国央行2007年雇佣约11 400名公务员（Stammpersonal），法国央行2006年约有 11 800 名公务员（titulaires）——以及同样重要的央行观察产业（雇人解释和预测今日主管机构的政策），这两个部门就足以产生可观的劳务费用，使得李嘉图所描绘的铸币行业看上去也不那么昂贵了。

尽管不可兑换管理本位使得各国政府拥有灵活的汇率政策工具，调节国际收支，因而无须积累大量外汇储备，但实际上国际储备总量一直呈上升趋势，2010年，全球外汇储备已高达89 862亿美元，对此除了经济增长因素，还有“害怕浮动”在内的多种动机。持有外汇储备的成本包括：外汇再投资的运营成本、外汇贬值损失和投资损失等。例如，20世纪70年代以来，新加坡外汇储备不断增加。为了提高投资收益，新加坡对外汇储备和财政储备实施积极管理，于 1981 年 5 月成立新加坡政府投资公司（Government of Singapore Investment Corporation，GIC），主要投资于长期和高回报的资产，1986 年后，GIC 又相继建立了投资于较低风险同时回报也较低的固定收入和外汇投资部门、股权投资部门。这些投资机构的运营成本构成外汇储备的直接管理成本。又如，我国持有世界上最大的外汇储备，2011 年以来，大部分时间都超过 3 万亿美元，且主要币种是美元，美元长期贬值，持有美元储备的汇率损失巨大。2007 年我国成立了首家主权财富管理基金“中国投资有限责任公司”（China Investment Corporation，CIC），中国投资有限责任公司对美国黑石基金投资的 30 亿美元和对摩根斯坦利投资的 50 亿美元都在次贷危机中遭受到了巨大的账面亏损。我国投资于美国国债和机构债的规模居世界首位，随着美国赤字的过度膨胀、美元疲软、主权信用评级下调，也潜在地面临着巨大的主权信用违约风险。

金融监管在次贷危机后被不断强调，并成为美国金融改革的重点。实际上，金融监管本身也消耗实际经济资源，也是有成本的，具体包括两个部分：一是金融监管的执法成本，即监管机构为制定和实施各种监管的制度安排、维持监管体系运行而付出的成本；二是金融监管的守法成本，包括受监管的金融机构为遵守有关监管制度安排而额外承担的各种成本。例如，为履行法定信息披露义务，上市公司需要支付的财务审计费用、信息收集和发布费用等，接待监管检查的费用等，都属于守法成本。

在货币危机、金融危机发生后，金本位制度下由企业和个人自担损失，政府不采取救助。而在不可兑换管理货币本位制度下，由于政府对货币进而金融稳定都负有管理责任，因此政府通常会对具有系统重要性的金融机构采取救助直至国有化接管等措施，通过动用财政盈余或者发行国债融资来支付相关的救助成本。例如，在次贷危机之初，美国国会就通过了 7 000 亿美元的紧急救助资金。美国财政赤字庞大，救助资金实际要靠举债从国际市场筹集，美国的国债上限不得不一再被突破，而政府的税收却难以增加，实际上是由全世界债权人，特别是中国这样的持有大量美元资产的发展中国家，来为美国的救助资金垫款了。当然，最终这些成本还要纳税人来承担。

二、社会的管理成本

（一）直接资源成本不降反升

不可兑换管理本位没有节约金本位制度下的黄金资源成本，金、银等贵金属的持有量随着黄金非货币化不降反升。理论上，如果不可兑换管理本位降低了对黄金的货币需求而不影响对黄金的非货币需求，应当使得黄金的总需求下降，黄金的购买力也应该出现下降的趋势，并且使开采活动减少，从而使得经济运行的整体资源成本降低。而实际情况正好相反。自布雷顿森林体系崩溃，私人囤积的黄金和白银与真实金本位时期一样多，黄金产量自 1971 年后没有因为黄金非货币化而减少。目前黄金的实际价格比金本位制度时期要高。2010 年伦敦市场黄金的平均价格为每盎司 1 224.53 美元，实际相当于 1967 年的 186.87 美元，1929 年的 96 美元，1913 年的 55.39 美元，1880 年的 44.67 美元；而 1967 年黄金官方价格是每盎司 35 美元，1880~1929 年为 20.67 美元。或者说，1929 年的 20.67 美元相当于 2010 年的 263.47 美元，1967 年的 35 美元相当于 2010 年的 229.34 美元，正是对黄金的需求导致了高企的市场价格。一方面发展中国家的经济增长，收入和消费水平提升，对黄金饰品需求持续强劲，世界黄金饰品需求 2010 年同比增长 16%；另一方面则与黄金具有价值储藏的货币属性密切相关：由于不可兑换管理本位下的货币，特别是美元等储备货币被大量创造，带来了以抵御通胀为特征的私人黄金需求；与此同时，黄金在世界官方储备中的份额上升，2009 年世界各国央行购金量超过售金量，并且近年来央行在国际黄金市场上增持黄金已经成为一个常态，其深层的原因是对不可兑换管理本位缺乏信心。美元作为主权货币和作为国际储备货币的矛盾冲突，即“特里芬难题”[①]早已存在，次贷危机后美联储的定量宽松政策威胁到美元币值的稳定，在此情况下，黄金在世界货币体系中的地位上升。这意味着向不兑现管理本位的转化使黄金总需求不降反增，不兑现货币体系反而增加了资源成本。虽然2014年以来美联储开始退出定量宽松的货币政策，并于2015年7月30日开始了小幅逐步加息，相对恢复了市场对美元的一部分信心，但无法从根本上解决货币本位制度性的流动性过剩的顽疾。

（二）间接资源成本

不可兑换管理本位还产生了一些意想不到的间接资源成本。

（1）不可兑换管理本位的币值不稳定催生了一个硬货币咨询行业。这类企业通过向客户散发资讯、书籍，举办讲座，警告公众未来的超级通胀或者通缩，鼓励他们积存黄金、白银和铸币及其他收藏，这些收藏被存放的地点也往往储备了食物和自卫武器。这类活动必然消耗实际资源。

（2）不可兑换管理本位引发的利率市场化制度转换所产生的资源成本。1970年布雷顿森林体系崩溃后，美国和欧洲等许多地方抛弃了货币本位中的商品锚，发生了高通胀，这导致当时仍然处于利率管制下的存款人的实际利率为负，并远低于市场利率，于是出现了货币市场共同基金。当时市场利率高于银行存款利率的上限，货币市场共同基金使得小额资产持有者可以从基金的高利率中获益，因而受到投资者的欢迎和追捧。而货币市场共同基金的规模膨胀反过来最终迫使利率管制被废除。如果没有高通胀，利率管制仍能适合，共同基金不可能生存；即使存在高通胀，没有利率管制，共同基金也无须存在。随后的创新继续削弱了商业银行的作用，带来对银行机构的管制放松。创新还引发了一些银行危机。这些可能仅仅是适应货币体系转型过程带来的痛苦，然而都消耗了相当的实际资源成本。

在中国，类似的过程正在进行。2013 年 “余额宝”货币市场基金一经推出，恰逢货币市场出现“钱荒”，远高于银行存款利率的回报迅速吸引了大量的投资者。截至2017年末，余额宝的规模达15 798亿元，持有人户数已达4.74亿，个人投资者的持有比例超过 99%，其中农村地区用户数过亿。余额宝这类货币市场基金最主要的投资方向一直是银行存款，但被视为同业存款，因而可

---

① 即美元在国际货币体系中的核心地位要求美元的价值稳定和坚挺，这需要美国保有长期的贸易盈余；但如果美国停止经常项目的赤字，世界经济将面临流动性不足的局面，国际社会也将丧失外汇储备所需的最大来源，其结果是世界经济将被拖入紧缩境地。然而，如果美国的贸易赤字继续扩大，这将削弱人们对美元价值的信心；一旦丧失对美元的信心，国际市场上的恐慌情绪将引发抛售潮，一个不稳定的美元不仅将引起世界经济动荡，而且将导致美元丧失其国际储备货币的地位。这个问题首先由罗伯特·特里芬于 1959 年在美国国会听证会上提出，故称特里芬难题。

以比普通分散的存款人获得更高的利息回报（程皓和张莹，2014）。因此，造成余额宝类基金爆发式增长的原因本质上还是存款利率低于市场利率。2015 年 10 月 24 日起银行存款利率上限被取消，利率管制基本解除，但是银行存款利率并没有像人们期待的那样很快升高，于是余额宝类基金规模继续快速增长，银行存款持续大挪移，倒逼银行开始根据市场给存款定价。显然，不可兑换管理本位下币值不稳定，会发生周期性的通胀和通缩，在可兑换管理本位下尚可被有效管制的利率，到了不可兑换管理本位下就不得不放开，这是货币本位制度所决定的。但这样的制度转换过程不会一蹴而就，需要数年甚至更长的时间，既引发种种金融动荡，也给社会增加了实际资源的成本。

（3）金融衍生市场爆炸性发展消耗了大量的真实资源。1970 年以前，公开的商品期货市场已经存在多年，但没有类似的货币或金融工具的期货市场存在。在不可兑换纸币本位出现后才有了公开的外汇和金融工具的期货市场，这绝不是偶然的。期货市场的功能原本是应对商品价格的不确定性。在一个和商品挂钩的国际固定汇率体系下，价格和利率不确定性的特征是诸如货币贬值或者离开一个商品本位这样的分散事件，不存在持续进行短期抵补的需求，也没有进行类似投机的机会，这意味着外汇和金融工具的公开期货市场根本不可行。芝加哥国际货币市场的外汇期货交易始于 1972 年，并在新的浮动汇率体系下迅猛发展。通胀和利率波动使得期货交易的品种大量增多，此后指数交易、结构性挂钩产品层出不穷。这些不断膨胀的金融衍生市场交易在帮助投资者抵补和分散风险的同时，也消耗了大量的实际资源。究其根源，是新的货币机制所带来的高度的利率、汇率和通胀的不确定性。图 2-3 和图 2-4 反映了这个问题。

此外，货币本位变迁还影响到其他的实际资源吸收或者释放。Garrison（1985）指出，这些成本包括：①不同政治组织试图控制印刷媒体而强加给社会的成本；②特定利益集团试图游说发行控制人为其利益滥用权力而带来的成本；③通货膨胀引起资源配置不当的成本，该成本发生在整个经济中，是货币当局屈从于特殊利益集团的政治压力的结果；④商人试图预测货币当局在未来的行动，并试图避免货币政策可能带来的不确定的、不负责任的后果而产生的成本。

（4）不可兑换管理本位对金融工程的高度依赖吸引了大量的尖端人才。例如，长期资产管理公司是由三位诺贝尔奖得主经营，金融衍生行业吸引的人才水准可见一斑。随着货币本位转变为不可兑换管理本位，金融衍生市场持续膨胀，行业暴利惊人，吸收了大量的实际资源，特别是掌握复杂尖端自然科学尤其是数理知识的顶尖人才，他们都具有高学历和天才的创造力，但是对金融的内在规律并不真正理解。这些人才如果配置到应对生态危机所需要科学研究领域，或许可以大大缓解当前的生态科学技术的困境，但是只有华尔街才能提供他们想要的报酬，他们的天才被用来设计结构性衍生产品，创造无限容量的金融市场。这就是金融配置社会资源的作用。美国政府监管机构和私人金融机构之间存在着争夺金融高端人才的局面，人才落差极大制约着金融监管的能力。美国准政府机构“两房”（房利美和房地美）在次贷危机爆发后面临巨大的亏损，被政府接管，却仍然必须向公司高管人员支付大大超过政府公务人员的薪水，不然这些人员会流向私人金融机构，“两房”的局面只能更糟。

不可兑换管理本位的维持成本并不低。中央银行体系、对冲不确定风险的具有广度和深度的金融市场和能够进行复杂管理的人才都靡费不菲。而这些对于维持信心的作用依然是有限的，人们要检验货币当局是否能达成货币政策目标，或者说维持虚拟的本位标准，如 CPI，自身不能办到，要依赖其他机构（如统计部门），且有较大的信息不对称性。

第四节　福 利 成 本

“福利”一词源于人类关于幸福的哲学思考，就是指人的幸福和快乐。货币本位制度发展到银行货币（银行券和存款），上升为国家货币，就国内而言，可兑换、不可兑换管理本位制度都是以表征货币流通为主，出现了长期化的通货膨胀和频繁的经济周期波动。货币本位制度的福利成本就是与特定货币本位制度密切关联的宏观消费波动造成的福利损失。

引起消费波动的原因包括两个方面，一是既定收入条件下消费品价格的相对变动，价格上涨将减少消费者支出所能获得的效用，即通货膨胀形成的福利损失。二是既定消费价格条件下的消费者支出的相对变动。消费者如果由于经济危机和萧条而失业、收入下降或者破产，其消费支出被迫下降；消费者也可能在对经济不景气和未来收入的悲观预期下主动减少消费支出，即经济周期波动给消费者造成福利损失。

实际上，不可兑换管理本位带来了制度设计者意想不到的制度成本。弗里德曼在1986年发表的一篇题为《不可赎回纸币的资源成本》的文章中认为，纵观20世纪，各国政府和央行应对货币管理不善和造成的恶果时，显而易见，维持金本位制度所需的开采、铸造和存储成本远远低于由于中央银行操纵货币与利率而引起的纸币通货膨胀和繁荣与萧条经济周期所强加给社会的破坏及不稳定所带来的损失。与价格长期稳定和没有周期性经济危机的典型金属本位制度相比较，管理本位制度存在着明显的福利成本（Friedman，1986a）。

凯恩斯学派认为，信贷周期性扩张与经济周期有着密不可分的联系。货币主义认为，货币与经济周期有密切关系，货币存量的变化率是引起经济周期波动的重要原因（Friedman and Swhartz，1963b）。奥地利学派对经济周期与银行部分准备金制度的关系有长期深入的研究。部分准备金银行产生于两个独立的表面合法的经济活动：以储蓄或保管赚取服务费用的银行业务，以及流通或金融中介银行业务。经济学家早先承认，流通或金融中介降低交易费用并提高了资本市场的效率，导致更多的储蓄、投资和经济增长。部分准备金银行把这两种银行机构合二为一，即以单一机构同时提供交易服务和中介服务，发行钞票或扩张存款的货币创造和信用创造被制度性地连在一起。部分准备金银行加上信用创造，将信用供给扩张得超过了原有储蓄的限度。银行机构能够而且确实将利率降到了自然利率以下，导致最终投资人的投资支出超过储蓄，被创造的信用终于引起了经济危机。中央银行支持下的货币和银行机构的常规运行却因试图把市场利率压得过低过久而产生了经济周期。经济周期性衰退是对以前货币过量及其所造成的不良投资和过度消费的纠正。因而银行货币和信用创造的国家化使得管理货币本位内生地含有经济周期不稳定性的机制。

通货膨胀究竟会给一个国家的社会福利水平带来多大程度的损失，是宏观经济学前沿中研究较多的一个问题。Lucas（2000）估算美国 1900~1994 年通货膨胀的福利损失，结果表明：如果美国名义利率从 14%降低到 3%，那么社会福利收益的增加值相当于实际产出的 0.8 个百分点；如果美国名义利率从 3%降低到零，那么社会福利收益的增加值相当于实际产出的 0.9 个百分点。Serletis 和 Yavari（2004）估算美国和加拿大在第二次世界大战后，1948~2001 年通货膨胀的福利损失，当利率从 14%降低到 3%，社会福利增加值占实际产出的比率，美国为 0.45%，加拿大为 0.35%；将利率从 3%降低到零，社会福利增加值占实际产出的比例，美国为 0.18%，加拿大为 0.15%。Serletis 和 Yavari（2005）估计了意大利 1861~1996 年通货膨胀的福利损失，估算结果与他们对美国和加拿大的估计结果非常接近。Lucas 等计算得出的经济周期的福利成本非常小，即消除消费波动所得到的收益比起消费增长所得到的福利是微不足道的，如以每年 0.1%的消费增长率持续增长所产生的福利是消费波动福利成本的 50 倍。完善的社会保障可以减轻经济波动的福利损失，因而增长比稳定更重要。然而，Santis（2007）实证研究认为，因为消费波动的福利成本是每个人面临的整体风险水平的递增凸函数，消费波动的些微减小都会带来巨大的福利收益。

在我国，龚六堂等（2005）分别比较了通货膨胀对 1900~1994 年的美国经济和 1978~2000 年的中国经济的福利损失，结果是中国经济比美国经济在福利上受到通货膨胀的影响更大。陈太明等（2008）估算了 1992~2004 年通货膨胀对中国社会福利的影响，结果表明：将利率从 14%降至 3%时所得福利占增加实际产出的 0.67%；将利率从 3%降至零时这一比率为 0.19%；通货膨胀与社会福利水平成反比，因此，提高社会福利水平的一个重要手段是维持低通货膨胀。

以上研究说明，随着研究方法的改进和数据的完善，研究结果越来越肯定经济周期波动和价格不稳定会给消费者带来明显的福利损失，提高金融的稳定性能够增进福利已经是中外共识。

通货膨胀、经济危机的福利成本问题，部分根源于货币本位制度。在一个刚性约束的商品本位下，除去战争原因导致的短期物价大起大落之外，通货膨胀往往是外生因素，如金银矿藏的发现等引起的，通货膨胀的速度缓慢且幅度有限。信贷扩张受到准备金制度的制约，实体经济对信贷的依赖性较小，金融危机规模相对局限。而在管理本位下，部分准备金制度给了信用货币相当的扩张弹性，通过取消可兑换，部分准备金制度的效果依赖金融监管；而金融创新工具又可以有效规避金融监管，因此，取消可兑换性——货币脱离商品本位——使整个货币体系失去了客观性制约，出现了更加严重的经济金融危机和通货膨胀问题，带来了更高昂的福利成本。

经济的周期性、不稳定性对消费者的消费效用有不利影响，从而造成福利损失，解决的途径则有熨平经济周期和完善社会保障两条。熨平经济周期的方式出现两种反差极大的主张，一是采取逆周期的经济政策熨平经济周期和减少其对消费者的不利影响，但这一主张的实际效果受到不少的质疑。实际上，可兑换和不可兑换管理本位制度中所包含的银行信用创造货币机制，内生地决定了经济周期，从而决定了管理本位制度的福利成本。二是从制度上取消银行信用货币创造，从而从根本上消除信贷周期性膨胀引起经济周期的机制。

Lucas（2000）的完善社会保障可以减少消费者福利成本的观点，在局部看似合理，消费者似乎可以只要求提高福利保障水平而不顾货币制度这个问题的根源。然而，事实表明，尽管通过存款保险制度、国家财政救助隐性担保等可以将货币发行风险外部化给全体纳税人，消费者信贷和社会保障制度可以减轻消费者受到的影响，使得货币风险的最终承担落在国家财政之上，似乎福利成本可以忽略，但是，国家财政是有限的，税负过高等于竭泽而渔；国家举债能力也是有限的，次贷危机后美国等发达国家主权信用评级下调，欧元区国家深陷债务危机，都说明了当今不可兑换管理本位所依赖的“主权信用幻觉”已经出现了动摇。

本章小结

由于金本位制度下的价格长期稳定，金本位制度的成本主要是资源成本；而不可兑换管理本位下的价格长期不稳定，其直接资源成本虽然最低，但人们为了规避通货膨胀和汇率波动而消耗了大量社会间接资源，金融监管和调控货币也产生了大量的管理成本，这些都构成了不可兑换管理本位的制度成本；价格波动、经济周期对消费者福利的损害在各个本位下都可能出现，但不可兑换管理本位下通胀的速度、周期的频繁使得制度的福利成本越来越高。

作为人类社会的一个制度性发明，货币的使用以其媒介功能节约了交易者的搜寻成本并减少了为交换所必须携带的产品数量，以其价值尺度的通约性便利了契约的缔结，并简化了交割支付，这些大大地降低了人们的内生交易费用，顺应了市场发展的内在要求。货币制度对经济发展也存在制约，货币制度一经确立，在一定范围和程度上具有自我完善和发展的能力，并给经济发展打下自己的烙印。货币制度的运行也必然受到市场规律的制约——所费高于所得的制度不可能长久。

有学者认为，判断国际货币本位制度的效率标准包括清偿力（liquidity）、市场信心（confidence）、国际收支调节（adjustment）等方面。实际上，不可兑换管理本位货币本身不是真实的清偿力，而是债务凭证，那种认为不可兑换管理本位制度在清偿力方面优于可兑换管理本位或金属本位等商品本位的观点是值得商榷的。不可兑换管理本位的国际收支调节不但义务上不对等，而且手段上也是过度依赖汇率调整来削弱顺差国产品服务的价格竞争力及减轻储备发行国的债务，明显存在霸权均衡，市场信心主要取决于霸权的维持，难以从经济上找到出路。对此，舒贝克（2006）指出，金本位对自由论者和农民等的吸引力在于信任是基于黄金而不是政客或政府；黄金算得上是原始的价值储藏，在约 5 000 年的历史中，证据显示人对黄金的信任要胜于对政客、国王或国际法的信任。

从数据来看，金本位制结束，一直到不可兑换管理本位在世界范围确立以来，黄金作为货币和准货币的需求并未减少，同时由于长期的价格不确定和频繁的利率汇率波动带来了大量的风险抵补、投机和游说等不可兑换本位的间接资源成本，并且这些不稳定也同时带来社会人才资源的错配。究竟哪种货币本位的制度成本比较低，就不能靠简单推测得到。Friedman（1986a）、Davies（1994）都认为纸本位制度的实际成本超过了它所节约的金本位资源成本。再加上不可兑换管理本位下的长期通胀带来的社会福利成本，其整体制度成本大于金本位制度和可兑换管理本位制度的推论是有其道理的。不可兑换管理本位在将个人负担的金属货币或者可兑换纸币的交易费用减少的同时，加大了社会承担的制度成本，并且在道德风险刺激下形成的社会总风险不减反增，制度成本不断增大，甚而有超过其制度收益的潜在可能。至此可以认为，不可兑换管理本位的总体制度成本高昂，且不必然比商品本位的制度成本低。

然而，要实行金本位，前提是形成和平、互信、合作的国际政治和经济环境。技术上的可行，并不能消除国家间政治隔阂和文化冲突带来的交易费用。正是造成两次世界大战的种种政治、经济、文化等深层次的矛盾依然继续影响当今世界的格局，使得民族国家干预经济成为生存必须，才导致了不可兑换管理本位取代金本位和可兑换管理本位，以强化国家的控制力和竞争力。从这个意义上来讲，不可兑换管理本位是战争状态留给货币文明的痕迹，当人类转向一个类似金本位的有锚货币制度时，真正的和平共处和自由发展的时代也就来临了。

第三章　货币本位制度的宏观经济绩效

诺斯（1994a）认为，制度在社会中的主要作用，是通过建立一个人们互动的稳定（但不一定是有效的）结构来减少不确定性；制度对经济绩效的影响是无可争议的。不同经济的长期绩效差异从根本上受制度演化方式的影响，这也是毋庸置疑的；决定经济绩效差异的是不同社会的政治经济制度、技术、人口和意识形态在内的差异；对于单个国家而言，在技术、人口和意识形态等稳定的情况下，制度变迁——新旧制度类型及质量变化是解释经济绩效差异的主要因素；制度通过其对交换与生产成本的影响来影响经济绩效；制度与所用技术一起，决定了构成总成本的交易费用和转形（生产）成本；制度与经济理论中那些标准的约束一起，决定了存在于一个社会中的机会。

经济绩效是指生产多少、成本和收益的分配或生产的稳定性。绩效的含义，最初强调的是总产量、人均产量和社会收入分配（诺斯，1994b）。由于就业与收入的密切联系，民族国家的经济政策普遍重视就业，并作为衡量宏观经济的重要指标。因此，本书把产出、就业和收入分配作为经济绩效的测量指标，选取美、英、德、法、日、加、意等七个发达国家的经济增长（如GDP年均增长率）、失业率、基尼系数等历史数据，按金属本位、可兑换管理本位和不可兑换管理本位时期进行划分和比较，对不同本位制度对经济生活带来的效应进行研究。

第一节　经济增长

货币化和金融发展与实体经济的总产出存在密切关系。由于货币本位制度是货币体系的基础，一定的货币体系决定了金融体系的流动性和稳定性。从而货币本位制度就与经济增长存在内在的联系。

一、货币本位与经济增长的关系

金属本位时代，货币本身是商品，世界市场和价格体系还处于形成阶段，经济的信用化程度不高，以货币为媒介的商品交换和投资如果要顺利地扩大规模必然需要货币本身供应的增长，而不可能借由任意数量的货币来实现，那种任意货币数量都可以媒介交易的观点是脱离商品基础的纯粹表征/名目货币观，其实现的前提必须是市场价格体系已经形成，对商品所具有价值大小的相对抽象观念被普遍接受。这一信条的依据是“货币的分配理论”。根据货币的分配理论，每个货币单位就是某种种类的收据，该收据证明其所有者已将一定量的财货或服务送入了经济体；同样地，收据也分配给其持有者从经济体这个巨大的社会仓库中获取等量财货或服务的权利。货币分配理论起源于18世纪早期的约翰·劳（John Law），发展于19世纪后半叶，如魏克赛尔（Wicksell）和熊彼特（Schumpeter）。巴吉特（Bagehot，1873）第一个全面考察了金融在经济中的作用，他认为英国的金融体系有助于投资者很快和有效地确认有利可图的投资项目并为之带来资金，这极大地帮助了英国在19世纪取得骄人的经济成就。1898年，瑞典经济学家魏克赛尔在《利息与价格》一书中提出，货币不仅媒介交易，还媒介投资，货币金融对实际经济活动具有实质性的影响（魏克赛尔，1997）。熊彼特认为经济发展的实质就在于创新的实现，而银行信用在经济发展中的重要作用是为生产要素的重新组合提供必需的购买力，这种购买力源于银行的信用创造，正是这种信用创造的能力推动经济发展（Schumpeter，1934）。

20世纪60年代末期兴起并在90年代发展起来的金融发展理论表明，一个运行良好的金融体系会降低信息交易成本，把稀缺的储蓄资源（经济学意义上）高效率地配置到回报较高的行业或部门中，从而促进投资、技术创新和生产率提高，达到推动经济增长的目的。货币是影响生产效率的一个重要因素，而且随着金融深化程度的提高，生产效率也应当有所提高。为了修正古典经济理论中货币的缺失，Patinkin（1956）试图将货币理论与瓦尔拉斯均衡理论联系起来，把货币纳入宏观经济一般均衡模型中，其总量生产函数形式为 $y=f(K, L, M/P)$，这里的 M/P 为实际现金余额。McKinnon（1973）用 M_2 占 GDP 的比重这一指标衡量金融发展规模，实际上也是经济货币化的度量指标，其含义是货币总量可以相对反映金融规模。事实上，不但一切现代金融活动的合约价值都要借助货币单位来表达，而且金融活动产生的最终

结果依然反映在 M_2 口径的具有无限法偿地位的货币量变动上。货币的数量既反映金融发展也与经济增长密切相关，而最终制约货币数量的正是货币本位制度，过去是本位货币的数量，现在则是某种控制货币数量的原则制约着表征的管理货币的数量。

金属货币的兑换责任制约银行的信用创造能力，国家间黄金流动的限制制约银行业的扩张。黄金增长的缓慢性使得整个经济的泡沫显露无遗，工业革命以来，生产技术的巨大可能与货币金融的制约构成了尖锐的矛盾。人类社会的消费规律是由俭入奢易，由奢入俭难。所有社会，不论何种文化，人们都尽力保持自己的生活水平不至于下降，进而在此基础上有所提高。为此，在人口增长的前提下，财富生产必须与人口同步增长才能保持消费水平不至于相对下降，最低限度的经济增长率就是人口增长率。Keynes（1923）认为，一个管理本位由于价格稳定或者即使通胀也会比较容易控制在温和的程度，较之容易产生通货紧缩的金本位更有利于财富生产。

二、不同本位制度下的经济增长

考虑到数据的可得性和本位制度变迁过程，本书选取 1881~2015 年作为比较的起讫时间，其中剔除了两次世界大战、布雷顿森林体系解体等非常时期（1914~1918 年、1939~1945 年、1971~1973 年），具体选择三种本位四个时期的数据。

（1）金属本位时期（1881~1913 年），西方七国（即 G7 国家）处于金币本位制度时期，而中国则处于白银核心金属本位制度时期。

（2）两次世界大战的间隔时期（1919~1938 年），这个时期整体上可归于可兑换管理本位制度。英国在 1926~1931 年为金块本位，美国从 1914~1924 年为金币本位，而其他国家选择金汇兑本位。此时中国在 1935 年法币改革前还处于白银核心本位时期，此后则实行可兑换管理本位制。

（3）布雷顿森林体系时期（1946~1970 年），这个时期整体上可归于可兑换管理本位时期。其中，1946~1958 年为不可兑换时期，各国固定汇率，但是美元还不能与黄金兑换；1959~1970 年为可兑换时期，美元可以兑换黄金。

（4）不可兑换管理本位时期（1974~2015 年），1971 年 8 月后美元不再兑换黄金，1973 年《史密森协定》终止，世界进入完全不可兑换管理本位时期。一般把这个时期的国际货币体系称为牙买加体系。

同时将中国同期可得的历史数据（不包括港澳台数据）也附在比较结果中，便于横向参考。

表 3-1 显示了 G7 国家和中国在不同货币本位制度时期人均实际产出的

增长率。

表 3-1 G7 和中国的人均实际产出年增长率

货币本位时期		美国	英国	德国	法国	日本	加拿大	意大利	总平	中国
金属本位（1881~1913 年）（人均实际 GNP）		1.8（5.1）	1.1（2.4）	1.7（2.9）	1.5（4.6）	1.4（3.8）	2.3（2.8）	1.0（4.0）	1.5（3.7）	0.10
战争间隙（1919~1938 年）（人均实际 GNP）		0.0（8.1）	1.2（4.5）	2.6（8.5）	1.3（7.2）	2.0（6.1）	0.2（8.8）	0.9（4.7）	1.2（6.8）	−0.62
布雷顿森林体系（可兑换管理本位时期）	不可兑换时期（1946~1958 年）（人均实际 GNP）	1.8（3.4）	2.1（2.2）	7.3（3.9）	4.6（2.7）	5.7（1.1）	2.4（3.3）	5.2（4.4）	4.2（3.0）	
	可兑换时期（1959~1970 年）（人均实际 GNP）	2.9（1.9）	2.3（1.4）	3.5（2.6）	3.9（1.3）	8.9（2.5）	3.5（1.7）	5.8（1.9）	4.4（1.9）	
	整个时期（1946~1970 年）（人均实际 GNP）	2.0（2.8）	2.1（1.8）	5.0（3.3）	3.9（2.1）	8.1（2.7）	2.5（2.6）	5.6（3.3）	4.2（2.7）	2.86
不可兑换管理本位时期（牙买加体系）	I 期（1974~1989 年）（人均实际 GNP）	2.1（2.7）	1.5（4.2）	2.1（1.9）	1.7（1.5）	3.5（1.1）	1.3（2.4）	2.5（2.2）	2.1（2.3）	
	I 期（1974~1989 年）（人均实际 GNI）	2.2（2.6）	2.4（3.2）	2.2（1.9）	1.9（1.9）	3.5（1.6）	1.7（2.2）	2.5（2.1）	2.3（2.2）	7.4（5.6）
	II 期（1990~1999 年）（人均实际 GNI）	2.2（1.6）	2.2（1.8）	1.0（1.1）	1.6（1.7）	1.0（1.5）	1.8（2.5）	1.6（1.2）	1.6（1.6）	9.3（3.1）
	III 期（2000~2009 年）（人均实际 GNI）	1.2（2.4）	1.3（3.4）	1.4（2.3）	0.8（1.7）	0.9（2.7）	1.3（2.2）	0.2*（2.4）	1.0（2.4）	9.8（2.1）
	IV 期（2010~2015 年）（人均实际 GNI）	1.3（0.2）	0.7（0.8）	1.3（1.8）	0.2*（0.7）	1.5（0.6）	1.2（0.5）	−1.5（1.3）	0.7（0.8）	7.0（0.8）
	前大稳健期（1974~1983 年）（人均实际 GNI）	1.7（2.8）	1.6（2.2）	2.3（2.4）	2.1（1.8）	3.2（0.9）	1.3（2.4）	2.6（2.5）	2.1（2.1）	5.7（3.2）
	大稳健期（1984~2007 年）（人均实际 GNI）	2.0（1.6）	2.4（2.4）	1.6（2.5）	1.8（1.8）	1.8（5.0）	1.7（3.9）	1.7（2.2）	1.9（2.8）	8.3（3.8）
	整个时期（1974~2015 年）（人均实际 GNI）	1.8（3.8）	2.0（5.4）	1.8（3.2）	1.5（3.9）	2.0（8.8）	1.5（3.5）	1.4（8.0）	1.7（5.2）	8.3（5.9）

*表示 0.1 水平不显著

注：表中为年人均实际 GNP（即 GNI）的自然对数对时间和常数项的回归系数的百分数，括号内为标准误。总平为七国人均实际 GNP 增长率和标准误的算术平均数

资料来源：G7 金属本位至牙买加体系 I 期（人均实际 GNP）取自 Bordo（1995），其余 1974~2015 年数据为作者根据世界银行国民账户数据库（World Bank national accouts data）中本国固定货币核算的人均国民收入（GNI per capital）①计算；中国 1881~1913 年、1919~1938 年和 1946~1970 年的数据取麦迪森（2003）第 263 页的相应时期人均 GDP 年均增长率，因时期不完全对应故仅作为参照对比之用；中国 1974~2015 年数据是根据世界银行公布的按本国固定货币计算的各年人均 GDP 计算

总体来看，G7 国家在金本位时期（1881~1913 年）的总平人均实际 GNP 增长率为 1.5%，战争间隙时期为 1.2%，布雷顿森林体系的不可兑换时期

① 国民总收入（general national income，GNI）过去称作 GNP。当地固定货币核算（in constant local currency，constant LCU），即固定某年本国货币购买力为核算单位。人口数采用年中该经济体人口总数。人均国民收入（当地固定货币）（GNI per capital）即以当地固定货币核算的原 GNP 除以年中人口总数得到的人均实际收入。

（1946~1958 年）为 4.2%，可兑换时期（1959~1970 年）为 4.4%，整个布雷顿森林体系时期为 4.2%。1959~1970 年七国中有五国的经济增长率快于1946~1958 年该体系的不可兑换时期，令人瞩目的是日本经济增长速度提高了 56%，而德国的经济增长率下降了 52%，法国的经济增长率也下降了15.2%。进入不可兑换管理本位时期，G7 各国年均增长率都降到了 3%以下，并且越来越趋向于 1%左右。完全不可兑换管理本位加上浮动汇率并没有比布雷顿森林体系时期有更好的经济增长表现。日本的平均增长速度降低了 6.1 个百分点，意大利也降低了 4.2 个百分点。

图 3-1 为 1870~2015 年美国实际 GDP（不考虑人口），将美国 1870~2015 年实际 GDP 与时间进行回归，美国实际 GDP 增长率基本可以用一个指数增长模型表示，即

$$y = 141\,821 \times e^{0.033\,8x}$$
$$R^2 = 0.992\,8$$

其中，y 为实际 GDP；x 为时间；模型的拟合优度 R^2 达到 0.992 8。这表示美国的年均增长率自 1870 年以来长期保持在 3.38%的速度上。比较图 3-1 和考虑人口因素的表 3-1 中美国的经济增长数据，可以发现，人口因素使得美国在战争间隙的人均 GNP 增速为 0，即经济增长与人口增长持平。除此以外，美国人均经济增长速度在 1.2%~2.9%，与总量增长速度的差额为人口的增长所填补。

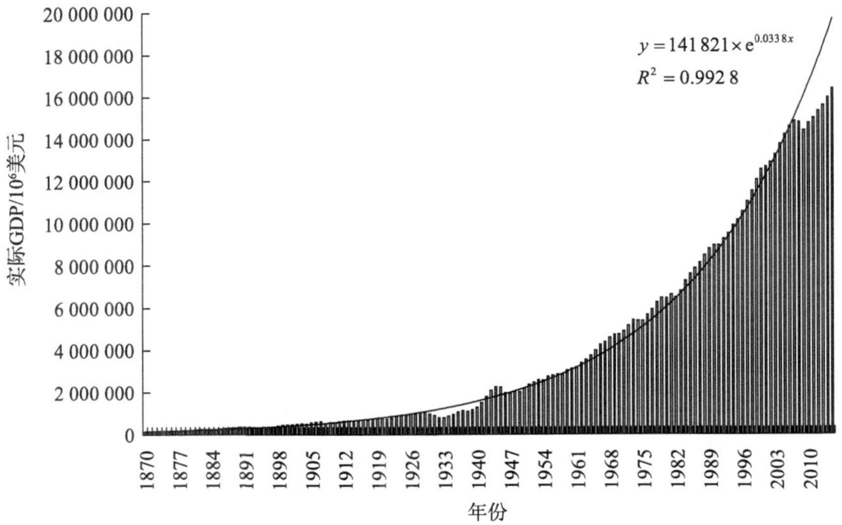

图 3-1 美国实际 GDP（1870~2015 年）

资料来源：Measuringworth.com

在图 3-1 中可以清楚地看到，第一个失速断层——实际 GDP 低于模型预

测值——出现在 1929~1940 年大萧条时期，第二个失速断层则在 2001 年以后逐步明显，从 2008 年开始出现巨大的断层，甚至超过了大萧条时期，标志着模型可能不得不重新进行重大调整，或者今后美国经济的走势难以恢复到过去的势头。

根据现有的数据分析，中国在金属本位时期、可兑换管理本位时期及不可兑换管理本位时期的人均产出增长速度与 G7 国家的经济发展轨迹有明显的差异，甚至反差巨大。在金属本位时期（1881~1913 年），G7 国家实行金本位而中国实行白银核心金属本位，中国内地的人均实际经济增长率年均 0.1%①，显著低于 G7 国家平均的 1.5%，低于同为亚洲国家的日本的 1.4%。在战争间隙（1919~1938 年），G7 国家平均保持了 1.2%的增长速度，而中国则出现负增长（−0.62%）②；整个布雷顿森林体系时期（1946~1970 年）中国明显存在其他结构性因素对经济发展的影响，如意识形态、国家政体、国际环境、人口增长等，决定了整个样本时期内无论是与其他国家的横向还是与自身的纵向都缺乏可比性，所以中国在不同本位时期经济增长的差异并不能完全直接归因于当时的货币本位制度。

在不可兑换管理本位时期（1974~2015 年），尽管中国等新兴市场国家经济总量增长迅猛，但如图 3-2 所示，世界的人均实际经济增长是总体下滑的。由于人口增长率是缓慢下降的，因此人均实际 GDP 的下滑反映了实际 GDP 增长率的绝对下降，而且是相对于下降的人口增长率来说更快的下降。根据麦迪森的数据，布雷顿森林体系时期（1951~1970 年）经济增长率稳定在 2.9%的长期均值附近，波动逐渐收敛。随着 1973 年布雷顿森林体系彻底崩溃，牙买加体系确立，根据世界银行的数据，1974~2015 年人均实际 GDP 增长率的算术平均值为 1.4%，比前一个时期降幅达 51%之多，而且波动幅度也明显增大，呈发散的不稳定状态。整个不可兑换管理本位时期的 41 年里有 4 年出现了负增长，分别为 1975 年（−1.08%）、1982 年（−1.43%）、1991 年（−0.23%）、2009 年（−2.93%）。

① 麦迪森（2003）第 210 页的表 A3-d、第 263 页表 B-22 对照表明这个年均复合增长率指中国内地，不含香港、台湾、澳门等地区。根据麦迪森的上述表格，按 1990 年国际元计算的中国内地人均实际 GDP 年均复合增长率如下：1870~1913 年为 0.1%，1913~1950 年为−0.62%，1950~1973 年为 2.86%，1973~1998 年为 5.39%。

② 对照近代历史，对此可以有很好的解释。自1840年鸦片战争以来到1938年，中国就饱受动荡和战乱之苦，包括 1883~1885 年中法战争、1894~1895 年中日甲午战争、1898 年戊戌变法失败、1900 年八国联军侵华、1915 年袁世凯复辟、1927 年国共分裂、1931 年“九一八”事变、1937 年卢沟桥事变等，人民生活在水深火热之中。

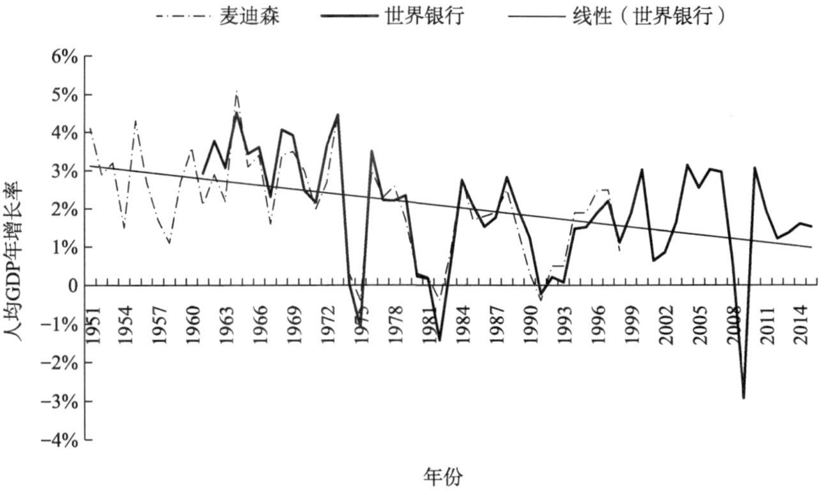

图 3-2　1951~2015 年世界人均实际 GDP 年增长率

资料来源：1951~1998 年：麦迪森（2003）；1961~2015 年：世界银行国民账户数据库

引发这些负增长的冲击是多样的。20 世纪 70 年代随着布雷顿森林体系解体，西方国家出现了不断加速的通货膨胀，如1973~1983 年消费价格指数年均复合增长率，美国为8.2%，加拿大为9.4%，英国为13.5%，法国为11.2%，日本为7.6%，意大利为 16.7%，德国为 4.9%；石油输出国组织国家的石油价格大幅提升也给各国经济带来了巨大的冲击；接着 20 世纪 80 年代初出现了拉丁美洲债务危机，重创了这些地区的经济，1980~1990 年拉丁美洲国家平均的人均GDP复合年增长率为−0.68%（麦迪森，2003）；1989~1992 年日本股票价格暴跌，出现惊人的通货紧缩，名义利率为零，日本作为当时世界上经济最有活力的经济体出现了长期的衰退；1991 年苏联解体为 15 个国家，西方学者鼓吹的休克疗法带来了巨大的混乱和痛苦，经济出现了恶性通货膨胀；1990~1994 年消费价格指数年均变化率从最低的拉脱维亚的 320.3%到俄罗斯的 927.8%再到最高的亚美尼亚的 3 529.3%不等，1994~1998 年有所好转但依然属于恶性通胀范围，以上相对应地，各个国家的消费价格指数年均变化率从11.5%到61.5%再到585%不等（麦迪森，2003）；同时经济大幅度下滑，实际收入在近十年里持续下降，如俄罗斯 1998 年的 GDP 比 1990 年减少 42%，固定资产投资 1998 年相当于 1990 年的 17.5%；2001 年网络经济泡沫开始破灭，以及“9 · 11”事件对美国经济造成下行压力，布什政府通过赤字财政和政府隐性担保的住房消费信贷阻止了经济的明显衰退，但次贷危机和美国庞大债务引发的美元危机终于在 2007~2008 年爆发，形成了2009 年继 30 年代大萧条之后最严重的世界经济衰退。2010 年至今，世界依然笼罩在欧洲债务危机、欧元危机及美国复苏乏力的阴云之中，2011 年中国在跃居世界第二大经济体之后，也从保增长转向了稳增长。

不可兑换管理本位有利于增大货币供应量，从而以低利率发放较多贷款，但贷款多不等于一定带来增长，因为可获得的生产要素限制了可完工的投资数量，如果在低利率诱导下投资于过多的项目而无法完工，反而会使经济增长低于原本可以达到的水平，造成更多的浪费、更少的增长。在不可兑换管理本位制度下，一方面，长期的通货膨胀和通货紧缩在经济衰退中扮演了相当重要的角色，说明不可兑换管理本位制度的货币高度弹性和不确定性既可能带来短期的经济高增长，也可能损害长期的经济增长，具体的金融生态环境决定了其作用的发挥和效果；另一方面，在货币幻觉越是消失得彻底的地方，如欧美发达国家，利用货币发行促进增长的效果就越差，而在亚洲新兴经济体，货币幻觉正在消失。

从 20 世纪 70 年代开始，人口增加、气候变化、能源和资源短缺、水资源不足、生态多样性退化等一系列矛盾开始转变人们的发展观念，发达资本主义国家通过产业转移造就了新兴经济体的繁荣，部分转移了国内生态危机的压力。但是这也导致西方发达国家国内失业率升高，贸易保护主义抬头。新兴经济体在获得高增长的同时也越来越意识到可持续和谐发展的重要性，世界意识形态朝向注重长远的转变已经开始制约不可兑换管理本位制度所支持的短期扩张性宏观经济政策工具的运用，不可兑换管理本位制度自身也面临越来越多的质疑。

第二节　就　　业

凯恩斯设计管理货币本位制度的本意也是方便国家调控经济、促进就业、缓和社会阶级矛盾、挽救资本主义。衡量就业的指标有两种，一是就业人数占人口的比例，二是失业率，即有工作意愿而没有工作岗位的劳动力占有工作意愿的总劳动力的比率。前者是一个非常直观的绝对指标，而后者则因为存在就业意愿这个主观因素，排除了人口中有工作能力但无工作意愿的那部分人。而就业意愿是一个随时变化的标准，当经济景气上升时，有就业意愿人口也随之上升，失业率反而会扩大；当经济景气下降时，人们长期找不到工作于是干脆放弃了希望，不再提交求职申请，变成无就业意愿的人口，使得剔除了这部分人的失业率看起来并没有上升太多。随着萧条时间的延长，有工作意愿但失业的人增多，这种失业率与就业人口比率的动态非一致性会越来越大。根据美国劳工统计局的数据，2008 年美国劳动力占人口 66%，而 2010 年这一比例下降至 64.7%，实际就业人数比 2008 年减少了 630 万，其间总人口增长了 400 多万，而劳动力人口反而减少近 40 万，主要原因是就业意愿下降。2008 年美国官方统计失业率 5.8%，而 2010 年为 9.6%，如果劳动力人口不被“意愿减少”，即使按 2008 年劳动力估计 2010 年的失业率也应为 9.9%。因此，就业情况的衡量要把就业人口比率和失业率结合起来。

一、失业率

首先比较七个国家各个本位时期的失业率，笔者根据相关统计资料进行了整理推算，结果见表 3-2。从失业情况看，金本位时期 1913 年的失业率数据，美英法德四国平均为 3.5%，战争间隙英美德三国平均为 10.6%，布雷顿森林体系时期七国平均为 3.4%，不可兑换管理本位时期早期则按 1974~1998 年三个子时期平均失业率加权计算，为 7.1%左右。实际上受全球化影响，欧洲工业国的失业率在近 10 年也是居高不下。

表 3-2　西方七国不同本位时期的失业率

时期	年份	美国	英国	法国	德国	意大利	加拿大	日本	总平
金本位	1913~1937 年	4.3	2.1	4.7	2.9				3.5
战争间隙	1919~1938 年	9.1	11.7		10.9				10.6
布雷顿森林体系	1950~1973 年	4.6	2.8	2.0	2.5	5.5	4.7	1.6	3.4
不可兑换管理本位时期早期	1974~1998 年	6.7	8.2	8.6	5.9	8.9	9.0	2.4	7.1
不可兑换管理本位时期	1974~2015 年	6.5	7.3	8.9	7.5	9.2	8.2	3.3	7.3

资料来源：1913~1937 年，宫崎犀一等（1990），只有 1913 年、1919 年、1925 年、1929 年、1933 年、1937 年部分国家数据；1919~1938 年数据系笔者按插值法估算各国各年度失业率再算术平均。1950~1973 年、1974~1998 年时段：麦迪森（2003）①；1974~1998 年数据是采用三个子段均值对应年数加权平均计算。1974~2015 年数据为作者根据世界银行数据库各国年度失业率计算的算术平均数；总平数据系作者计算的七国算术平均值（1913 年为四国，1919~1938 年为三国）

表 3-2 的原始数据显示，金本位时期各国的失业率维持在较低的水平，平均在 3.5%，美国、法国略高。战争间隙时期如果以 1929 年大危机爆发为界，则 1919~1928 年的失业率总体较低并温和上升，除美国的失业率低于金本位时期，其他国家比 1913 年都有所上升，1925 年英国失业率达 11.2%，比 1919 年的 2.4%上升 8.8 个百分点，而德国失业率为 6.7%，也比 1919 年的 3.7%上升 3 个百分点，均大大高于战前。大萧条时期 1929~1933 年各国失业率都急剧上升，达到 2 位数的百分数，到 1933 年最为严重，其中美国为 24.9%，英国为 21.3%，德国为 26.3%。整个战争间隙各国的平均失业率为三个时期最高，总平达到 10.6%。布

① 麦迪森（2003）提供的失业数据是 1950~1998 年四个时期（1950~1973 年、1974~1983 年、1984~1993 年、1994~1998 年）平均数，因 1973 年分期与本书中货币本位制度分期比较接近，以 1983 年作为一个分段点也符合“大稳健”的开始时间（1984~2007 年）。

雷顿森林体系时期，各国失业率与金本位时期基本相当，法国和德国略低于金本位时期，英美则略高于金本位时期，七国总平失业率为3.4%。

不可兑换管理本位时期亦即牙买加体系时期，截至2015年的各国失业率均大大高于布雷顿森林体系时期，总平失业率为7.3%，比上一时期上升114.7%。除了美国的失业率和日本的失业率低于总平外，其他五个国家的失业率都在7.3%及以上。

世界银行数据库的资料显示，牙买加体系下美国的失业率几经波折，1975年美国的失业率从上年的5.6%猛增到8.5%，到1982年上升到9.7%，此后除了1992年又反弹至7.5%外基本呈下降趋势，至2000年达到最低点的4%。2000年以后，美国失业率徘徊在4%~6%，直到2009年暴增到9.3%，2010年美国经济复苏，失业率反而又进一步升到9.6%。美国在1974~2015年的失业率平均为6.5%，高于其在布雷顿森林体系时期的4.6%，以及金本位时期1913年的4.3%。总体来看，不可兑换管理本位时期各国的失业率均高于1913年和布雷顿森林体系时期，但低于战争间隙时期。

二、就业人口比

由于失业率包含就业意愿因素，与经济周期波动有较大关系，因此还有必要观察就业人口占总人口比率这个指标。表3-3反映了1870~2015年G7国家就业人口占总人口的比率。在金属本位时期，按1870~1913年的平均值来看，日本、意大利、法国保持了较高的就业人口比率，平均达到52.0%、48.4%和46.5%，美国和加拿大比率都低于40%。在布雷顿森林体系时期，以1950~1973年的均值衡量，法国、德国、意大利和日本四国人口就业比相对金本位时期出现了下降，降幅依次为2.4个、0.4个、7.6个和6.4个百分点，而美国、英国和加拿大就业人口比上升，升幅依次为2.6个、2.0个和2.0个百分点。而且，这三个国家是唯一一直保持就业人口比升势到牙买加体系时期的，以整个牙买加体系时期年度算术均值来看，这三国的就业人口比又依次上升了5.5个、1.2个和9.7个百分点。广阔国土提供的资源和稳定增长的人口似乎为美国和加拿大的优势提供了一个自然的解释。牙买加体系时期保持上升的有5个国家，法国和意大利则出现了5.5个和3.3个百分点的显著下降。

表3-3 1870~2015年G7国家就业人口占总人口比率

时期	美国	英国	法国	德国	意大利	加拿大	日本	总平
金属本位时期（1870~1913年）	38.2%	42.6%	46.5%	43.9%	48.4%	35.9%	52.0%	43.9%
布雷顿森林体系时期（1950~1973年）	40.8%	44.6%	44.1%	43.5%	40.8%	37.9%	45.6%	42.5%

续表

时期	美国	英国	法国	德国	意大利	加拿大	日本	总平
牙买加体系时期之20世纪90年代（1990~1998年）	48.8%	46.3%	39.3%	45.2%	43.8%	44.7%	51.1%	45.6%
牙买加体系时期（1980~2015年）	46.3%	45.8%	39.6%	45.3%	37.5%	47.6%	49.9%	44.6%

资料来源：各时期数据为作者计算的算术均值和总平。1870~1998年三个时期根据麦迪森（2003），对应首尾年份1870年、1913年、1950年、1973年、1990年、1998年的数据进行简单算术平均，1980~2015年数据根据IMF世界经济展望数据库就业人口和总人口数据计算比率后算术平均求得

法国和意大利也是自金本位以来就业人口比趋于下降的国家，牙买加体系时期（1980~2015年）其就业人口比都降到40%以下，分别为39.6%和37.5%。反观法国的失业率在1913年金本位时期为4.7%，而布雷顿森林时期随着就业人口比下降2.4个百分点，失业率也降低了2.7个百分点，为2%，待业人口的绝对增加没有伴随失业率增加。但牙买加体系时期当就业人口比继续降低4.5个百分点时，失业率却反而升高6.9个百分点达8.9%，这表明，就业人口比所反映的绝对待业人口增加与失业率增加开始趋于一致。同样的，牙买加体系时期意大利就业人口比降低到位居七国之末的37.5%，与其失业率升高至9.2%位居七国之首具有一致性。

受到2008年次贷危机和2010年以来欧元区债务危机的影响，欧美国家的就业人口比都出现了下降。根据美国劳工统计局公布的就业人口可计算出2010年美国就业人口比为44.8%，比20世纪90年代的48.8%降低了4个百分点。绝对待业人口的持续增加最终反映了当年官方失业率比20世纪90年代的5.3%升高了4.3个百分点，达到9.6%，成为整个牙买加体系时期的一个高峰，能够与之相提并论的只有1982年和1983年，失业率分别达到9.7%和9.6%。

除了法国和意大利，其他国家的现实似乎存在着“高就业人口比与高失业率并存”的悖论，给政策制定带来困扰。理论上，就业人口比与失业率应呈反向关系，就业人口比越高，失业率应该越低，但是从表3-2和表3-3的数据来看，不考虑战争间隙时期（无对应数据），仅从金本位时期、布雷顿森林体系时期和牙买加体系时期三个时期看，有四个国家的就业比和失业率具有正相关性，总平数据也是如此，即就业人口比越高，失业率也越高。

失业率和就业人口比之间的关系，可以这样阐释：总人口（P）中有一部分人是老人、孩子和成年的伤残病人，他们是无劳动能力者（D），其他则属于具有劳动能力者（$P-D$），这部分有劳动能力者中一部分有工作意愿，并在统计时间范围内有求职行为，被称为劳动力（L），还有一部分有能力但无工作意愿，即这部分人在统计时间范围内没有就业也未发生任何求职行为。统计上视这部分未就业也不找工作的有劳动能力者为意愿失业人口（$W=P-D-L$）。在劳动力（L）中，一部分有就业岗位的人称为就业人口（E），而未就业者称为失业人口（U）。如果定义劳动力（L）占有能力工作人口（$P-D$）的比率为意愿就业率

R_w，通常小于等于 1，定义人口（P）中有劳动能力的人口（$P-D$）的占比为 R_a。就业人口比（R_e）为就业人口（E）占总人口（P）的比率，失业率（R_u）为失业人口（U）占劳动力（L）的比率。则有以下关系

$$R_e=\frac{E}{P}=\frac{L-U}{P}=\frac{L\bullet\left(1-\frac{U}{L}\right)}{P}=R_w\bullet\left(1-\frac{D}{P}\right)\bullet\left(1-\frac{U}{L}\right)$$

即

$$R_e=R_a\bullet R_w\bullet(1-R_u) \tag{3-1}$$

或者等价地有

$$R_u=1-\frac{R_e}{R_a\bullet R_w} \tag{3-2}$$

这说明就业人口比 R_e 受到人口中有劳动能力人口比率 R_a 、有劳动能力人口的意愿就业比率 R_w ，以及这些劳动力的失业率 R_u 的共同影响。其中，从式（3-1）不难看出，R_a 和 R_w 与就业人口比 R_e 呈正相关关系，失业率 R_u 与就业人口比 R_e 呈负相关关系；式（3-2）则表明，R_u 与 R_a 、R_w 呈正相关关系，而与 R_e 呈负相关关系。法、意两国的 R_e 和 R_u 就符合这种负相关关系，其失业率长期高企，即使有劳动能力人口比率 R_a 和意愿就业比率 R_w 不变或者变化较小，总的就业人口比 R_e 也会相应下降。但是，英、美、德、日的情况却不同，呈现 R_e 和 R_u 双高。这就必须要考虑 R_a 和 R_w 的变动情况，分别讨论。当劳动力的失业率 R_u 上升时，如果出现就业人口比 R_e 的上升，则意味着人口中有就业能力和意愿的人口的比率上升的共同影响大于失业率增加的影响。反之，如果出现 R_u 和 R_e 同时下降，则意味着人口中有就业能力和意愿的人口比率下降程度比失业率下降得更快。一般而言，在高福利保障下，有就业意愿人口比率 R_w 增长乏力甚至降低，加上人口结构老龄化导致有劳动能力人口比率 R_a 下降，使得就业人口比 R_e 有制度和自然因素驱动的下降倾向，而经济危机导致的长期萧条，会进一步挫伤到人们的就业意愿，加剧就业人口比的下降。而英、美、德、日等国家的数据则显示，它们较好地维持了就业人口比的相对稳定，没有让危机造成的高失业影响过度蔓延，可能的解释就是在人口结构或就业意愿方面有显著的改善。

凯恩斯推崇管理货币本位制度，旨在用利率引导投资，不惜温和通货膨胀从而刺激财富生产、促进就业，他所认为的充分就业应该是“人尽其才、物尽其用”，没有考虑意愿问题。因此就业人口比能比较好地反映凯恩斯所指的就业情况。从就业人口比来看，牙买加体系时期高于布雷顿森林体系时期，也高于金本位时期，后两者的就业人口比比较接近，金本位时期略高于布雷顿森林体系时期。这似乎也印证了弗里德曼的观点，一个纯粹的金本位或者一个纯粹

的管理本位要优于一个商品储备本位，即可兑换管理本位。现有数据显示，从满足人口增长对就业岗位的需求来看，不可兑换管理本位在总体上比可兑换管理本位和金属本位优越，虽然存在个别国家不尽如人意的情况。从满足有就业能力人口的就业意愿（即失业率）来看，不可兑换管理本位总体上还不如金本位时期，也不如布雷顿森林体系时期。

实际上，自 1973 年以来，失业成为困扰许多国家的最大的社会问题。当政府一味致力于提高竞争力或者效率时，劳动岗位就会被消失（里斯本小组，2000）。现代大规模生产方式是通过高度机械化自动控制来减少工人、节约劳动。只要有充足的资源和能量，科技进步和经济增长可以在不增加就业的情况下实现。由于在就业统计中已经排除了自愿放弃寻找工作机会的失业者，失业人数减少，总人口中的自愿不工作的劳动力不断增多，这种现象部分地得益于西方的高福利体制，使得"放弃工作而生活"成为可能。问题是这种高福利制度需要政府加大转移支付力度，不断提高政府支出占国民收入的比重，政府如果不依靠增加税负，则只有通过增发国债为高额赤字融资，通过通货膨胀收取隐性税收并减轻政府的债务负担，因而高失业率的长期存在对不可兑换管理本位制度具有高度的依赖，一旦发生债务不能履行的危机，必然打击福利体系，就业压力将有猛烈爆发之势。

第三节　收入分配不平等

一、货币本位与收入分配的关系

货币本位制度在价格稳定的情况下不影响财富的分配，即使货币单位和含金量一次性调整，只要是对所有人同时调整，就不会改变财富分配的占比。实际上，价格的不稳定性对人们的影响程度是有差异的，有研究认为这取决于人们的货币幻觉（monetary illusion）——人们只是对货币的名义价值做出反应，而忽视其实际购买力变化的一种心理错觉效应——的程度，不同程度的货币幻觉下，人们对价格冲击的反应也就不同，最终影响到财富存量在居民中的再分配。尽管收入分配受到个人主观因素的影响，特别是突然的短期冲击，但货币本位制度带来的长期影响则具有普遍性。不同本位制度有不同的价格变动趋势，金属本位下容易出现通货紧缩，不可兑换管理本位下容易出现通货膨胀，可兑换管理本位下的价格水平比金属本位略有抬升，在新的平台上保持相对的稳定。正是不同本位决定的不同价格行为造成了不同的长期分配效应。

（一）通货紧缩的分配效应

在金本位时期，通胀率几乎为零，或者有轻微的通缩倾向，因此长期价格稳定，今天的 1 美元金币可以在 50 年后具有同样的甚至更高的购买力。这对于以货币形式持有财富来说是十分有利的。积累储蓄不会致贫而会致富。物价稳定不变则财富占有没有改变。如果发生通货紧缩则有利于持有货币的储蓄者，也有利于已经放款的贷款人——试想，过去发放的 100 美元金币如果仅考虑本金已经相当于现在 105 美元购买力，何况还有利息收入，其实际购买力也超过了面值。这将鼓励储蓄和放款行为。但是对于生产者，因为价格的下跌意味着生产成品销售利润下降，影响生产者的再生产积极性。如果他首先保证个人消费水平不变，则生产资金将会减少，产量将减少，社会财富生产会因此受到抑制。同时，工人没有多少储蓄可以实现增加的购买力，由于再生产的规模缩小，就业机会减少，工人可能面临降低工资甚至失业。凯恩斯曾指出，通货紧缩对储蓄者和食利者都有好处，对未来的财富生产也有好处，但是对现在的财富生产和就业十分不利，而凯恩斯主义的重点是近期而不是遥远的未来 ，即今人所谓“活在当下”，所以他反对通货紧缩。

实际上，短期的通货紧缩，对储蓄者和投资者的好处没有想象的那么大，对生产者的影响也并不严重，如果他已经习惯货币本位制度的特点，如金本位，那么他就知道价格很快会恢复到正常的水平。长期的通货紧缩的确会影响到财富的生产，并引发失业。这个问题可能会发生在金本位等 100%银行券准备制的金属货币制度下，但对于管理本位则完全可以防止长期通货紧缩的发生。

（二）通货膨胀的分配效应

如果发生温和的通货膨胀，商品和生产资料价格上涨，则储蓄者的货币资产将贬值（他的其他资产则可能升值）；贷款者收回本息的价值在购买力上已经小于面值。这将打击储蓄行为，减少新的投资，资本积累减少，在人口增加的情况下，未来的财富生产能力将赶不上人口增长率，社会走向贫困化。价格上涨将刺激生产者扩大生产，导致就业增加，劳工阶层收入增加；同时本期购进原材料价格上涨可以迅速在生产成品销售价格上涨中弥补回来，从而对生产者利益没有太大影响；而工薪阶层由于工资调整往往落后于物价上涨，将遭受一定的损失。但是由于劳动力需求增加会减少失业，增加收入，只要不是恶性通胀，劳工阶层在短期内是有一定好处的。在凯恩斯看来，温和的通货膨胀有利于现期的财富生产和就业，尽管对储蓄和未来的财富生产弊大于利，他还是倾向于用温和通胀来刺激经济复苏。

虽然温和通胀短期内可以暂时刺激产出和增加就业，但是随着工资上涨、利率上调、成本提高，未来的物价会下跌，失业率依然会回到自然失业率水平，通胀的货币政策只有短期效应，并且依赖不断增加货币供应来维持价格水平。

二、主要国家的收入不平等状况

长期以来，主流经济学忽视收入分配不平等问题，部分是由于库兹涅兹关于经济增长与收入不平等关系呈钟形曲线变化的乐观理论——库兹涅兹曲线理论。根据这个理论，随着经济增长，收入不平等增长到钟形曲线顶点后就会向下，这意味着收入不平等问题可以自然得到解决。但是，现实显然没有那么乐观。收入可以划分为劳动收入、资本收入和混合收入三类。劳动收入包括工资、奖金、养老金，资本收入包括股息、利息、租金，混合收入指个体经营者所得。“美国和法国乃至欧洲一样，无论过去还是现在，资本收入总是随着收入阶层的提升而变得越来越重要。”（皮凯蒂，2014）

如图 3-3 所示，按照皮凯蒂（2014）的分析，在第一次世界大战前，英、法、德三国前 10%人群的收入在国民收入中的比重为 45%~50%，美国略高于 40%。到第二次世界大战结束时，美国的收入不平等程度超过了英、法、德三国。实际上，受到 1914~1945 年冲击的影响，欧洲和美国的前 10%人群的收入占国民收入比重均出现下降，但欧洲受到战争的打击更大，下降更快。1950~1970 年，这一比率非常稳定，大都在 30%~35%。1970 年后，四国的情况出现明显分化，到 2000~2010 年，美国已经上升到 45%~50%，与英国 1900~1910 年的水平相当；而英国则上升到 40%以上，相当于美国 1900~1910 年的水平；德国略高于 35%，法国则依然徘徊在原来布雷顿森林体系时期的水平。

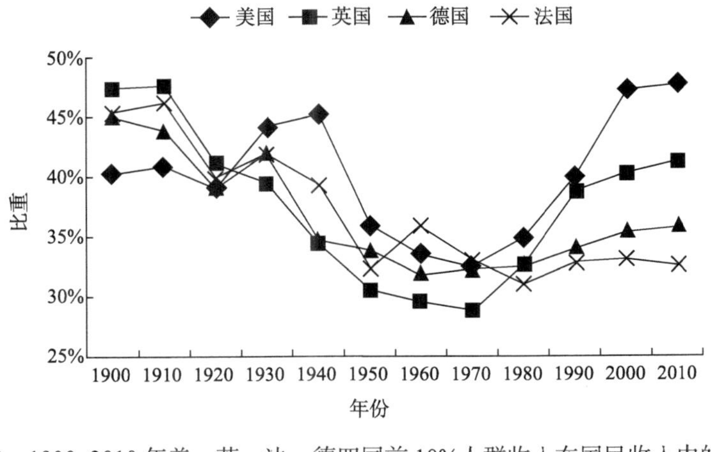

图 3-3　1900~2010 年美、英、法、德四国前 10%人群收入在国民收入中的比重

资料来源：皮凯蒂（2014）

实际上，近几十年来发达国家和新兴经济体国家的不平等现象都愈演愈烈。美国人口普查局的统计分析显示，以基尼系数[①]衡量美国居民收入分配不平等性，已经从 1968 年的 0.386 的低位升高到 2015 年的 0.482。具体如图 3-4 所示，美国的基尼系数 1967~1973 年平均为 0.395，1974~1989 年平均为 0.411，而 20 世纪 90 年代迅速跃入 0.448 的均值，进入 21 世纪后，平均达到 0.470 的高位。而据中国国家统计局发布的数据，2003~2015 年，中国的基尼系数在 0.462~0.491，平均达到 0.479。尽管 2008 年以后中国的基尼系数出现降低的趋势，但相对而言，中国的收入差距也是很大的。

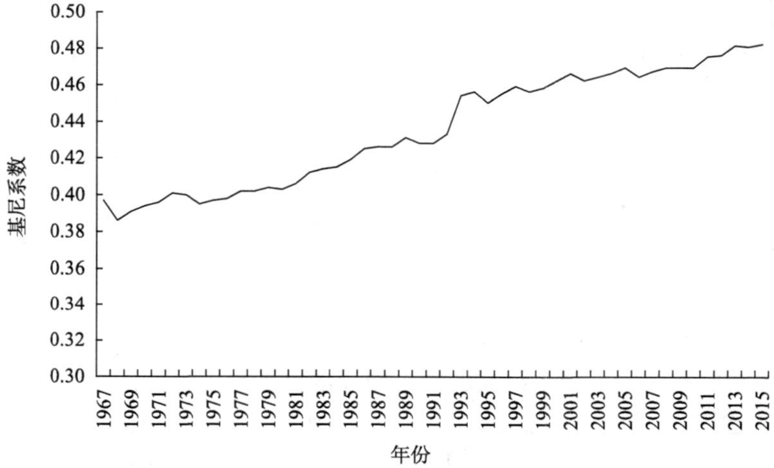

图 3-4　美国基尼系数（1967~2015 年）

资料来源：美国人口普查局

美国在不可兑换管理本位早期经历的恶性通胀和此后长期的通胀趋势使得储蓄和以利润为动机的信贷行为受到打击。一方面，个人储蓄率——个人可支配收入中未用于消费支出的部分占可支配收入的比率——持续下降，尽管消费水平是总体增长的。如图 3-5 所示，1946 年到 20 世纪 70 年代初，美国个人储蓄率水平较高，且有上升趋势，然而这个趋势在 1974 年后明显逆转为一个下降趋势，在经历了 2007~2009 年的次贷危机后，美国个人储蓄率的 10 期移动平均趋势线有所回升，但依然处在较低的水平。从数值来看，1946~1973 年美国的个人储蓄率平均为 10.8%，1974~2015 年则降为平均 7.3%，美国的个人储蓄率

① 基尼系数（Gini coefficient）是意大利经济学家基尼（Corrado Gini）于 1922 年提出的定量测定收入分配差异程度的相对指标，表示在全部居民收入中用于进行不平均分配的那部分收入占总收入的比值。基尼系数介于 0~1，数值越低，表明财富在社会成员之间的分配越均匀。按照联合国有关组织规定，基尼系数低于 0.2 表示收入绝对平均；0.2~0.3 表示比较平均；0.3~0.4 表示相对合理；0.4~0.5 表示收入差距较大；0.5 以上表示收入差距悬殊。

从 1975 年的 13%的高点开始不断下跌，最低到 2005 年的 2.6%。需要注意的是，美国经济分析局定义的储蓄包含了雇主和雇员向养老金账户缴纳的款项，这部分账户的资金退休之前不能用于消费支出。

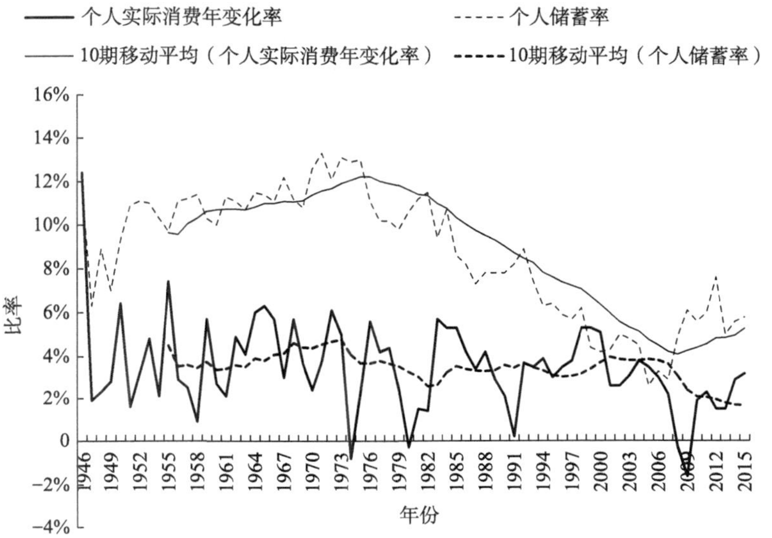

图 3-5　美国个人实际消费年变化率和个人储蓄率（1946~2015 年）

资料来源：美国经济分析局

另一方面，从图 3-5 中可以看到，美国个人实际消费比上年变化的百分比的走势也以 1970 年中期和次贷危机为分水岭。1946~1973 年，个人实际消费增速呈现逐年上升的势头；此后直到次贷危机前，则存在一个回归均值趋势的波动；而在次贷危机后，10 期移动平均趋势线明显掉头向下了。从数值来看，1946~1973 年，美国个人实际消费水平每年都有增长，环比年增长率的算术均值为4.2%，即平均每年比上年实际消费支出增长4.2%；而1974~2015年这一均值为 2.9%，并出现了几次负增长，分别为 1974 年的−0.8%、1980 年的−0.3%、2008 年的−0.3%和 2009 年的−1.6%。

美国个人实际消费的变动相对于个人储蓄率的变动幅度较为平缓。根据 Brown（2008）的研究，美国在收入不平等不断加剧的情况下却能维持消费的长期增长，主要得益于消费信用的扩张。美国民众普遍相信，借债消费是明智之举，这是通胀预期下的理性选择，并日积月累成为国民的习惯。作为金融最发达的国家，美国的消费信贷弥补了收入差距，扩大了对消费的影响，使得美国的个人消费水平依然能够增长，但支撑消费增长的不是真实的收入，而是家庭和个人的债务累积。次级贷款、掠食性贷款等以费用为目的的贷款行为高度发展，并且通过衍生金融市场的放大效应，达到破坏整个金融稳定和社会稳定的程度。

戴利（Daly，2007）认为，金融发展对财富和收入分配的影响是多方面的。发达国家的收入不平等没有出现财富效应使人们多消费；金融泡沫和金融危机的效应是使生产者财富转移到金融利益集团。收入分配不公对生态有负面影响，因为穷人更加依赖自然谋生。福斯特（Foster，2016b）认为，金融危机使得垄断金融资本的财富和权力更加集中，而工人失业、工资下降、收入状况更加恶化。许尔斯曼（2011）认为，世界上所有国家现今的货币生产皆由政府干预控制。具体来说，各国政府设立了中央银行并赋予它们法律特权，使它们免受竞争。各国的中央银行因此能够以纸币和账面记录的形式生产非实质性（immaterial）的法定货币，以及在没有任何技术或商业限制的条件下向政府及其他方发放贷款。法定货币制度从总体上没有增加利益。增加货币的供应量不会使整个国家受益。更确切地说，它只能惠及人群中的一小部分人，却同时要减损其他部分人的利益。

理论上，如果货币信用扩张、金融深化仅仅有利于社会某些特殊阶层，则会增进这些特殊阶层的福利，而牺牲了其他阶层的利益，带来收入不平等的加剧；反之，如果金融发展让更多普通民众获得融资渠道，使他们通过投资进入高收入的现代部门，则有利于收入不平等差距的缩小。由于存在财富门槛效应，在金融发展初期往往是高收入和掌握金融知识的精英率先获得融资便利，这就加剧了社会的不平等状况。张立军（2007）认为，1978~2004 年我国金融发展扩大了城乡收入差距，这是因为现阶段金融发展的门槛效应和非均衡效应起主要作用，而金融发展降低贫困的效应还处于次要地位。迄今为止，乐观理论所预言的金融发展与收入不平等的库兹涅兹曲线关系——先是穷者愈穷、富者愈富，收入差距扩大，接着等到穷人跨越了财富门槛阶段就出现收入差距缩小——尚未出现。

本章小结

不同货币本位制度对货币金融的扩张取向有不同的约束。金属本位和可兑换管理本位加诸于金融机构的可兑换刚性要求制约了货币金融的可扩张程度，而在不可兑换管理本位下这种市场性分散制约被集中性监管所取代。而金融自由化、监管俘获、金融创新等使得监管制约呈不断弱化趋势，以至于 20 世纪 80 年代以来的货币金融全球扩张呈现爆炸性势头。

货币金融扩张对产出的影响是复杂的。尽管货币与金融在不可兑换管理本位下获得了快速持续的扩张，现实表明其对实体经济增长的促进作用是有条件的，可能会随时间衰减甚至发生滞胀，如我国改革开放以来出现的广义货币 M_2 与 GDP 之比不断提高、20 世纪 70 年代欧美发生的滞胀等；还可能引起金融泡沫和危机，削弱实体经济，如低利率环境下金融衍生交易过度膨胀导致金融泡沫全球泛滥，2007 年次贷危机引发了本轮世界性金融危机，主要国家实体经济均先后受到波及，出现负增长或增长放缓。

从绩效比较的情况来看，金本位制度下的产出增长慢而稳定，战争间隙产出增长慢而不稳定；布雷顿森林体系下产出增长快而稳定；不可兑换管理本位下则逐渐放缓，不稳定。从不完全的统计数据看，失业率最高的还是战争间隙期，其次就是不可兑换管理本位时期。收入分配上，以收入前 10%人群占国民收入的比重衡量，金本位时期和不可兑换管理本位时期总体高于战争间隙和布雷顿森林体系时期，且不可兑换管理本位时期各国指标的表现明显分化。从基尼系数看，美国和中国在不可兑换管理本位下的收入不平等且不断上升。大多数人收入相对下降是一个经济体内的相对运动趋势，从而形成基尼系数上升的结果，门槛不断降低的消费信贷则在一定程度上弥补了民众消费需求不足问题，维持了货币循环，同时民众的债务负担日益沉重。

管理货币在货币体系中的地位不断上升，适应了大规模高效率生产、流通和快速消费的需要。20 世纪 70 年代管理货币挣脱了黄金本位的枷锁，进入不可兑换管理本位，金融市场进入膨胀和繁荣期，经济更加金融化，金融日益全球化，大量的不可兑现储备货币充斥国际金融市场。货币制度制约金融和经济，反过来，经济和金融的发展又推动货币本位制度的变迁。

第四章　货币本位制度的激励分析

激励分析将制度看成是一种影响未来行为的激励系统，分析经济主体的预期行为有助于找出不同制度对人的行为的不同影响，从而为制度变革指明方向。最早提出“数理制度经济学”的舒贝克（2006）认为，金融制度体系（institutions of the financial system）是将社会政治的需要贯穿于经济的中枢网络系统。货币和金融机构是将经济和政治制度、社会联系在一起的各种机制。货币金融体系作为激励系统无时无刻不在影响着社会经济的方方面面。在第二章货币本位制度成本中已经分析了不同货币本位下币值稳定性的变化情况，包括通胀率的有无和汇率的稳定性。在第三章比较了不同本位下的宏观经济绩效，包括人均产出增长率、就业和收入不平等。这些都是从事后的角度来讨论货币本位制度对经济社会的不同影响。人都是有主观能动性的，通过反复的实践和学习，有意识地修正自己的行为，从而最大化自己的价值目标。因此，本章着眼于不同本位制度下经济主体预期和行为的适应性改变来分析货币本位制度内涵的不同激励机制及其影响。首先是通过理论回顾和实证揭示了不同本位制度改变人们对物价变动的预期，在此基础上分析了不同本位制度对利率期限结构和利率水平的影响，表明不可兑换管理本位制度极大地刺激了以人性不耐为特征的短期行为，对社会经济生态的可持续发展具有不利影响。

第一节　货币本位变迁与物价利率关系

一、费雪效应

早在1896年，美国经济学家Fisher就提出利率应当会与价格的变化率相联系，而不是与价格的水平相联系。在一个功能良好的资本市场，人们具有充分的预见能力，一期名义利率是均衡的实际回报率与完全预期到的通胀率之和

（Fisher，1896）。在假定实际回报率不变的条件下，名义利率对预期的未来通货膨胀进行一对一调整，这就是费雪效应，用数学语言描述就是

$$i_t = r_{t+1}^{e} + \pi_{t+1}^{e} \tag{4-1}$$

其中，i 为在 t 期起息并于 t+1 期到期的名义利率；r 为预期的 t+1 期实际利率；π^{e} 为预期的 t+1 期的通胀率。例如，2000 年底的一年期利率在当年起息，于次年 2001 年底到期，借贷双方在制定利率时应充分考虑这段时间内的通货膨胀，在预期实际利率不变的条件下，根据通胀率对名义利率进行一对一调整。

费雪效应提出后，人们对利率与通胀率的关系做了大量实证研究，普遍的结果是，一个时点上观察到的利率与其间观察到的通胀率之间没有关系。费雪自己所做的实证检验范围最早可追溯到 1820 年，最晚截至 1927 年。虽然通过分布滞后模型可以得到名义利率对预期通胀一对一调整的结果，但是预期形成滞后期很长，有的可达 30 年。费雪把这种迟缓归结为货币幻觉和预见力不足。然而不少学者对费雪关于实证结果的解释都提出了质疑，如 Sargent（1973）、Shiller 和 Siegel（1977）等。

二、吉布森悖论

1923 年，英国经济学家 Gibson 从统计上证实了利率和物价水平同向运动（Gibson，1923）。Keynes 将其称为“吉布森悖论”（Gibson paradox）[①]，因为它反映了经典理论与现实的矛盾，并认为这是在数量经济学领域最完全确立的经验事实之一（Keynes，1930）。吉布森悖论用数学语言描述就是

$$P_t = \alpha_G i_t + \varepsilon_t \tag{4-2}$$

其中，P_t 为 t 期的物价水平；i_t 为 t 期的利率水平；α_G 为利率 i_t 的吉布森系数；ε_t 为 t 期随机冲击。

人们对第一次世界大战以前的物价和利率做了大量实证研究，得出的普遍结论是没有费雪效应，却有吉布森悖论，早期对吉布森悖论有影响力的解释分别是费雪的货币解说和凯恩斯的实际解说。

（一）货币解说

Fisher（1930）试图将物价利率的同期相关纳入其理论范畴，提出了对吉布森悖论的货币角度的解释。他认为这反映了通胀预期对实际价格变化的缓慢

---

① 在此后的研究文献中，“吉布森悖论”是最常用的称谓，同时这个现象也被有的文献称为“吉布森现象”（Gibson phenomenon）或者“吉布森相关”（Gibson correlation）等。

调整。通胀预期是由过去通胀的一个长分布滞后形成的。借贷双方试图在他们愿意接受或支付的利率方面考虑价格的运动。这种效应存在很多阻碍而且变化缓慢。参与者利用这种缓慢或滞后使他们的预期符合实际。这导致利率随着价格水平变化而不随价格变化率而变化，名义利率会在价格上涨的时期比较高，在价格下跌时期比较低。Fisher 认为物价和利率的共时正相关关系可能不过是他的基本假说的一个意外结果。但是这种分布滞后说与吉布森悖论时期通胀表现为随机性过程不相容（Sargent，1973）；吉布森时期的名义利率变动与其说是因为通货膨胀，不如说是因为实际利率的变动（Shiller and Siegel，1977）。实证结果表明，如果这个解释成立，人们的缓慢调整可以长达 10~30 年，这是难以接受的；对英、美最典型吉布森悖论时期（1880~1914 年）的物价利率关系研究的结果，虽然无法排除，但也绝不支持费雪假说（Friedman and Schwartz，1982）。

（二）实际解说

Keynes（1930）扩展了 Wicksell（1907）的观点，提出了对吉布森悖论的实际角度的解释，认为吉布森悖论反映了商业银行对自然利率变动的滞后反应。这种解释认为，资本生产率的提高，会相应提高自然利率并增加信用需求；银行提供贷款需要创造货币，这使得银行的负债准备比上升，因而只有逐步提高其贷款利率；市场利率对贷款需求的反应是微小而且滞后的；而货币扩张带来价格上涨，银行对此的反应是减缓利率上升，但利率多少还是会上升一些，于是价格和利率同时上升。但是这个假说也没有获得实证的支持。Cagan（1965）认为，如果 Wicksell-Keynes 假说成立，则货币供给的增大独立于高能货币的供给增大，那么就隐含了货币乘数与物价水平的正相关关系，但是实证表明这个关系并不存在。他详细考察了美国的情况，认为对价格和货币变动最具支配性作用的是货币黄金（高能货币）的存量。

三、物价利率关系的转折下产生的货币本位说

对事物的认识常常是“不识庐山真面目，只缘身在此山中”。在一份研究报告中，Friedman 和 Schwartz（1974）指出，“吉布森悖论”正渐行渐远，而冷落多时的费雪效应则变得越来越明显。事实上，1965 年以前美国商业票据利率与价格变化的关系几乎可以忽略不计，然而到了 20 世纪 70 年代，两者的关系变得十分密切，即通胀和利率的同期相关性不断增强。市场送走了吉布森悖论，迎来了迟到的费雪效应，由此产生了物价利率关系的货币本位说。

货币本位说认为，货币本位制度变迁改变了货币、物价和利率波动的冲击来源，以及预测价格变动的信息来源，导致了预期成本收益比的逆转。该学说还认为，吉布森悖论大体上是一个铸币本位的产物；而费雪效应则是不可兑换管理本位的产物。

Klein（1975）认为第二次世界大战后货币体系发生了本质变化。第二次世界大战结束前，美、英两国都是铸币本位，价格水平受到限制，当前的价格变动几乎不含有未来价格变动的信息，而当前价格水平却含有未来价格水平的信息。这使得短期价格相当难测，长期价格却可预期；一个高于正常的价格水平意味着随后价格将跌落和回归正常。第二次世界大战后，人们不再预期价格会回落到原来的水平。当前的物价变动率包含了未来价格变动率的信息。利率对物价变动率做出反应而不再是对价格水平做出反应，其根本原因是第二次世界大战后货币完全法定，不再由铸币锚来稳定价格体系。

Friedman 和 Schwartz（1982）详细探讨了货币本位变迁对物价利率关系的影响。他们认为在金本位制度下，货币数量、价格水平和利率的变动大体上由自发事件——黄金的发现、银行业的发展、偶然的危机等引起，这种波动的可预期性很低。而在法定货币本位制度下，政府的政策变动是这些变量主要的波动来源。这种波动来源的集中性变化改变了市场信息结构，隐含着获取短期预测所需信息的成本下降。

Barthold 和 Dougan（1986）认为，金本位制度下的短期价格预测成本高于收益，法定本位制度下的短期预测收益大于成本。货币本位从金本位转变为法定本位，带来预测所需信息的来源变化，价格短期波动减少而长期波动变大，改变了预测的成本收益比，市场的短期预测和相应的价格、利率调整得到激励。吉布森悖论产生于通胀不可预测的商品货币本位，而费雪效应则产生于通胀可预测的不可兑换管理本位。

四、实证对货币本位说的支持

货币本位说的实证有两个方面，一个是证明一种本位下存在某种关系，另一个是证明这种关系在另一种本位下不存在，两者结合起来支持相关现象是货币本位的伴随效应的理论。例如，金本位时期存在吉布森现象，即法定本位时期没有吉布森现象；同样对于费雪假说则证明金本位时期没有费雪效应，而法定本位时期存在费雪效应。例如，Ibrahim 和 Williams（1978）检验美国数据发现，在1915年以前的金本位时期，物价和过去年份的通胀率没有明显的正相关关系。Friedman 和 Schwartz（1974）的实证结果认为，利率与价格的吉布森悖论主要是在第一次世界大战前的时期存在，20 世纪 60 年代中期以来，在美国和英国两个国家的价格变化和利率之间的关系上第一次出现了利息率和价格变化率之间的一种密切的关系。费雪假说中的很长的滞后在1960年后缩短了很多，吉布森悖论已被原来的费雪效应所替代。Barthold 和 Dougan（1986）检验了美国 1902~1983 年以来的通胀率和名义利率的关系，认为费雪假说对第二次世界大战前期无论何种货币机制都不成立，只是在1951年后，实证结果才支持税后名义收益率按照理性预测的通胀率点对点调整的假说。他们认为造成这种区别的正是货币本位制度。Evans 和 Wang（2008）检验了欧美七个国家第一次世界大战前的数据和十个国家第二次世界大战后的数据，发现第一次世界大战前的法国、德国、荷兰、比利时、瑞士、英国和美国的吉布森相关系数都大于 2 且显著，而第二次世界大战后的上述七国加上意大利、日本、加拿大的吉布森相关系数则都小于 0.2 甚至出现负数，且大部分不显著。Dowd 和 Harrison（2000）、Mills（2008）检验并肯定了吉布森悖论在英国金本位时期的显著存在。这些都表明了法定本位制度相比金本位制度，物价和利率的行为发生了重大的变化。

对吉布森悖论和费雪效应的实证研究如果不考虑货币本位变迁，则常常由于样本时间范围的差异得出矛盾的结果，致使理论界无法统一认识。20 世纪 70 年代以后，随着国际金本位的彻底消失，人们才得以认识这两个现象与货币本位的内在联系。现实引导人们认识到利率物价关系变迁的深层制度原因—— 货币本位制度变迁。表 4-1 列举了部分揭示吉布森悖论与货币本位制度关系的实证研究，这些研究所使用的时间序列从 1730 年到 2006 年长度不等，均按金本位和法定本位制度划分检验时期。除了英国到 1938 年，大多数在 1913 年前典型金本位时期的实证检验都确认了吉布森相关的显著存在，而此后大多不明显，甚至负相关。可见，在基于货币本位划分实证的子时期后，人们得出了相当一致的结论。

表 4-1　揭示吉布森悖论与货币本位制度关系的部分文献

作者（出版时间）	研究国别	吉布森悖论显著存在时期	吉布森相关关系的检验方法
Friedman 和 Schwartz（1982）	美国、英国	1880~1914 年	分段相关系数
Lee 和 Petruzzi（1986）	美国	1830~1860 年和 1874~1913 年	一阶差分 OLS
	英国	1730~1758 年和 1821~1913 年	
Barsky 和 Summers （1988）	世界	1730~1796 年	水平和一阶差分 OLS
	英国	1821~1913 年和 1921~1938 年	
Dowd 和 Harrison（2000）	英国	1821~1913 年	水平 OLS
Mills（2008）	英国	1751~1794 年和 1821~1914 年	水平 OLS
Evans 和 Wang（2008）	英、比、法、德、荷、瑞士、美、加	金本位时期	一阶差分 OLS

对费雪效应的检验一直存在矛盾的结果，从检验估计方法、序列性质的判别方法、协整关系检验方法，样本指标（事前和事后预期利率、长期或者

短期利率、通胀率指标等）、数据频率（月度、季度、年度）、子样本划分标准（时间、门限值）等的选择上，到是否包含税收调整、是否考虑货币政策机制变迁等，都影响到结论。总体上从1975年以来的部分实证文献看，支持费雪效应的占主流。支持费雪效应的这些实证文献其实证检验的数据时间范围基本都在第二次世界大战以后的布雷顿森林体系阶段，以及不可兑换管理本位阶段。表4-2列举了1975年以来支持费雪效应的部分实证文献。

表4-2　1975年以来支持费雪效应的部分实证文献

作者（出版时间）	研究国家	存在费雪效应时期	相关关系检验方法
Fama（1975）	美国	1953年1月~1971年7月	自回归预测，关系回归
Barthold和Dougan（1986）	美国	1951~1983年	OLS，极大似然估计，货币机制分期
Mishkin（1992）	美国	1964年2月~1986年12月	协整检验，OLS，Monte Carlo模拟
Wallace和Warner（1993）	美国	1948年第2季度~1990年第4季度	货币机制分期，极大似然估计（JOH）
Evans和Lewis（1995）	美国	1947年1月~1987年2月	Markov 转换模型，Monte Carlo模拟
Crowder和Hoffman（1996）	美国	1952年第1季度~1991年第4季度	极大似然估计（JOH）
Yuhn（1996）	美、日、德、加	1979年第4季度~1993年第2季度	协整检验
Malliaropulos（2000）	美国	1960年1月~1995年3月	VAR（1979结构突变）
Atkins和Coe（2002）	美国和加拿大	1953年1月~1999年12月	ARDL边界检验
Panopoulou（2005）	OECD 14国	1960年第1季度~2004年第3季度	ADL，FMOLS，JOH参数估计
Christopulos和Ledesma（2007）	美国	1960年第1季度~2004年第4季度	非线性门限回归
Westerlund（2008）	OECD 20国	1980年第1季度~2004年第4季度	面板协整
Nusair（2008）	韩、新、马、泰	1978年第1季度~2005年第1季度	协整检验，结构突变
LEE和Fuei（2009）	新加坡	1976年第1季度~2006年第4季度	协整检验，VEC模型
Bae和Yi（2009）*	美国	1982年第2季度~2003年第4季度	协整检验，CUSUM分期，结构VAR
Kasibhatla（2010）	美国	1954年8月~2004年8月	协整检验，VEC模型

*检验债券股票回报与通胀率的费雪关系

可以说，在通胀预期成为常态的不可兑换管理本位制度下，预期形成的时间在大大缩短；Mundell（1963）指出，预期通胀的短期变化会增加就业、增加产出，降低实际利率，这被称为“蒙代尔”效应；Tobin（1965）认为，在国家是唯一货币资产供给者的前提下，货币政策的变动可以改变名义利率，从而影响人们在货币资产和实际资产之间的组合选择，被称为“托宾”效应。蒙代尔-托宾效应将导致名义利率对预期通胀的调整低于一比一的比例。而Darby

（1975）则提出税收效应将使得名义利率对预期通胀的调整超过一比一的幅度。可见两种效应是相互抵消的两种作用力，具体的经济体系所表现出的名义利率与通胀的经验关系会由于经济主体预期和财税制度而各有不同，不同时期、不同经济环境下也有差异，因此费雪效应的系数出现强弱差异。

第二节　对中国两种货币本位时期物价利率关系的实证

一、既有研究结果的考察

中国研究吉布森悖论的文献尚不多见，笔者也是在本书修订期间偶然发现了曹国强（1987）探讨利率与物价关系的论文，采用的是定性研究方法①，而在程皓和朱新蓉（2012）之前，国内对吉布森悖论的实证研究几乎空白。这一方面是因为理论界对于商品本位的争论逐渐淡化，货币本位比较研究不受重视。另一方面，也因为受到历史数据可得性的极大限制，数据种类少、时间短等客观条件制约，但更主要的是对货币本位制度问题研究的忽略。1949 年以后，国内的金银存量极低，关于人民币的发行基础，即货币本位有过争论。由于恢复商品本位并不可行，加上1971年后国际货币体系从可兑换管理本位转变为不可兑换管理本位，黄金非货币化，学术争论逐渐淡化了货币本位问题。

Barsky 和 Summers（1988）曾经指出吉布森悖论是一个商品本位的产物，但迄今绝大多数实证研究都局限于在金本位制度下发现吉布森现象，对其他商品本位制度还缺乏相应的实证研究。中国经历了漫长的白银核心金属本位时期，是否会存在吉布森悖论？如果存在，不但支持货币本位说，而且在实证上将吉布森悖论的存在范围从单一金本位制度扩大到金属本位制度。近二十年来，我国学者对我国历史上商品货币本位制度的研究不断深入，历史数据的挖掘整理不断取得新的重要进展，为使用现代计量经济学方法开展实证研究提供了可能。

2003 年以来，我国学界开始关注费雪效应的实证研究，着眼于货币政策是否有效等问题。我国费雪效应的 11 篇实证文献见表 4-3，数据范围从 1979 年到

---

① 曹国强（1987）在第 25 页提到：物价与利率又存在某种程度的相关性。在完全市场机制支配利率的条件下，当物价总水平处于上升时，公众的预期心理会刺激名义利率相应上移，这就是“吉布森现象”。该书对吉布森现象采取了费雪的通胀预期解释，而实际上很多文献表明费雪的解释遭到了经验证据的挑战。

2009 年，其中支持我国存在费雪效应的有 8 篇，3 篇不支持文献中 1 篇是关于台湾地区，另 2 篇作者论点基本相同。

表 4-3　中国费雪效应实证文献

作者（时间）	数据、时间及性质	数据检验和模型估计	费雪效应相关结论
刘康兵等（2003）	1979~2000 年 i：1 年期存款利率，I（1） π：RPI，I（1）	GE 两步协整检验 FMADL、GMM 估计	中国存在长期和短期费雪效应，长期费雪系数为 0.98（1/1.02）；短期费雪系数为 0.65（1/1.533 9）
刘金全等（2003）	时间不详 i：不详，I（1） π：不详，I（1）	线性模型 $R_t = \mu + \beta\pi_t + \eta_t$ 分整检验， Johansen 协整检验	中国尚无显著的费雪效应
王信文和吴幸芳（2005）	1982 年 1 月~2004 年 2 月 i：隔夜拆解利率（TS） π：CPI（TS）	趋势突变检验， 退势平稳变量 VAR 模型 格兰杰因果检验	台湾地区尚无费雪效应
王少平和陈文静（2008）	1990 年 1 月~2007 年 4 月 i：1 年期贷款利率 I（1） π：CPI 变化率 I（1）	非参数的单位根及协整检验，非参数局部线性变窗宽	中国至少存在弱的费雪效应，其系数均值约为 0.41
刘金全等（2009）	1983 年第 1 季度~2008 年第 1 季度名义利率 nr、实际利率 rr 和通胀率 π 指标不详	单变量结构变点检验	名义利率与通胀率正相关；中国不存在费雪效应
袁申国（2009）	10 个国家，1987~2007 年 i：中国为央行贴现率，日本为 90 天存单利率；其余为香港存款利率；π：CPI	面板单位根检验， DH 协整检验， OLS，OLS 偏差修正、 FMOLS DOLS 估计	包括中国在内的这些国家存在部分费雪效应，系数在 0.50~0.70
王群勇和武娜（2009）	50 个国家 1981~2007 年面板数据 中国 1993 年第 1 季度~2007 年第 4 季度 i：一年期存款利率 I（1） π：CPI 变化率 I（1）	面板单位根和异质面板协整检验，组间 FMOLS，DOLS 估计	50 个国家的利率和通胀存在长期均衡，费雪系数整体为 0.57~0.69；发展中国家为弱费雪效应，其系数为 0.32~0.44，发达国家严格费雪效应，其系数为 0.90~1.05
张五六（2009）	1990 年 1 月~2009 年 6 月 1978~2008 年 i：1 年期存款利率，I（0） π：CPI，I（0）	PP 单位根检验结果平稳， 分位数回归 模型 $\Delta i_t = \alpha + \beta\Delta\pi_t + \eta_t$	长期存在弱费雪效应，系数小于 0.50；但不存在短期费雪效应
封福育（2009）	1990 年 1 月~2007 年 2 月 i：1 年期贷款利率 I（1） π：CPI 变化率 I（1）	多元门限回归模型	在 $\pi \leqslant -1.00\%$时无费雪效应；当$-1.00\% < \pi \leqslant 12.10\%$时存在部分“费雪效应”，系数为 0.43；当 $\pi > 12.10\%$时，费雪系数为 0.23
陈海燕和李松臣（2010）	1991 年 1 月~2008 年 12 月 i：1 年期贷款利率 I（1） π：CPI 变化率 I（1）	EG 两步法，Johansen 协整检验，非参数门限协整检验；估计系数方程	在 $\pi \leqslant -0.80\%$时无费雪效应；当$-0.80\% < \pi \leqslant 12.02\%$时存在部分“费雪效应”，系数为 0.42；当 $\pi > 12.03\%$时，费雪系数为 0.05
苏梽芳等（2010）	1990 年 1 月~2009 年 5 月 i：1 年期贷款利率 I（1） π：CPI 变化率 I（1）	两区制门槛协整检验 系数估计方程	门槛值约为 0.02，门槛协整模型估计的费雪系数约为 0.55

从表 4-3 可以看到，我国大陆地区费雪效应的 10 篇实证文献的样本范围大体从 1979 年到 2009 年，其中支持我国大陆地区存在费雪效应的8 篇，且以弱费雪效应为主流。刘康兵等（2003）认为我国 1979~2000 年存在长期和短期费雪效应，长期费雪系数为 0.98，短期为 0.65；王少平和陈文静（2008）认为我国 1990 年 1 月~2007 年 4 月至少存在弱的费雪效应，其系数均值约为 0.41；袁申国（2009）对包括中国在内 10 个国家 1987~2007 年的面板数据进行检验，认为包括中国在内的这些国家存在部分费雪效应，系数在 0.50~0.70；王群勇和武娜（2009）对包括中国在内的 50 个国家 1981~2007 年面板数据进行检验，认为利率和通胀存在长期均衡，费雪系数整体为 0.57~0.69，发展中国家为弱费雪效应（系数 0.32~0.44），发达国家为严格费雪效应（系数 0.90~1.05）；张五六（2009）认为我国 1978~2008 年长期存在弱费雪效应，系数小于 0.50；封福育（2009）、陈海燕和李松臣（2010）、苏梽芳等（2010）认为我国 1990 年 1 月以来在一定门限范围内存在弱费雪效应。但是，刘金全等（2003）认为中国尚无显著的费雪效应；刘金全等（2009）考虑单变量结构突变后仍然认为中国不存在费雪效应。

大部分研究认为我国存在费雪效应，而效应强弱则意见不一。也有部分学者坚持认为我国尚不存在费雪效应。对于这种情况，可以从基本原理把握、计量方法运用、统计数据选取等多方面找到原因。不少针对我国费雪效应的研究采用了非线性协整的假设，对时间序列样本进行了筛选组合处理，如仅对发生了利率调整的样本进行研究，或者将样本按门槛值分割成高通胀与低通胀的不同子样本，这种研究侧重于货币政策对通胀率的反应程度，不能完全体现费雪理论的全貌。首先，费雪效应的完整理解既包括通胀率变动时的利率同向变动，也包括通胀率稳定时的利率稳定，筛选数据会损失有用的信息，从而得出低通胀（或通胀率变化小）就无费雪效应的结论；其次，一些实证选择的名义利率周期可能没有与预期通货膨胀率周期匹配，如使用一年期利率与定基月度、季度通胀率进行配对研究就不符合费雪效应的原理；最后，一些实证采用高频数据虽然能够增加样本量，但可能放大了周期不匹配和季节等干扰因素的影响从而误导结论。鉴于我国利率长期管制，利率市场化改革到 2015 年 10 月才基本完成，投资刚性需求长期存在，造成利率在短期的弹性不足，利率调整有时间窗口；月度、季度数据还受到季节性和其他偶然因素影响，因此，从费雪效应基本原理出发，依据线性协整假设，选择年度通胀率与同期利率数据配对检验我国费雪效应的存在性仍有必要。

二、本章研究的实证方法

基于货币本位制度对利率、物价水平和通货膨胀预期的影响，本章实证研究选取了中国两个不同货币本位制度时期，即白银为核心的金属货币本位时期（1873~1910 年）和不可兑换管理本位时期（1969~2010 年）[①]来检验吉布森悖论和费雪效应的存在性。为了与其他研究费雪效应的结论建立可比性，另在本书附录一中也报告按 1978~2010 年为基期的实证研究结果。实证表明，1969~2010 年与 1978~2010 年的不同期限对实证结果没有产生大的影响。基于 2015 年 10 月我国利率市场化改革基本完成，又以同样思路检验了市场化条件下物价和利率的关系，结果有很大的不同，详见本书附录二。

由于吉布森悖论是关于物价水平和利率的共时相关性，其理论模型如式（4-2）所示。

差分检验式为

$$\Delta P_t = \alpha_G \Delta i_t + \varepsilon_t \tag{4-3}$$

其中，ΔP_t 和 Δi_t 为变量 P_t 、i_t 的差分；ε_t 为误差项。

费雪效应的前提假设是，一定时期的实际利率为常数不变，人们预期的实际利率也不变，则式（4-1）中的预期实际利率 r_{t+1}^{e} 可以写成

$$r_{t+1}^{\mathrm{e}} = c + \varepsilon_{t+1} \tag{4-4}$$

其中，c 为常数；ε_{t+1} 为误差项。

同时在理性预期条件下，预期通胀率 π_{t+1}^{e} 等于实际通胀率 π_{t+1} 加上一个白噪声的预测误差 e_{t+1}，即

$$\pi_{t+1}^{\mathrm{e}} = \pi_{t+1} + \mathrm{e}_{t+1} \tag{4-5}$$

将式（4-4）、式（4-5）代入式（4-1）可以得到后验的费雪效应方程

$$i_t = c + \alpha_F \pi_{t+1} + v_{t+1} \tag{4-6}$$

其中，α_F 为名义利率对预期通胀的反应系数，即费雪效应系数；v_{t+1} 为误差项。当 $\alpha_F = 1$ 时为完全费雪效应；当 $\alpha_F < 1$ 时，为部分费雪效应，此时人们存在货币幻觉；根据 Darby（1975）提出的税收对利率的影响，当完全费雪效应时 $\alpha_F > 1$。根据式（4-6）可以写出费雪效应的后验估计模型为

$$\pi_t = \beta_F i_{t-1} + \mu_t \tag{4-7}$$

其中，π_t 为当期通胀率；i_{t-1} 为滞后 1 期的名义利率；β_F 为系数；μ_t 为误差项。

则费雪效应系数根据 $\alpha_F = 1/\beta_F$ 来得到。

---

① 我国大陆地区没有直接参与布雷顿森林体系，人民币不可兑换贵金属。

实证的基本步骤如下：

A. 首先检验数据的平稳性，分为水平和一阶差分。采用 ADF 带截距项检验方法，最大滞后期为 7 期，信息准则 AIC，显著性水平选择 0.05。若小于 0.05 显著水平，则拒绝变量为 I（1）的原假设，进一步检验一阶差分的平稳性，如果平稳则该变量的水平和一阶差分均为 I（0），即平稳变量；若水平检验未拒绝单位根原假设，一阶差分拒绝单位根原假设，则变量的水平值为 I（1）非平稳过程，一阶差分为 I（0）平稳过程。

B. 对两个 I（1）变量进行 Johansen 协整检验，检验显著水平为 0.05。如果存在线性协整关系，则可以进行 OLS 回归。同时采用 GE 两步法，对两变量线性回归的残差做单位根检验；若拒绝单位根原假设，则两变量有线性协整关系。如果认为两非平稳变量无协整关系则不能直接进行回归检验，需要差分平稳后再回归。

C. 对于两个平稳变量或者两个有协整关系的非平稳变量，以及差分后的平稳变量，运用 OLS 回归，检验回归系数的方向和显著性；检验显著水平为 0.05。

D. 对 DW 值小于 1.5，残差自相关 Q 检验提示存在回归残差的自相关性的采用非线性最小二乘法回归，即加上残差一阶回归修正项 AR（1）再进行最小二乘法回归，若回归后新的残差经过序列相关 Q 检验结果是无自相关，则可以认为回归参数有效。否则回归结果不可靠。

E. 根据参数的符号、大小、显著性，以及格兰杰因果检验等判定两变量的相互关系。

以上实证均采用 EViews 统计软件。

三、数据

（一）白银核心金属本位时期（1873~1910 年）

根据戴建兵（2005）的观点，我国以白银为核心的货币体系，起于明代中期，终于 1935 年 11 月进行的法币改革。本书第一章第三节“金属本位”中对我国白银核心金属本位有专门的介绍。为了避免 1911 年辛亥革命之后军阀割据，货币发行紊乱带来的结构性影响，时期选在 1873~1910 年，这一时期，国家没有法定纸币单位，但是垄断制钱的铸造，银两和银元基本是自由铸造。由于流通中的银货币没有统一的成色重量，一些学者认为这种货币体系是无本位的本位，另一些学者则把它归为某种复本位。本书的“本位”概念侧重货币的币材或管理原则，称为白银核心金属本位，本质是商品本位。

如图4-1所示：物价指数（P）采用全国批发物价指数（1913年=100），利率（i）采用上海钱业协会公布的银拆利率年化均值，数据均来自王玉茹（1997）。通胀率（π）即全国批发物价指数的环比变化率，时期为1874~1910年。从图4-1中可以看到，金属本位时期的物价指数起于1873年的80点，终于1910年的102点，年均增长约0.6个百分点；通胀率围绕0线上下波动；利率大部分时间高于通胀率，即实际利率为正。

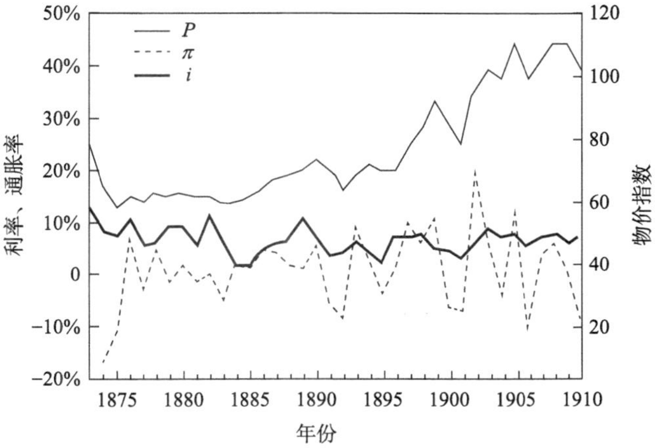

图4-1　中国白银核心金属本位时期物价指数、利率、通胀率（1873~1910年）

（二）不可兑换管理本位时期（1969~2010年）

采用年度定基CPI（P）（2005年=100），数据来自美国农业部网站Data Set转载的IMF的IFS数据库。而利率为一年期定期存款利率（i），数据来自相关统计年鉴和人民银行网站，时期均为1969~2010年①。通胀率为年度定基价格指数环比变化率（π），时期为1970~2010年。为了提高结果的可比性，在实证中，使用按执行时间加权平均的年均利率（i）与年度物价指数检验吉布森悖论，以便于与金属本位时期吉布森悖论的检验作比较；使用年末利率和次年通胀率检验费雪效应。具体如图4-2所示。

① 回顾我国利率市场化进程，1996年放开银行间同业拆借市场利率，利率市场化正式起航。2004年10月起允许人民币贷款利率下浮至央行贷款基准利率的0.9倍，并从2012年6月起逐步调整为0.8倍和7月的0.7倍，从2013年7月20日起，金融机构人民币贷款利率管制全面放开，贷款利率市场化完成。人民币存款利率方面：从2012年6月8日起允许存款利率浮动，区间上限为基准利率的1.1倍；2014年11月22日将上限调整为基准的1.2倍；2015年3月1日调整为基准的1.3倍；2015年5月10日进一步调整为基准的1.5倍；2015年10月，存款利率浮动限制完全取消，基本实现市场化定价。由于2012年存款利率开始浮动，人民银行存贷款基准利率的代表性逐渐弱化，而以上海银行间同业拆借利率等市场化利率为核心的利率体系尚在形成过程中，因此采用截至2010年的人民银行人民币一年期存款基准利率。

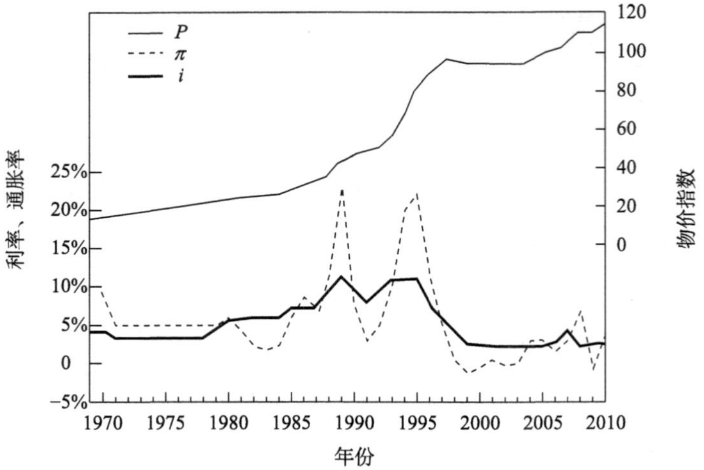

图 4-2　中国不可兑换管理本位时期的物价指数、利率、通胀率（1969~2010 年）

不可兑换管理本位时期物价指数、利率、通胀率如图 4-2 所示，物价指数（2005 年=100）起于 1969 年的 12.87 点，到 1978 年为 20.87 点，2010 年在 113.55 点附近，年均增长约 2.5 个百分点；通胀率大部分都在 0 线上方，20 世纪 80~90 年代出现两波较高通胀，其他时间较平缓；实际利率总体负多正少。实证所用利率和通胀率数据均乘以 100，即去除百分号。

四、实证结果

（一）序列平稳性和协整关系检验结果

对两种货币本位时期的物价指数、通胀率和利率的 ADF 单位根检验结果见表 4-4。检验选择包含截距项，最大滞后 9 期，SIC 信息准则，MacKinnon（1996）单边 P 临界值。表中报告检验统计量 t 值，括号内为显著性 P，以 0.05 显著水平判断序列平稳性质。

表 4-4　ADF 单位根检验结果

期间	序列名称	水平值 t-statistics（prob.）	一阶差分 t-statistics（prob.）	水平序列性质	一阶差分序列性质
白银核心金属本位（1873~1910 年）	批发物价指数（P）（1873~1910 年）	0.367 8（0.978 6）	−6.578 0（0.000 0）	I（1）	I（0）
	年通胀率（π）（1874~1910 年）	−6.684 5（0.000 0）	−3.259 5（0.026 9）	I（0）	I（0）
	上海银拆年均利率（i）（1873~1910 年）	−4.263 2（0.001 9）	−4.029 4（0.004 3）	I（0）	I（0）

续表

期间	序列名称	水平值 t-statistics（prob.）	一阶差分 t-statistics（prob.）	水平序列性质	一阶差分序列性质
不可兑换管理本位（1969~2010年）	CPI（P）（1969~2010年）	−0.219 4（0.927 6）	−2.718（0.079 9）	I（2）	I（1）
	年通胀率（π）（1970~2010年）	−2.819 2（0.064 6）	−4.786 5（0.000 4）	I（1）	I（0）
	一年期存款利率（年末）（i）（1969~2010年）	−1.328 6（0.607 2）	−5.193 8（0.000 1）	I（1）	I（0）
	一年期存款利率（均值）（i）（1969~2010年）	−1.782 0（0.384 0）	−4.168 0（0.002 0）	I（1）	I（0）

注：CPI的二阶差分单位根检验平稳，为I（0）过程

从检验结果可以看到，1873~1910年白银核心金属本位时期的物价指数为单位根过程，通胀率和利率则为平稳过程；对于吉布森关系检验而言，由于批发物价指数水平值为I（1）过程，而利率为I（0）过程，不适于直接进行最小二乘回归；应采取差分后平稳变量进行回归。通胀率和利率均为I（0）平稳过程，可以直接回归，为了使结论更加可靠，同时也采取差分回归。

由于不可兑换管理本位时期的物价指数为I（2）过程，与利率I（1）过程没有协整关系，差分后的物价指数为I（1）过程，利率为I（0）过程，两者也没有协整关系。至此已经可以认为在不可兑换管理本位时期，利率和物价水平没有长期均衡的线性相关关系，排除了吉布森悖论的存在。而在不可兑换管理本位时期通胀率和利率都是单位根过程，判断两者是否具有长期均衡关系需要进一步进行协整检验。

（二）协整检验结果

根据AIC准则，选择利率与通胀率的VAR滞后长度为2期，而根据SC准则，则有所不同，利率与通胀率VAR模型的滞后长度为1期。因此分别报告滞后1期和2期的Johansen协整检验结果，见表4-5。

表4-5　不可兑换管理本位时期利率与通胀率Johansen协整检验结果

原假设	Trace统计量（P值）	
利率与通胀率	VAR（1，1）	VAR（1，2）
无协整关系	19.354（0.012）	15.407（0.052）
至多一个协整关系	1.292（0.256）	1.981（0.159）
结论（0.05水平）	有1个协整关系	无协整关系

从表4-5中可以看到，年末利率与通胀率的协整关系检验结果对滞后期长度敏感，滞后1期的检验结果在0.05显著水平上拒绝无协整关系的原假设，不

能拒绝至多 1 个协整关系的原假设。因此，在 0.05 水平上认为利率与通胀率具有 1 个线性协整关系；而对于滞后 2 期的检验则只能在 0.05 水平上接受无协整关系的原假设，因为迹统计量大于 0.05 显著水平。如果按照 0.1 的显著水平，则对于滞后 2 期的检验也可以拒绝无协整关系的原假设，在 90%的置信度接受利率与通胀率有 1 个协整关系。本书仍按照 1 期滞后结果认为利率和通胀率存在 1 个协整关系。

至此，通过协整检验已经可以认为在不可兑换管理本位时期，利率与通胀率存在明显的费雪效应，而对于白银核心金属本位时期，则由于数据为年内平均数而可能不准确，因此还不能完全据此拒绝费雪效应的存在性。因此，两个货币本位时期的利率和通胀率都可以既作水平值 OLS 回归，也作差分后回归，进一步检验费雪效应的程度。

（三）回归结果

为了对物价利率及通胀率的相互关系有个更全面的比较，分别进行了利率对滞后 1 期、同期、下一期物价指数和通胀率的回归检验。结果报告如表 4-6 所示。

表 4-6 中国白银核心金属货币本位时期（1873~1910 年）回归结果

变量	OLS	回归系数	R^2	DW	残差自相关 Q 检验和单位根检验结果（0.05 显著水平）
物价水平与利率	$\Delta P_t = \alpha \Delta i_{t-1} + \varepsilon_t$	0.27	0.02	2.45	无自相关 I（0）
	$\Delta P_t = \alpha_G \Delta i_t + \varepsilon_t$	0.68**	0.11	2.07	无自相关 I（0）
	$\Delta P_t = \alpha \Delta i_{t+1} + \varepsilon_t$	−0.27	0.02	1.94	无自相关 I（0）
通胀率与利率	$\pi_t = \beta_F i_{t-1} + \mu_t$	−0.83*	0.09	2.06	自相关 I（0）
	$\Delta \pi_t = \beta_F \Delta i_{t-1} + \mu_t$	−0.57	0.03	2.73	自相关 I（0）
	$\pi_t = \beta\, i_t + \mu_t$	0.34	0.01	1.84	无自相关 I（0）
	$\Delta \pi_t = \beta\, \Delta i_t + \mu_t$	1.14*	0.11	2.71	自相关 I（0）
	$\pi_t = \beta\, i_{t+1} + \mu_t$	−0.20	0.00	1.91	无自相关 I（0）
	$\Delta \pi_t = \beta \Delta i_{t+1} + \mu_t$	−0.35	0.01	2.75	自相关 I（0）

*表示 0.1 水平显著，**表示 0.05 水平显著

从表 4-6 的残差检验结果可以看出，对于物价水平与利率的关系回归在统计上都是有效的。具体结果上，首先，同期物价水平与利率的差分回归系数为 0.68，显著水平 0.05，残差无自相关，表明中国这一时期存在吉布森悖论现象，即物价水平和利率存在显著同期正相关关系；而同期通胀率和利率的回归系数为 0.34，但不显著，这是吉布森悖论现象的一个变相反映，但通胀率显然不如物价水平自身更有解释力。其次，尽管在统计上不显著，物价水平与过去 1 期的利率的回归系数为 0.27，提示有正相关关系，即利率变动包含

了未来物价变动的信息，且同向变动，这符合利率对预期通胀进行预先调整的费雪理论；但是，通胀率和过去一期利率的回归系数为−0.83，显著水平0.1，残差自相关，用 AR（1）修正后残差自相关并无改进；这影响到回归系数的可靠性。差分后的回归系数仍然为负值，自相关也没有消失，修正也无改进，提示通胀率和上期利率的关系不稳定。因此费雪效应没有得到统计支持，但也没有完全排除，这和 Friedman 和 Schwartz（1982）的结论相一致：英美最典型的 1880~1914 年吉布森悖论时期的物价利率关系研究的结果，虽然无法排除，但也决不支持费雪假说。在本章研究中必须指出的是，由于数据可得性的限制，实证所用通胀率为年度数据，而利率为年化平均日利率，两者覆盖时期不匹配，基于长期利率与短期利率在水平上具有长期一致性，而在波动程度上差异较大，因此作者谨慎地认为，实证结果虽不能就此完全排除，但绝不支持这一时期的费雪效应存在性。

差分的物价水平与未来一期利率回归系数为−0.27，通胀率与未来一期利率的回归系数为−0.20，系数虽然相近，但均不显著。这提示有负相关关系，即当前的物价变动和未来的利率变动方向相反，这符合商品本位下人们预期长期稳定，相信物价将回复长期均值的特征（Gordon，1973；Klein，1975；Friedman and Schwartz，1982）。

不可兑换管理本位时期的物价水平 I（2）和利率 I（1）无同阶协整关系，不支持吉布森效应的存在，这符合货币本位说认为吉布森悖论是商品货币本位现象的观点。通胀率与利率有协整关系，表 4-7 显示的回归结果残差都无自相关且平稳，回归系数有效。其中，上年末利率与本年通胀率的非线性最小二乘回归系数为 1.15，0.01 水平显著，差分后 OLS 回归系数为 1.13，0.1 水平显著，表明在 1969~2010 年不可兑换管理本位时期我国存在费雪效应，名义利率对（后验的）预期通胀率的调整系数（即回归系数的倒数）在 0.885 左右，属于部分费雪效应。这个结果与当前关于我国费雪效应实证的主流看法基本一致，即中国存在部分或弱费雪效应，而系数大小则由于数据范围、来源的差异而有所不同。

表 4-7　中国不可兑换管理本位时期（1969~2010 年）回归结果

变量	OLS	回归系数	R^2	DW	残差自相关 Q 检验、单位根检验结果（0.05 显著水平）
通胀率与利率	$\pi_t = \beta_F i_{t-1} + \mu_t + \text{AR}(1)$	1.15***	0.57	1.75	无自相关 I（0）
	$\Delta\pi_t = \beta_F \Delta i_{t-1} + \mu_t$	1.13*	0.10	2.15	无自相关 I（0）
	$\pi_t = \beta i_t + \mu_t + \text{AR}(1)$	1.93***	0.74	1.99	无自相关 I（0）
	$\Delta\pi_t = \beta\, \Delta i_t + \mu_t$	2.66***	0.53	2.62	无自相关 I（0）
	$\pi_t = \beta\, i_{t+1} + \mu_t + \text{AR}(1)$	1.07***	0.51	1.68	无自相关 I（0）
	$\Delta\pi_t = \beta\Delta i_{t+1} + \mu_t$	0.40	0.01	1.84	无自相关 I（0）

*表示 0.1 水平显著，***表示 0.01 水平显著

（四）格兰杰因果检验结果

进一步，对费雪假说中通胀预期引起利率变动的理论进行通胀率与利率的格兰杰因果检验，结果分滞后 1~3 期分别报告，见表 4-8。

表 4-8　通胀率与利率的格兰杰因果检验结果

货币本位时期	原假设	F统计量		
		滞后 1 期	滞后 2 期	滞后 3 期
白银核心金属本位（1873~1910 年）	ΔP 不是 Δi 的原因	0.483	0.189	0.644
	Δi 不是 ΔP 的原因	1.516	1.752	1.179
不可兑换管理本位（1969~2010 年）	π 不是 i 的原因	5.888**	4.340**	3.262**
	i 不是 π 的原因	8.112***	7.038***	4.488***

表示 0.05 水平显著，*表示 0.01 水平显著

表 4-8 结果显示，我国白银核心金属本位时期（差分后）物价和利率的格兰杰因果检验的 F 统计量均不显著，提示两个变量相互独立，一方的滞后因子对对方没有解释能力。这个结果从侧面支持了吉布森悖论是同期相关关系。我国不可兑换管理本位时期，通胀率和利率的格兰杰因果检验 F 统计量均 0.05 水平显著，即通胀率是利率的格兰杰原因，滞后 1 期最为显著，利率是通胀率的格兰杰原因，1、2、3 期均 0.01 水平显著。和前面的回归结果结合起来表明，我国法定存款利率和通胀率之间存在正向反馈机制，即通胀率的升降影响利率的升降，利率的升降影响通胀率的升降，利率的作用相对更强，是一种自我增强、自我实现的非稳定机制。

综上，基于我国货币本位制度变迁的物价利率关系实证结果表明：

其一，我国白银核心金属本位时期（1873~1910 年）存在显著的吉布森悖论，但不支持费雪效应，同期物价利率正相关系数在 0.35 左右；而物价变动和利率变动独立，相互没有格兰杰因果关系。

其二，不可兑换管理本位时期（1969~2010 年）不存在吉布森悖论，存在一个显著的部分费雪效应，名义利率对通胀率的调整系数约为 0.885；同时通胀率和利率相互正向反馈，具有不断自我增强、自我实现的非稳定机制。实证结果支持货币本位变迁理论，即吉布森悖论是商品货币本位制度的产物，而费雪效应是不可兑换管理本位制度（亦即法定货币制度）的产物。而且本书将商品本位研究从原有的金本位扩大到了白银核心金属本位。

需要补充说明的是，本书研究选择 1969 年为起点基于两点考虑，一是我国大陆地区没有加入布雷顿森林体系，人民币与贵金属没有直接或间接的可兑换性，属于不可兑换管理本位。二是为了充分利用可得数据和信息。美国农业部的宏观数据库起始年份就是 1969 年，联合国相关 CPI 数据起始年份也

是1969年，对于采用年度数据的实证，样本不可多得。然而，考虑到中国其他费雪效应研究都是在1978年后，并且理论界有一种担忧，认为"文化大革命"会对当时的统计数据造成扰动，为了增强与其他研究的可比性，将不可兑换管理本位时期按样本时期1978~2010年也进行了实证，结果与1969~2010年样本相当一致，详见本章附录一。这说明"文化大革命"的扰动并没有从结构上改变物价利率关系，对物价利率关系具有决定意义的是货币本位制度本身。这一对照结果增强了实证结论的可靠性。

第三节　基于货币本位的利率行为比较

本节比较不同货币本位制度下的收益率曲线和融资利率贴水。利率的期限结构与债务计价的货币本位有极大关系，同类债务由于国家实行不同货币本位也有着不同的利率贴水。

一、利率期限结构

Wood（1983）对美国1862~1982年的收益率曲线进行了研究，认为传统的预期理论中回归式预期理论可以解释观察到的可兑换本位时期的收益率曲线斜率，自从1971年废除金本位以后的收益率曲线与1862~1878年实行不兑换货币本位时期有相当的共性，而区别于金本位的年份（1879~1970年）。收益曲线的斜率依赖于对未来收益率的预期，收益率预期取决于通胀预期，通胀预期与实际通胀高度相关并取决于货币本位制度。不可兑换本位制度决定了通胀的长期性，外推式预期可以解释不可兑换货币本位时期的利率期限结构。王文平和冯健（2002b）研究了利率期限贴水与货币本位制度的关系，利用英国、法国、比利时和瑞典1791~1992年不同货币本位下长期债利率、短期债利率及零售物价指数资料，认为金本位制度下（1791~1914年，1946~1969年）英国和瑞典的长期债利率低于短期债利率，而且四个国家的平均期限贴水是−28个基本点，法币制度下（1915~1945年，1970~1992年）长期债券平均报酬率会大于或等于短期债券的平均报酬率，四国平均的期限贴水是86个基点。他们实证的结论认为，通货膨胀和期限贴水的关系为负，在金本位下，未来的期限贴水平均为零，而且与当前的通胀率走势相反。法币本位制度由于较高的通胀率，期限贴水由此产生。货币当局的可信度不高导致长期债券的期限贴水走高，并使得长期债券发行困难，市场萎缩。

通胀预期包括外推式预期（extrapolative expectation）和回归式预期

（regressive expectation）。外推式预期是指投资者预期未来短期收益的变动方向将会继续与现在的收益曲线变动方向保持一致。如果现在的收益率曲线是上升的，他们预期未来收益率就是上升的，反之，收益率曲线如果是下降的，预期收益也就下降。回归式预期正好相反，如果收益率是上升的，未来的预期是反过来下降，或者叫回归正常水平。如果收益率低于正常水平，他们预期未来会上升。根据债券收益均衡理论，同一期限的债券收益率都相等。假设本期收益率较之前降低到较低的水平，即 R_1=2%，根据外推式预期理论，则投资者预期未来短期收益会继续下降，如接下来第 2 期的预期收益率为 $R_2^e=1\%$，则平均 2 期的投资收益率 r 可以根据以下公式求得

$$(1+r)^n=(1+R_1)(1+R_2^e)$$

$$r=1.499\%$$

这相当于按照大约 1.5%的平均年收益率投资 2 期，低于期初的短期收益率 2%，因此投资收益率曲线的斜率是负的。如果本期收益率是上升到 2%，根据外推式预期，投资者预期下一期收益率将继续上升，如果假设：

$$R_2^e=2.5\%$$

则平均收益率可以根据以上公式计算得到，为 2.25%。这样收益率曲线就是上升的。传统的外推式理论就得出结论，认为收益率升高的时候收益率曲线为正斜率，而收益率降低的时候为负斜率。

而根据回归式预期理论，如果对正常收益率假定为

$$R^*=5\%$$

并且预期调整速度为 0.5，即预期收益率会在偏离后在一期内恢复前期偏差的一半，当前短期收益率为 R_1=2%，则下一期预期收益率应该为

$$R_2^e=2\%+0.5\times(5\%-2\%)=3.5\%$$

则 2 期的平均收益率 r 为 2.75%，因此收益率曲线上升，为正斜率。如果正常收益率假定为

$$R^*=1.5\%$$

同样条件下，下期的预期收益率应该为

$$R_2^e=2\%+0.5\times(1.5\%-2\%)=1.75\%$$

则 2 期的平均收益率 r 为 1.875%，收益率曲线向下。因此根据回归式预期理论，当收益率高于正常时，预期收益率曲线向下，反之低于正常时，预期收益率曲线就向上。

表 4-9 显示了 1862~1982 年美国收益率曲线上升、下降和平坦的频次。Wood（1983）认为 1900~1970 年美国公司债券收益率曲线的正负斜率频次与

传统预期理论一致，而 1971~1982 年的情况则与 1862~1878 年相似。实际上，从 Wood 的数据中还可以发现，在两个不可兑换纸币时期，没有出现一个包含平坦的收益率曲线的收益率区间，但是在两个金本位分析时段这个区间明显存在。同时两个金本位时期出现正斜率的频率为 35.3%和 47.3%；而不兑换本位下这个频率为 70.5%和 75%；也就是说，随着期限延长，收益率很可能将上升。

表 4-9　美国收益率曲线上升、下降和平坦的频次（1862~1982 年）

美国商业票据收益率		正斜率（上升）	平坦	负斜率（下降）
1862~1878 年 绿背纸币时期	高于 7.57%	0	0	5
	低于 7.56%	12	0	0
1879~1929 年 金本位时期①	高于 8.0%	0	0	16
	4.21%~5.40%	4	0	17
	低于 8.0%	14	0	0
美国 1 年期优质公司债券收益率				
1900~1970 年 金本位时期	高于 4.40%	0	0	20
	3.25%~4.40%	10	10	5
	低于 3.25%	26	0	5
1971~1982 年 不可兑换管理本位时期	高于 8.0%	1	0	3
	低于 8.0%	8	0	0

资料来源：Wood（1983）

根据霍默和西勒（2010）所著《利率史》的数据，美国 1900~1930 年金本位时期期限为 1、5、10、15、20、25 和 30 年的优质公司债券基本到期收益率都是 1 年期最高，30 年期最低，或者完全平坦。到 1931 年，各期的到期收益率分别为 3.05%、3.90%、4.03%、4.08%、4.10%、4.10%和 4.10%，即 15 年以上到期收益率高于 15 年以下，15 年以下的期限结构敏感性更高。从 1931 年到 1959 年，这个期限结构都是正向倾斜，即随着期限的延长利率升高。到 1960 年，利率期限结构再次变为前高后低的负斜率曲线，1961~1965 年又变为正斜率，1966~1970 年又变为负斜率②，1971~1975 年均为正斜率。从中更加可以印证，在人们对金本位信心十足的早期，收益率曲线都是随时间下降的或者平坦

① 1792~1861 年，美国实行金银复本位制度，但由于前期黄金被低估，到 1834 年前实际上流通货币都是银币，是银本位；《1834 年铸币法》又导致白银被低估，结果实际流通的都是金币，因此到 1861 年事实上是金本位制度。1861 年美国内战爆发，1861 年底银行停止铸币支付，金本位被放弃。1862 年美国国会授权发行绿背纸币，1879 年正式恢复金本位。

② 1950~1989 年，美国政府债券基本收益率曲线总体为正斜率，出现负斜率的年份为 1957 年、1960 年、1967~1970 年、1979~1982 年、1989 年。这表明早期金本位时期（1930 年前）的负斜率现象更明显。

的，未来的收益和现在一样，或者名义收益还要降低，因为黄金本身的购买力随着时间上升的同时物价会随着时间下跌。这就解释了金本位时期的物价长期稳定和通缩预期是造成平坦和负斜率的收益曲线的货币本位因素。反过来，不可兑换管理本位时期占主导的通胀预期是造成收益曲线大体随时间向上的货币本位因素。

不同货币本位下的利率的期限结构不同。包括金本位到布雷顿森林体系的可兑换时期，利率表现为长期利率贴水，即低于短期利率，而在不可兑换管理本位时期没有这种贴水。这印证了金本位和可兑换管理本位的长期通胀预期为零或者为负，不可兑换管理本位的长期通胀预期是长期利率升水、收益率曲线向上的制度性原因。

二、货币本位制度与融资利率差异

历史上一些国家纷纷追随英国，放弃原有的货币本位制度而转为金本位，其中部分原因与这些国家从当时欧洲金融中心国家融资的成本有关。Bordo 和 Rockoff（1996）研究了 1870~1914 年金本位时期 9 个资本进口国（加拿大、澳大利亚、美国、意大利、西班牙、葡萄牙、阿根廷、巴西和智利）的融资利率发现，当时的无风险利率，即英国公债的平均利率是 3%左右；加拿大、澳大利亚和美国属于坚决忠于金本位的国家，它们的黄金债券融资利率大约在 4%；意大利忠诚度稍弱一点，利率也就稍稍高于前三者；而阿根廷、巴西和智利暂时性地以修改的平价实行金本位，融资利率就又高出 200~300 个基本点。阿根廷因为1890年曾经发生黄金债务违约，它的利率高于频繁贬值的智利 100 多个基本点。纸币债券也相似，美国和意大利分别比英国的 3%高出 125~140 个基本点，西班牙和葡萄牙的则在 5%~6%，而智利则超过 7%。这表明忠实于金本位成为“好管家的标志”，意味着一个国家实行了审慎的财政和货币政策，大规模财政赤字只是短期措施以应付众所公认的紧急情况（如战争、金融危机和贸易冲击等）。这样的货币当局可以信任，不会对外债违约。这个标志帮助外围国家以优惠利率获取西欧核心国家的资本。而那些记录不良且不能坚持金本位的国家则被提高了借款利率，这足以解释一些资本进口国家为何要维持金本位。

本 章 小 结

货币制度是现代社会激励体系的重要组成部分，货币本位制度的变迁通过预期-行为机制改变了物价利率行为，市场在长期通胀预期下演化出以短期化为特征的适应性反馈，影响波及宏观经济绩效和长远可持续发展。

在金属本位时代，人们就感叹“钱可通神”“钱可使鬼”①；恩格斯指出，“但是当人们发明货币的时候，他们并没有想到，这样一来他们就创造了一种新的社会力量，一种整个社会都要向它屈膝的普遍力量”②。在那个时代，随着货币的可交易对象不断扩大，一方面冲击了传统道德的底线，另一方面也给人们带来了选择的自由。这就造就了普遍的金钱至上的人生信念，将追求金钱作为目的，累积和占有金钱的数量越多则越成功。于是历史上就出现了葛朗台这样的吝啬鬼、守财奴，他节衣缩食、对人刻薄吝啬，而他的尊严和荣耀就是拥有巨额的金钱。曾几何时，累积金钱悄然转变为累积债务，当代典型的房奴、车奴、月光族等负债消费者所追求的不过是尽量消费。当代大学的金融教科书都在嘲笑那位积攒一生到老才买到住房的中国老太太不明智。从节俭甚至吝啬到提前消费未来的收入流，人类的消费观念发生着惊人的转变。

Fisher（1911）在《利息的不耐理论——决定利息率的原因研究》一文中首次提出了人性不耐的利息决定理论。他用了人性不耐取代了原来用在《利息率》一书中的偏于中性的“时间偏好”（time preference）来阐述决定利息的真实基础，认为“不耐”是精确表述了利息的真实基础的唯一的单词。之所以采用“不耐”代替“时间偏好”是考虑到对公众理解利息原理的影响——费雪也借此表达了自己的倾向。

费雪之前曾有人用“推迟”归还款项就要收取罚金作为收取利息的原因，实际上，利息的正当性不是因为推迟付款，而是借款人不喜欢“推迟”；又有人提出利息是“节俭”的补偿，但“节俭”带来的“不方便”才是真正的理由；此外还有“等待”的代价，但重要的不是等待本身而是等待之不情愿。利息的升水理论称，利息的产生是由于人类因偏好当前的商品胜过将来的商品而支付的溢价。这些都可以用“不耐”来涵盖。正是由于一个人不耐烦，才会认为推迟要受到罚款；正是他的不耐才不愿意节俭或者等待；也正因为他是不耐的才会较之未来而对现在的商品支付一个溢价。

费雪认为人性中“不耐”是一个基本态度。只要人们喜欢早些而不是晚些得到收益，就会存在利息。利息率过去是，现在依然是，由不耐结晶成的市场价格。换言之，不同的人们的头脑中有着各种程度不同的不耐，缓解不耐就需要支付利息，就有了利息率。越不耐的人所付出的利息率越高，反之越耐心的人所付的利息率越低。影响不耐的基本因素包括个人性格特征和所拥有收益的特点。个人的性格特征是指有无远见、自制力的高低、节俭习惯的有无、预期

---

① 可见于清人瞿灏所著《通俗篇》中，该书由商务印书馆于1958年出版。

② 这段文字系恩格斯在《家庭、私有制和国家的起源》一文中的论述，该文收录于人民出版社出版的《马克思恩格斯全集》第21卷，由中共中央马克思恩格斯列宁斯大林著作编译局根据1961年俄文版翻译，可从网上“中文马克思主义文库”获取PDF原文。

寿命的长短及对后代的关爱。其中对后代的关爱是最强大的减息力量。当这一项被减弱，个人尽情挥霍、自我放纵，什么也不留给后人，则利息率必然升高，因此不耐的程度相对最高。预期收益的特点则包括收入流的时间分布、数量、不确定性和收入的构成等。

如果说人性的不耐产生了利息，那么利息反过来又加剧了不耐。列特尔（2003）认为，设定利息只能促使人们竞争，而不是合作。同时，利息的设定决定了表征货币指数化增长、经济同样必须指数化增长才能维持物价稳定，否则必然是通货膨胀。根据费雪理论，对未来通胀率的预期越高，意愿接受的名义利率也越高，表明人性不耐的程度也越高。或者说，由于通货膨胀预期的存在，人们对享受和消费的时间偏好普遍增强，更急于及早消费，即使需要支付一笔溢价或者说是贴现利息。

利息是债务的附属物，没有债务则没有利息，在不可兑换管理本位下，表征货币发行就是最主要的债务。因此费雪关于利息起因的不耐理论同时也就是债务起因的不耐理论，也就是不可兑换表征货币的不耐理论。债务产生于不耐，不愿花时间等待、不依赖自身的积累、不考虑后代的福祉，不能自制、只顾眼前，人们开始越来越依赖债务，依赖货币。只要能支付利息就可以实现梦想而不计后果，这其实很容易，但由奢入俭难，世界上以货币的形式不断膨胀的债务和利息正是利用了人性不耐的弱点开始泛滥成灾的。

当货币从金属本位演变到可兑换管理本位，再到不可兑换管理本位，也就是人性不耐推动货币生产加速，又由于货币生产加速而加剧人性不耐这样一个自我强化的过程。在不可兑换管理本位下，货币的生产变得只剩下印刷纸币和输入存款数字，至于原则本位的约束则因为缺乏刚性的承诺和有效的监督，被抛给社会和未来做出选择。近几十年来，不断膨胀的货币环境刺激了以人性不耐为特征的价值取向，加剧了短期化行为倾向。例如，资本市场融资期限短期化，超过30年以上的债券基本绝迹；企业寿命短期化，如我国民营企业平均寿命不超过 5 年；个人信用寿命短期化，人们追求提前消费，超越还贷能力借债，导致个人和家庭走向破产；产品寿命短期化，耐用品修理不如重置，一次性消费盛行。从政府官员到企业高管，往往倾向于追求短期业绩。人性不耐，欺诈盛行，市场经济的伦理基础不断受到侵蚀；同时对自然无节制的索取、浪费和排泄造成资源耗竭、环境污染、生态退化。

生态危机的警钟自20世纪60~70年代敲响，全球生态足迹在20世纪80年代已经超过地球生态承载力。已经过去半个世纪，人类还没有找到合适的制度框架用以在全球范围合作来应对这个共同面临的危险。2007~2009 年的世界金融危机至今还在欧洲掀起债务危机的余波，根源之一与其说是美元本位引起的全球失衡，毋宁说是人性不耐引发的综合病症再次发作。

第五章　货币本位制度的相容性

一定的经济基础决定上层建筑，上层建筑反过来影响经济基础。货币本位制度也是由一定时期经济基础所决定，并适应经济基础的要求，如果货币本位制度和经济基础、上层建筑的其他部分是协调的，就具有相容性。随着生产力的发展，经济基础发生改变，上层建筑的某些方面也发生变化，原有的制度对经济基础越来越不适应，甚至变成经济发展的阻碍，或者原有的制度与上层建筑其他方面的矛盾冲突越来越突出，这时的制度就与基本面不相容，需要进行调整和改革。历史上的制度与经济社会发展的相容性决定了制度的存废变迁。对于货币本位制度相容性的考察存在着不同的视角，即一种是无限增长的视角，一种是生态可持续发展的视角，此外还应考虑社会的和谐，基于不同的视角会得到不同的甚至截然相反的结果。

第一节　相容性问题的视角

一、无限增长的视角

钟伟（2001）、张明（2002b）等从国际货币制度改革出发提出相容性命题。认为不具备相容性的国际货币制度是货币危机爆发的根源和货币制度变革的诱因。一些学者从几个方面具体探讨了货币本位制度的相容性：清偿力、流动性、可调节性等，认为不可兑换管理本位加上浮动汇率体系比起可兑换管理本位或者金本位更具优越性。提出国际货币制度改革的学者都提出了一些现有国际美元本位制度——在国际不可兑换的管理本位货币中美元实际上居于中心储备货币地位——的不相容性，如霸权稳定不适应新兴经济体崛起的政治经济新格局；美元发行不受制约导致外围国家外汇储备贬值从而遭受不应有的损失；特里芬难题与国际失衡的纠正必须抛弃美元本位，创立世界统一货币；等等。这些意见的基本出发点都是出于保证经济无限增长的需要，保证全球化条件下推动贸易和资本流动的需要。但是，这些因素本身也从反面说明不可兑换管理本位的缺陷——经济增长的合理性决定这种本位制度的合理性。

"黄金自律和清偿力增长自律的矛盾"（钟伟，2001），实际上是指金本位和可兑换管理本位在经济无限增长条件下无法调和作为本位商品的黄金的有限性与管理货币无限增长之间的矛盾。钟伟（2001）认为，全球经济增长的无限性决定了对国际清偿力无限增长的要求，任何以物（不仅是黄金）作为本位货币的设想，都是荒谬的浪费。张明（2002b）认为，金本位制度将使世界经济增长最终收敛于黄金数量增长——不能满足本位货币存量随世界经济总量的增加而同步扩张的要求。则必然产生系统不相容性，金汇兑制度也不能完全解决这一矛盾，因此信用本位取代金本位及商品本位是历史的必然。

这种基于无限增长的货币本位制度相容性观点在一定历史条件下有其合理的一面。金本位制度的诞生和国际化处于自由资本主义欣欣向荣的早期，合作共赢、公平对等是这个制度的基本精神。一般认为，金本位制度的缺点是黄金数量有限，供给缺乏弹性。每当黄金大量流出一个国家，必然显著地带来物价的跌落，这使得商业和制造业受到打击，失业率增加。这种状况持续的时间越长，社会矛盾就越尖锐，冲突和变乱就很可能产生，这是统治当局所不愿看到的。凯恩斯主张管理本位代替金本位的原因之一是对黄金来源枯竭的担心，他考虑最多的不是黄金生产而是黄金可能被少数国家（如美国、法国等）垄断，造成其他国家黄金的人为短缺。实际上，造成黄金回流困难的一个因素就是一国政府出于民族利益的需要对金本位制度的游戏规则进行干预和破坏，这既是出于人性不耐，结果也更加剧人性不耐，形成自我强化、自我毁灭的进程。随着资本主义国家之间的矛盾日益激化，公平合作被政治角力所取代，国家竞争不惜以邻为壑，甚至兵戎相见，以致发生了两次世界大战。由于金本位制度束缚了资本主义国家在短期内快速扩张本国经济的能力，被视为"黄金的枷锁"。这个枷锁既反映了黄金的自然资源稀缺性，也是可兑换性商品本位制度所要求的。在追求增长至上的意识形态下，凡是不利于增长的都要抛弃。这就决定了黄金被非货币化。

然而，这种只有经济坐标的基于无限增长视角的货币本位制度相容性理论不可避免地带有历史的局限性。尽管必须承认，金本位或者任何有限实物可兑换的本位制度都无法适应世界经济总量快速无限增长——如果经济无限增长不是问题而是前提的话。但是，恰恰就是这一点，构成了货币制度研究领域的盲点。现有经济模式下的指数化无限增长，至少在可预见的未来相当长时期是不现实的幻想。

二、生态可持续发展的视角

人类必须从大自然获取生存资源，人类生产消费产生的废弃物则需要自然来代谢。世界正处于一个能源短缺、气候变化的时代，一个资源约束的时代，其效应包括食物短缺、生物多样性丧失，退化的渔业、土壤和淡水资源引发全球的基本资源供求危机。21 世纪，获取生态系统的服务对于经济的成功日益重要。生态足迹（ecological footprint）是指在现有技术水平条件下，特定区域范围内持续提供人类消耗的资源和各类服务，以及分解人类排放的废弃物所需的各类土地和水域面积总量，是一种以土地为度量单位的生态可持续性评估指标。生态承载力（biocapacity）是自然提供资源服务和代谢废物的能力，一般指现存具有生态生产力的土地和水面的数量，能生产诸如食物、木材、纤维等形式的自然资源和吸收二氧化碳排放。它包括五种主要的土地利用形式：耕地、牧场、海洋和淡水渔场、森林、建设用地等，采用生产力调整的土地面积单位来统一衡量。生态足迹和生态承载力的度量单位为全球公顷（global hectare，gha）。

根据世界自然基金会（World Wide Fund for Nature，WWF）2016 年发布的《地球生命力报告 2016》，人类带给地球的生态压力不断增长（图 5-1），基于生态足迹与生态承载力的关系来衡量，全世界从 20 世纪 70 年代早期开始出现了消费生态足迹超过生态承载力，即过载（overshooting）。全球总生态足迹的增长速度大大超过总生态承载力的提高。这表明人类的科学技术创新对于提高生态环境承载力没有发挥同样的作用，这既有主观上对生态承载能力问题的忽视，也有自然规律的客观制约。

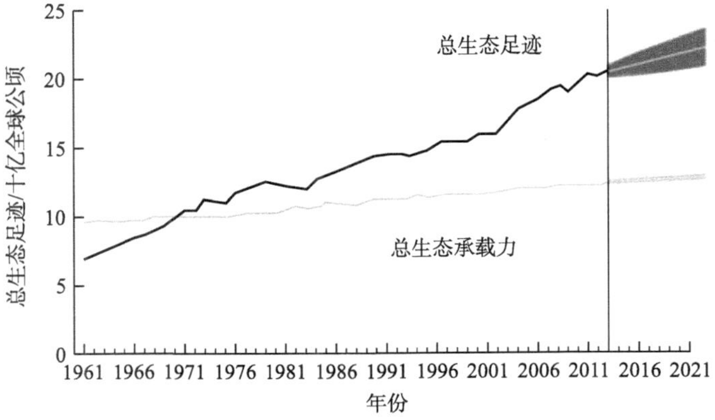

图 5-1　1961~2012 年全球总生态足迹趋势及 2013~2020 年预测数据

资料来源：WWF（2016）

地球养活现有人口的方式是超常获取生态资源和服务。根据2016年世界生态足迹网（global footprint network）的测算，人均生态足迹与人均生态承载力之比为1.6，亦即需要1.6个地球的生态承载力才能持续满足当年人类消费的自然资源和服务（WWF，2016）。显然，消费过载是难以持续的，超过自然代谢更新能力过度砍伐森林、过度放牧、过度捕捞鱼类及过度的碳排放等行为，其后果已经广为人知——物种灭绝和生物多样性减少、资源退化。因为耕地、牧场、森林无法扩张，只能靠消耗大量的化石能源来提高产出，过高的碳排放导致气候变暖、极端天气灾害增多等，必然加剧生态承载力的退化，影响子孙后代的可持续发展。

全球人均生态足迹的收入水平分布如图 5-2 所示。按世界银行的分类标准，年人均 GNP 大于等于 10 066 美元为高收入国家，低于 825 美元为低收入国家，介于 826~10 065 美元为中等收入国家。根据《地球生命力报告2016》的披露，1961~2012 年，高收入国家的人均生态足迹从 5 全球公顷增加到 6.2 全球公顷，1985 年达到最高峰，为 6.6 全球公顷。中等收入国家则从1.4全球公顷增加到2.3全球公顷。低收入国家的人均生态足迹几乎一直处于 1 全球公顷的水平。

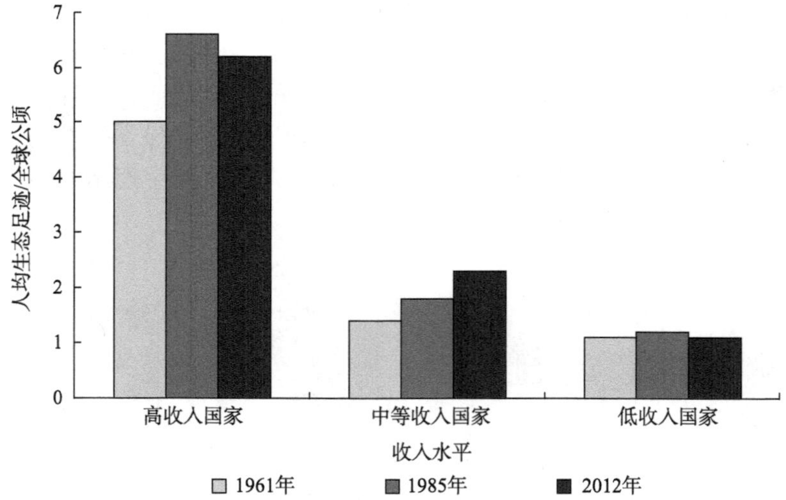

图 5-2　全球人均生态足迹的收入水平分布图（1961 年、1985 年、2012 年）

资料来源：WWF（2016）

表 5-1 显示了不同国家生态足迹及其占比情况。2011 年，澳大利亚、美国、加拿大等发达国家的人均生态足迹分别为 8.32 全球公顷、6.76 全球公顷和 6.57 全球公顷，高居前三，而中国人均生态足迹为 2.49 全球公顷，位居 21，但是国家总生态足迹则高居首位，美国和印度分别居于第 2 和第 3 位。

表 5-1　2011 年度主要国家生态足迹与生态效率

国家/世界	人均生态足迹/全球公顷	2011 年人口	占世界人口比重	总生态足迹/全球公顷	占世界总生态足迹之比
中国	2.49	1 342 946 472	19.55%	3 343 936 715.3	17.38%
美国	6.76	312 172 000	4.54%	2 110 282 720.0	10.97%
印度	0.91	1 189 172 906	17.31%	1 082 147 344.5	5.63%
俄罗斯	4.46	142 525 588	2.07%	635 664 122.5	3.30%
巴西	2.85	197 595 498	2.88%	563 147 169.3	2.93%
日本	3.80	127 469 543	1.86%	484 384 263.4	2.52%
德国	4.37	81 471 834	1.19%	356 031 914.6	1.85%
印度尼西亚	1.33	246 065 161	3.58%	327 266 664.1	1.70%
法国	4.16	65 296 094	0.95%	271 631 751.0	1.41%
墨西哥	2.39	115 701 117	1.68%	276 525 669.6	1.44%
意大利	4.15	61 016 804	0.89%	253 219 736.6	1.32%
英国	4.15	62 698 362	0.91%	260 198 202.3	1.35%
加拿大	6.57	34 030 589	0.50%	223 580 969.7	1.16%
韩国	4.48	49 559 043	0.72%	222 024 512.6	1.15%
澳大利亚	8.32	21 766 711	0.32%	181 099 035.5	0.94%
西班牙	3.41	46 754 784	0.68%	159 433 813.4	0.83%
埃及	1.74	83 298 127	1.21%	144 938 741.0	0.75%
乌克兰	2.81	45 603 516	0.66%	128 145 880.0	0.67%
南非	2.46	51 453 823	0.75%	126 576 404.6	0.66%
巴基斯坦	0.68	187 342 721	2.73%	127 393 050.3	0.66%
越南	1.36	90 549 390	1.32%	123 147 170.4	0.64%
阿根廷	2.78	41 791 721	0.61%	116 180 984.4	0.60%
马来西亚	2.94	28 728 607	0.42%	84 462 104.6	0.44%
荷兰	4.45	16 653 734	0.24%	74 109 116.3	0.39%
瑞典	6.51	9 503 420	0.14%	61 867 264.2	0.32%
乌兹别克斯坦	1.88	28 128 600	0.41%	52 881 768.0	0.27%
巴拉圭	4.16	6 459 058	0.09%	26 869 681.3	0.14%
土库曼斯坦	4.18	4 997 503	0.07%	20 889 562.5	0.11%
新西兰	5.10	4 290 347	0.06%	21 880 769.7	0.11%
世界	2.80	6 869 526 263	100.00%	19 234 673 536.4	100.00%

资料来源：2011 年国别人均生态足迹：史丹和王俊杰（2016）；世界人均生态足迹采用 WWF（2016）中 2012 年的数据；2011 年国别和世界人口：美国农业部数据库；其余数据为作者计算。其中，总生态足迹=人均生态足迹×人口数；占比=国别数据/世界数据×100%

根据表 5-1 的数据进一步可以推算，七国集团国家（美、加、英、德、法、意、日）占世界人口的 10.83%，其生态足迹占比达到 20.58%；金砖五国（巴西、俄罗斯、印度、中国、南非）则占世界人口的42.56%，但其生态足迹占比只有 29.9%。从中可以看出发达国家和发展中国家生态足迹分布的明显差别。图 5-2 则用 2012 年的生态足迹国别收入分组数据进一步刻画了这种生态足迹国别分布失衡的特点。

生态承载力的国别分布也是极不平衡的。根据《地球生命力报告 2016》，巴西、中国、美国、俄罗斯、印度等国占据全球生态承载力的 50%左右，也是世界主要的资源出口国，其生态系统承受的压力巨大，生物栖息地必然受到损害。通过全球贸易体系，一个国家的产出所满足的需求一部分来自世界其他遥远的地方，虽然这些需求者没有因为消费这些资源而直接破坏自己身边的自然环境，却也要遭受来自主要经济体过度生产所带来的间接影响，如大气污染、海洋污染、气候变化等灾害。

脆弱的自然资产容易受到破坏，生态承载力也会受到影响。例如，日本 2011 年 3 月 11 日遭受强烈地震，距离震中最近的福岛核电站发生了泄漏事故，受核辐射影响严重的方圆数十公里地区人员全部撤离。事故发生一年后经初步评估认为，受到事故影响不再能被人使用，或已经丧失生态生产力的地区至少有 1 752 078 全球公顷，相当于日本全国生态承载力的 2.7%。根据日本现行法律关于安全辐射水平不超过每年 1 毫希的规定来计算，得出生态承载力受到影响的面积达到 6 554 200 全球公顷，相当于日本全国生态承载力的 10%（WWF，2012）。日本受到影响的生态承载力也是地球总生态承载力的一部分。而且，福岛事故的长期影响并不限于日本，核泄漏废水一直以来都只能排入海洋，通过洋流扩散到全球，进而影响全球海洋生态环境，而这种全球影响还没有得到整体的评估。

生态足迹小于生态承载力称为生态盈余（ecological surplus），反之，生态足迹大于生态承载力称为生态赤字（ecological deficit）。世界上最重要的两个经济体中国和美国的生态赤字从发展过程来看具有不同的趋势。从下面的“美国和中国人均生态足迹与承载力关系图”（图 5-3）上看，美国于 1967 年左右已经出现生态赤字。中国于 1973 年左右已经出现生态赤字。20 世纪 70 年代末至今，美国人均生态足迹趋于稳定，人均生态承载力降低——人口增长和自然退化是主要问题；中国人均生态足迹快速上升，人均生态承载力快速下降，使得中国的人均生态赤字在 2003 年后快速扩大。中国生态压力指数已经达到 2.23，超过美国的 2.06。生态约束下追求发达国家的生活方式和生活水平已经不可持续，国际社会对中国的疑问就在于，这样的增长还会继续么？如果不顾生态，短期内这样的增长可能还会延续，但是从长远来看，必定是不可持续的。布朗（2002）指出，中国如果要达到美国的人均消费水平是不现实的，美国模式不应该成为发展中国家效仿的榜样。我国学者史丹和王俊杰（2016）写道：

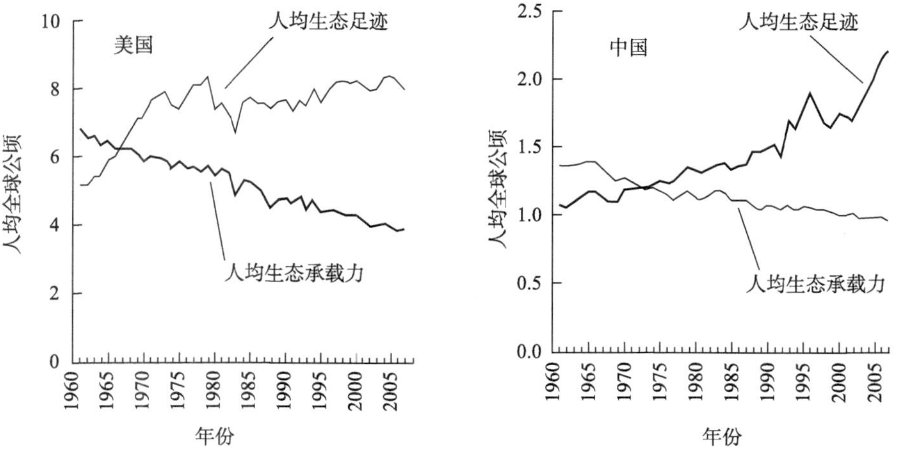

图 5-3　美国和中国的人均生态足迹与承载力关系图（1960~2007 年）

资料来源：ecological footprint network

“总体上，中国面临较大的生态压力，对大自然的索取已经远远超过其持续供给能力，需要约 3.4 个中国才能满足目前对大自然的需求。若不采取适当措施，中国生态环境将继续恶化，并发生不可逆转的变化。”

中国人口最多，生态承载力总量仅次于巴西，居世界第 2 位，生态赤字总量仅次于美国，居世界第 2 位，2011 年经济总量超过日本，仅次于美国，居世界第 2 位，也是世界上经济增长速度最快的发展中经济体。作为正在崛起的发展中国家，在赢得国际社会尊重的同时，中国也必须承担大国的责任，包括应对生态危机和构建合理的国际经济秩序。从人类的长远利益出发，而不仅仅是从短期利益、局部利益思考，应该采取生态优先、基本生活保障优先的策略，减少 GDP 中的野蛮、浪费和奢侈，并稳步实行绿色 GDP 战略，用兼顾生态环境和未来代利益的发展指标体系考核官员的政绩，克服政府官员的短期行为。

正如美国著名生态经济学家戴利指出的，基督教精神所崇尚的人类中心主义使得西方文明忽视了生态环境；物质的享乐逐渐使人们把创造财富当成唯一的人生目标，崇尚生产和消费，轻视信仰和文化。18 世纪以来的财富爆炸式增长也带给人们一个物质财富可以无限地指数化增长的幻觉，而作为财富代表的货币也就顺理成章有了指数增长的模式，也就是今天主流经济学依然奉为金科玉律的“货币时间价值”——按照市场利率 r，一定数量的货币 P 在经过 n 个计息周期后的终值 F 为

$$F = A \times (1 + r)^n$$

反之，n 个计息周期以后的未来某个时间点上的一定数量的货币 F 的现值 P 为

$$P = \frac{B}{(1 + r)^n}$$

这已经广泛应用在投资决策分析之中。现实的情况是，作为虚拟财富的货币可以毫无困难地实现指数化增长，而真实财富却不能。实际上，现在的 GDP 增长已经不能代表真实财富的增长，不能反映生态环境的代价，反而误导国家的宏观经济政策和环境政策。

在自然方面，人类已经透支，消费资源超过地球可更新的数量，经济增长超越生态承载力。这种透支还可能持续一段时间，因为人类还可以使用存量和扔掉废物。但是最终，这种透支会越来越严重，以至于世界上什么东西都要通过二选一的对决来竞争性获取。2007 年以来的世界经济危机使得各国更加依赖传统的资源消耗型增长路径来复苏经济。透支必然给各经济体带来严重的后果——地球的资源再生能力退化，温室气体和其他废物的累积可能引起关键的生态系统短缺甚至崩溃。而这种路径依赖并非不可避免。在全球透支的时代，积极的、可持续政策并不会削弱反而会增强经济的竞争力和韧性。繁荣和幸福离不开维系经济和生命的基本生态资源和服务。控制人口，提高资源使用效率，减少过度消费，管理好生态资产，增加收益，停止透支，资源约束才会根本得到解决。

总之，数量型增长已经带来自然代谢的紊乱、生态恶化、资源短缺，增长在不少地方变成了“不经济的经济增长”“不可持续的增长”“不受欢迎的增长”。在物质财富高度丰富而分配极度不均，并且这种不均日益扩大的当今时代，无限增长不再是解决一切问题的灵丹妙药，反而给社会带来福利损失和不稳定。实际上，生态经济的建立和恢复自然生态本身，都要求稳定和减少自然物质资源的消耗，实行通量意义上的稳态经济政策，因而，在技术既定的条件下，全球经济增长有目的放缓是必要的。

既然无限增长作为前提被生态限度所否定，由无限增长所带来的无限清偿力要求也就不复存在了。黄金、其他贵金属或者商品及组合，不应再以数量有限从而束缚清偿力无限增长的理由被排斥在未来可持续货币本位制度的选项之外。货币的数量应当随着经济转向通量稳定和质性发展而改变，从易于扩张的本位制度，转向易于稳定的本位制度。如果张明（2002b）的论断——金本位将使世界的经济增长收敛于黄金数量的增长——能够实现，则单从收敛增长的作用来看，金本位也不失为一种有利于可持续发展的货币本位。

第二节　不可兑换管理本位的不相容因素

一、货币无限发行和币值不稳

弗里德曼认为通货膨胀从来就是货币现象，大量的实证也表明货币发行过多是造成通货膨胀的原因。高茵（2010）对中国 1996 年 1 月~2008 年 12 月的财政支出、货币供应量及 CPI 月度数据的实证分析结果表明，物价自身在短期内对通货膨胀起决定作用，而从长期来看，货币供应量是影响通货膨胀的最主要因素。布雷顿森林体系崩溃后，黄金非货币化，人类从此摆脱了黄金的桎梏，完全不可兑换管理本位制度扩展到了全球。作为主要国际货币的美元、欧元的发行不受制约，造成当代全球流动性膨胀（刘骏民和段彦飞，2008）。从图 5-4 中可以看到美国 1867~2015 年末货币存量的情况。第一次世界大战以前的货币量极小，几乎无法显示，第一次世界大战后，美国的货币增长基本满足一个速度为 6.39%的指数增长模式，指数趋势方程的拟合度高达 0.99。在后布雷顿森林体系时期，货币总量的绝对增长量是惊人的，20 世纪 70 年代中期以来，很多年份实际货币数量都超过了平均趋势线的预测。对比图 3-1，美国的年均实际经济增长指数约为 3.38%，货币增长显著快于实体经济的增长 3 个百分点。整个不可兑换管理本位时期（1974~2016 年），美国的物价指数环比年增长率平均达到 3.5%（表 2-1），其中货币超经济增长起到主要的作用。

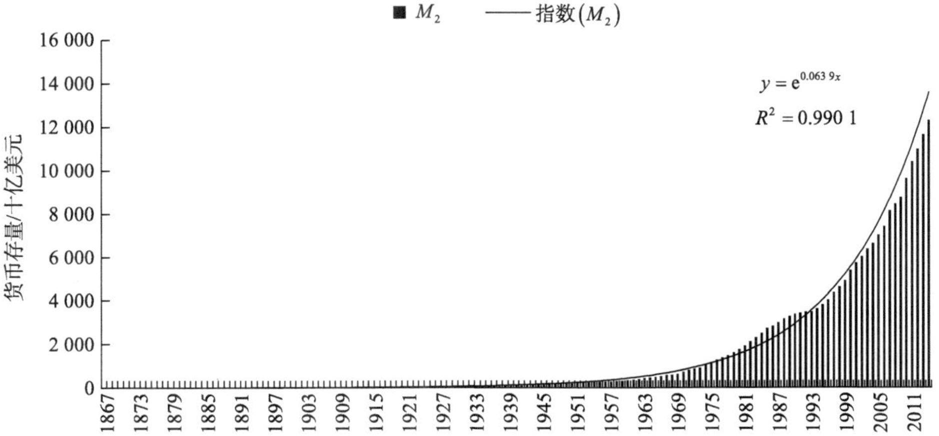

图 5-4　美国的货币存量（1867~2015 年）

资料来源：1867~1958 年数据来自弗里德曼和施瓦茨（2009）；1959~2015 年数据来源于美联储公布的货币存量 M_2 年末数据

货币无限增长的本位制度基础就是不可兑换的管理本位，所发行的货币就是张五常（2010）所说的“无锚的货币”，而他更是引用费雪的观点，即无锚的货币必然给国家带来灾难。实际上，无限增长的货币和长期物价上涨，带来了许多问题。

（一）单向度的政策干预降低经济体系活力

金属货币本位制度有货币数量自发调节机制，本位货币可以退出流通进行贮藏或者作为商品被消耗；与本位货币完全可兑换的纸币如果发行过多，也可以经兑换而收回销毁，这些都是为保持币值和信心自愿采取的积极措施；货币的币值长期稳定，短期的经济波动不改变人们的预期和行为。而不可兑换管理本位制度下，货币的退出机制是消极的，即债务规模的绝对缩小。这意味着消费或者生产的下降，更意味着债务货币发行者的损失。

由于人性不耐，短期的生活水平和就业率的下降会被公众视为管理的失败，因此管理者实际可以采取的不是围绕以满意的价格水平为中心的对称措施，而是不对称的单向度的调节措施，即产出、就业只能增不能减，或者按照凯恩斯主义的政策，物价不能下跌、利率不能升高。这些不对称的单边宏观调控的政策实际上如同温室，导致经济失去活力和弹性。既然一直能够赚钱，生产者认为技术可以慢慢更新，扩大销售最重要；消费者淹没在广告和商品的海洋，加上储蓄常常是负收益，消费才是硬道理，他们作为市场经济的裁判却缺乏足够的注意力和意愿选择真正好的商品和服务。

从图 5-5 可以看到，美国 1870~2015 年实际产出与实际货币变动率的波幅在经历两次世界大战的震荡放大后总体趋向收敛，20 世纪 50~60 年代是一个平缓时期，被称为战后资本主义的黄金时代。20 世纪 70、80 年代波动略有放大，随即进入一个 20 多年的大稳健时期。

第一次世界大战前金本位时期货币和产出在变动趋势上是相当一致的；第一次世界大战期间出现大幅的背离，从 1918 年的产出增、货币降到 1921 年的产出降、货币增。1929~1934 年这种背离再次出现；1941~1957 年产出先于货币变动，或不受货币变动的影响，1957~1981 年，产出与货币的变动相关性再次提高；1981 年后产出对货币的反应减弱，甚至背离，如 1993 年前后实际货币减少但产出不减；2000 年实际货币增加但产出不增；2005~2009 年实际货币增加但产出减少。最为显著的是 CPI 的长期走势。在金属本位和布雷顿森林体系时期，不论实际货币变动率还是实际产出变动率如何变动，消费物价水平都保持平稳；而在不可兑换管理本位确立后，特别是从 20 世纪 80 年代开始，CPI 就几乎变成了一条 45° 到 60° 的斜线，不论产出和货币如何变动，如何背离，物价一路“扬长而去”。很显然，大稳健时期美国的逆向货币政策操作一定程度熨平了产出的波动，压低了通胀率，但没有从根本上稳定物价水平的政策意图。

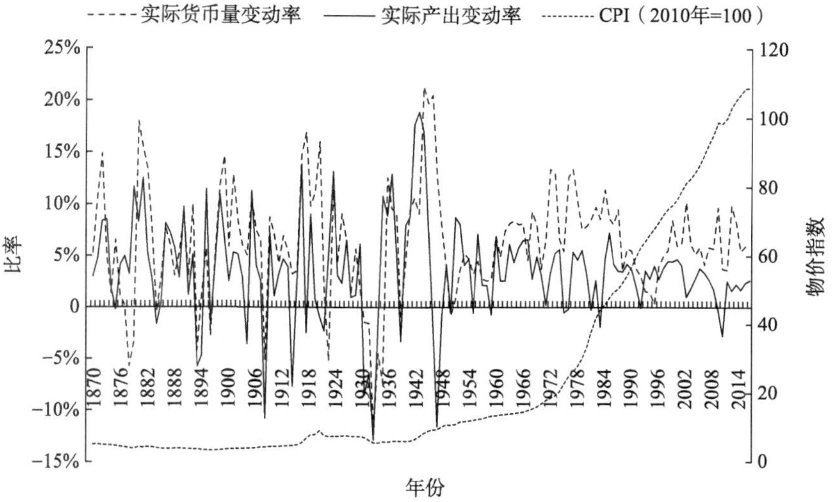

图 5-5　美国实际货币量变动率、实际产出变动率与 CPI（1870~2015 年）

资料来源：作者根据图 2-1、图 3-1、图 5-4 数据计算

在一个长期通胀的环境下，通胀预期就是理性预期。一般认为，预期到的通货膨胀对产出没有作用，只有没有预期到的通货膨胀才会在短期内影响产出。G7 国家 GDP 增长率不断下降的趋势反映出温和通胀的货币政策对提高产出已经作用有限。

（二）长远问题——老龄化

趋势性的物价上涨是不可兑换管理本位制度的内在特性，因为凯恩斯主义相信温和通胀有利于经济增长和减少失业，尽管不愿意让固定收益者和贷款人、储蓄者受到损失，但是相对生产者和劳工，他们的利益可以牺牲一些。这种利益比较和抉择在凯恩斯的时代或许是不错的，那个时代人口出生率高，青年占主体，依靠固定年金的老人群体是社会的少数；富有的食利阶层承受损失的能力比较高。然而现在来看，全球老龄化时代已经来到，女性如果 50 岁退休，活到 100 岁，有 50 年的时间依靠养老金，并且发达国家都是高龄少子，未来代人口比例下降，而赡养的上代甚至上两代人口却多，养老金的贬值和不足已经成为发达国家普遍面临的困境。Rolnick 和 Weber（1994）认为，如果不考虑恶性通货膨胀的情况，不可兑换管理本位下的年均通胀率大约是 6.5%，如果考虑恶性通胀，则将是 18%。即使是温和如 5%的年通胀率，也意味着现在缴存的 100 元养老金到 20 年后应该增值为 265 元才保持了原有的购买力。而工资收入增长速度低于 GNP 的增长速度，甚至低于通胀速度的状况持续多年，银行存款利息低于通胀率也已不是新鲜事了。

这部分缺口意味着老年人的生活水平面临下降，老年生活的尊严受到威胁，而当老年人占人口比例逐年上升时，社会的稳定性和幸福感就有动摇的危险。这种潜在的不确定性即使只是预期，也意味着现在靠退休金养老的计划是不可靠的，工业社会的养老福利制度将面临崩溃。

二、货币管理的权责利错配

（1）管理货币在节约私人的资源成本的同时存在兑换风险。

一个商品本位需要消耗资源成本，以提供额外所需的货币商品，这包括需要人力和其他资源把金、银、铜等金属开采出来，制作成货币。在一个静态的经济中，货币产量只需要能弥补磨损的损失；在一个增长的经济中，则需要提供一个货币存量的增长。而这个资源成本太高，以至于社会用很强的激励去寻找一个廉价的途径提供交换媒介。一个静态经济的商品本位希望使用一种永不磨损的商品充当本位，以便一劳永逸不再生产新的货币。每个人都要放弃一些实际资源获得货币，或者放弃货币得到实际资源。纯商品货币的资源成本是促使表征货币得以发展的一个主要因素。只要人们相信银行本票可以兑现货币商品，银行本票和货币商品本身一样有用，并且远远比货币商品便宜。人们发现只需要保持本票余额一定比例的货币商品就可以应付兑现的需要，私人发行的表征货币进一步扩大，取代商品货币以节约资源成本。

管理货币是依靠与本位铸币之间的兑换性发展起来的。而兑换风险也就由管理货币持有人承担。自由资本主义时代的金币本位制度有三大自由，包括金币可自由铸造、自由输出入和自由兑换。政府和银行家都希望公众信任代币券代替金币流通，因此要保证存款人随时可以要求提取金币的权利，经过不断的验证，在反复博弈中建立存款人的信任。显然，减少兑换对于双方都能节约成本。关键是消除兑换的不信任动机。随着人们接受管理货币的便利性，流通中的金币日益被银行券替代流通，银行券和各种票据的数量超过银行准备金早就是内行人的常识，由此，部分准备金银行制度就得以悄然实施，加上银行追逐利润的结果可能出现准备金不足以应付日常或偶然大宗的提取，引发恐慌性挤兑，大银行偶尔帮助小银行应付挤兑的成功实践，催生了中央银行的监管和救助角色。中央银行制度受到国家权利的监督和支持，隐含着对管理货币发展的鼓励和担保，减弱了持有人的兑换-检验动机，这是管理货币最终在一国完全取代本位铸币的一个重要条件。

（2）管理货币的成本转到公共财政。

自由银行学派主张，市场自发组织的清算所也可以承担监督和救助的角色，不需要中央银行或者国家干预。然而，货币和银行安排能否交给市场，和所有其他经济活动一样遵循一般原则？新自由主义者的回答是否定的，认为国家对货币和银行问题进行干预管理是必要的，主要有以下几个原因。

第一，整体而言，表征货币取代商品货币有利于节省生产商品货币的资源成本，但表征货币的超低成本使得个人有动机额外发行，使得表征货币退化成为纸货币。纸本位，因其几乎没有成本而不存在稳定的均衡价格来制约货币发行量，钞票上多印刷一个 0 几乎不费成本，根本不知道价格水平会到什么地步。因此，必须给表征货币施加一个外部限制以维持其面值。竞争不能带来一个有效的限制，因为其生产无论过去还是现在一直存在技术垄断，因此不适于私人市场竞争的情形。

第二，货币事务实际上很少完全听凭市场，即使在自由社会也是如此。如果表征货币媒介的所有的支付承诺都如约兑现，或者社会情愿实行极端主义的“买者自担”，或者说“自作自受”原则，让债权人自己承担被违约的后果，则无须干预。现实是恰恰相反的，第一种情况不大可能，而第二种情况既不大可能出现，也不可能心甘情愿。于是客观上需要有人来强制那些善意签发了支付承诺的人履行合同义务，需要有人来防止欺诈，尤其是伪造票据。这两者都是大多数人希望国家来承担的。合约难以执行、欺诈难以防范的事情时有发生。货币的核心功能要求它被普遍接受并不断流转。结果，付款承诺经过一段时间在多个互不了解、相距遥远的当事人之间流转后才发生了拒付，或者才发现属于伪造或者欺诈，就给并非出票或受票的善意第三人带来了麻烦和损失。这个第三方效应引起了防止付款票据欺诈和强制执行此类合约的特殊迫切性。

这些特点使得政府有干预的理由：纯商品货币的资源成本高昂，由此促进了表征货币发展，以及支付指令等流通工具的运用；在遇到违约和欺诈的情况下，强制执行一个作为支付媒介的付款承诺及防止欺诈行为都各有其特殊的困难；纯表征货币的生产成本太低，必须进行生产技术垄断，则导致必须从外部限制其生产者数量；最后是货币广为流散的特征，即货币的发行给非直接参与人带来的影响，使得前述特征更为重要。稳定的货币制度是私人市场经济有效运行的基本前提。因此提供一个稳定的法律制度是政府的基本职能。众所公认，政府的中心任务是给货币数量设定外部限制，并防止伪造。政府对于货币体系的责任是早已被普遍接受的常识，在票据产生的早期政府就参与其事，部分是为了规制比例准备金本票的签发，部分是为了利用票据获取实际资源。中央银行的出现，在特定的历史时代保护了银行业的发展，国家公共财政开始承担货币管理的成本，而国家和银行也获得了管理货币带来的好处——铸币税、通胀税等。

（3）不可兑换管理本位的货币金融稳定完全依赖管理，货币当局责任重大，难堪重任。

可兑换管理本位把“可兑换”这道直接的信心保证去掉以后，就成为不可兑换管理本位，并给了“管理”完全的责任。不可兑换管理本位建立在发达的金融体系和中央银行货币政策有效的假设之上。但是现实的发展往往出乎当初制度设计者的意料。在很多情况下，货币政策可信度低，官僚寻租，效率低下；频繁的金融和经济危机带来大量的交易成本；通胀预期导致短期行为，破坏生态环境，消费者在通胀预期和债务压力下的个体理性选择却导致集体非理性的结果。

（4）金融体系在完全失去黄金准备之后，也就失去了作为债权人反对通货膨胀的利益来源。经营模式从本息关注、利润导向变成了手续费关注、公司价值导向。

第一，金融体系纪律性、责任性大大减轻。可兑换本位时期，银行都有自己的黄金为发行银行券做的准备，银行多发银行券将遭到挤兑破产；在黄金储备国有的情况下，政府多发货币引起通货膨胀也一样受到准备金的制约，因为不可能对多发的货币维持平价兑换，一旦多发必然招致兑换压力，引发货币危机。这种条件下贷款本金的价值才是稳定的，利息率主要反映实际利率。本金的损失比利息后果严重得多。而当政府或者中央银行的货币发行不依赖黄金储备以后，由于不存在兑换压力，为银行等金融机构倒逼中央银行货币发行打开了大门——金融危机可以迫使中央银行“坐直升机撒钞票”，货币政策纪律全然消失；存款保险体系的设立，为金融机构不受公众监督的信用扩张提供了担保，法定纸币准备金要求也逐步弱化取消。进一步摆脱存款人制约的是，商业银行不依靠吸收存款来放贷，反而是依赖中央银行和票据市场来获取短期资金发放长期贷款，由于中央银行和金融体系都没有兑换的硬约束，引发现代货币危机的不是银行的存款人挤兑，而是债务人违约。

第二，金融机构盈利模式转向风险性、短期化投机。货币之所以重要，在于它能通过改变实际物质财富的分配改变人们的相互关系，包括横向的分配关系和纵向的代际关系，在改变人们的习惯和行为的同时影响社会道德与伦理观念，给社会的和谐发展带来重大的影响。在一个通胀的环境下，银行长期所获利息超过本金的账面价值；账面利润不能反映真实收益，虚盈实亏也得继续经营，只要公司的股票价值增长，股东和管理层就有可观的回报，因为银行自己有货币创造的权利。因此金融体系走向了规模化经营，从扩大手续费角度不计成本和后果地扩大业务是最重要的，即使发生风险，也不会构成太大的损失，因为消费者有保险，政府会救助，个人所得都是现金，大不了“一倒了之”。于是投机盛行，高风险行为和不道德行为受到了不当激励，社会的伦理价值观念紊乱。

（5）国际收支的债权国往往利益受损。

不可兑换管理本位下汇率自由浮动，国际收支的债权国往往利益受损。多数外围国家依然盯住美元等储备货币，害怕浮动，浮动可能带来的好处并没有体现，而且因为担心汇率遭受对冲基金等国际金融炒家的操纵和狙击，各国还积累了巨额的外汇储备。货币弹性的获得以价格失去弹性为代价，利率和货币量受到政府的干预，价格变动不是反映供求变动的信号，这导致资源错配和经济低效率。

现在银行业虽然走向全球化，中央银行却还无法超越国界。全球化时代，民族国家继续封闭式有效管理主权货币的基础已经动摇了。层出不穷的金融创新已经给各国监管当局出尽了难题。既然管理货币已经走出国界，就要重新考虑新的管理体系和本位制度。

三、对社会伦理道德的破坏性影响

许尔斯曼（2011）认为，财货和服务的生产不单纯是技术上的问题，它通常依赖于法律和道德的框架，并对该框架做出反馈。现代货币体制（特别是银行、中央银行和纸币）的道德层面，或者换言之，通货膨胀如何影响人的道德和精神性情的问题，是人们面临着的一个巨大缺口。不可兑换管理本位制度导致的长期通货膨胀违背了社会基本财产权规则，造成了三种后果：使违规者获利而其他持币人受损、债务得以超常积累、货币购买力超常贬值。为永无止境地增加信贷量而设计的货币制度破坏了个人责任感的根基，不知不觉成了制造社会不公的工具，它们引发通货膨胀、不负责任和不合理的收入分配——通常是劫贫济富。

在不可兑换管理本位制度下，国家得以无限制利用法令性通胀为战争和高福利体制融资。西方发达国家的福利政府取代了家庭和社会原有的许多功能，人们无论如何都要为福利政府买单。被迫纳税的制度体系，包括通胀税，使得家庭和私人慈善走向衰微、崩溃，结婚生育行为减少、抚育和关爱子女的母爱行为减少，家庭内部联系削弱。福利体系的低效率带来巨大的浪费，起到了打击道德者，补助不道德者的作用，不仅破坏人们对道德的信念，更抑制了人们的道德情感。

在不可兑换管理本位制度下，金融机构组织不是竞优而是竞次，即宁愿冒较大风险以获取收益；原因就在于风险成本通过信用货币法偿化特权而外化给社会，收益则归金融机构私有，形成风险收益不对称的金融暴利机制。金融机构越是冒风险，规模就越大，就越容易“大而不倒”，越能依靠政府和纳税人来承担风险。

在不可兑换管理本位制度下，企业融资变得过分依赖银行贷款而忽视股本积累，负债经营、快速扩张成为成功经营的典范，这实际上帮助了一些缺乏经营能力的企业家快速成功，挤占了真正有发展潜力的企业家的生存空间，大家急功近利、避难就易的结果是减少了真正的企业家，削弱了市场企业的生命力，往往环境稍有波动，立刻出现企业经营的波动甚至破产。

持久通胀使产品质量实际降低。快速消费品行业为了市场份额等竞争需要，不以提高价格的方式消化成本价格上涨的影响，而是采取生产劣等的产品以次充好，或者以相同的名字出售，以及改换名字以新产品形式销售；在建筑业领域则是诸如豆腐渣工程这样偷工减料的方式，其初始合同价格未能覆盖建设期的通货膨胀，导致企业不顾质量降低成本。正是持久通胀的预期造成产品质量普遍逐年降低的趋势。在持久通胀的环境下，欺骗诱导公众的虚假广告宣传屡禁不止，社会准则和道德底线模糊不明，金融市场充斥着不真实的信息，说谎症如同癌症逐渐扩散到经济的各个领域。

家庭和个人成为债务奴隶，举债消费和增加金融投资取代先储蓄后消费的传统习惯。债务依赖越深，人们的自立性就越弱，从脚踏实地和独立思考变成幻想及盲从。为了还债，人们把货币收入看作选择职业的第一标准，忽视职业本身与个人兴趣、家庭需要等幸福因素的协调，通胀还迫使人们花更多时间甚至一生来关注理财，社会因通胀而物质化，一味向钱看。

第三节　可兑换管理本位的相容性因素

商品本位包括金本位和可兑换管理本位两个层次。金本位是直接用金币作为流通货币的，本位商品与本位货币集于一身，支付意味着清偿；而可兑换管理本位是国内所用管理货币不可兑换而在国家间通过兑换本位商品发挥最后清偿作用的。因而金本位也被称为纯粹的商品本位，而可兑换管理本位是一个部分商品本位。

一、商品本位依托于自然物质基础

商品本位下作为标准货币或者发行准备的标准商品，如金、银等贵金属都是来自自然矿产，是自然界的产物。全球的自然物质分布存在差异，决定了不同国家货币演化发展的路径不同，但是最后都进入金属本位阶段，反映了金属作为货币具有天然的优势：质地均匀、容易鉴别、耐保存、价值量较大、易于携带、分割等。受到当地矿产种类和技术的影响，西方以用银为主，东方以用铜为主。随着新大陆的发现，黄金和白银的产量大大增加，西方金银并用，继而弃银用金，东方银铜并用，继而弃铜用银，这些演变都受到自然物质基础的决定性影响。

尽管不少人担心黄金资源枯竭，因而否定其适应现代经济庞大货币需求的可能性，但事实表明，黄金供给实际上并没有像凯恩斯担心的那样趋于枯竭——新的矿藏陆续被发现；同时，在可兑换管理本位或者部分商品本位下，本位商品的需求量也不必达到流通货币的 100%。然而，预期不足仍然是经济学家经常提到的问题，对此应该从两个方面来理解。一方面，黄金的稀缺性、有限性正反映了其他自然资源的稀缺和有限，凡是容易得到的就不宝贵，而人类发展到浪费型消费的今天，需要重新学会珍惜所得到的，黄金的有限性更促使人们适应生存在一个资源有限的地球上的这个现实；另一方面，在人与自然协调的可持续发展前提下，要满足对黄金的货币需求要靠相关科学技术的进步，人类解决能源、水和其他资源短缺问题同样也要靠科技的进步，两者是相辅相成、互相统一的。货币采取某种商品本位，有利于恢复人们对人与自然关系的重视。货币挣脱黄金枷锁后的无限度扩张，使人们急功近利，淡忘了自然和生态的本质，失去了珍惜和节制的观念。一个有限货币、物价平稳环境，更有利于科学天才持久地探索地球和宇宙的奥秘。

商品本位制度具有货币供应量有限、价格长期稳定，同时价格预期长期稳定的优点。金本位的历史表明，金本位为价格水平提供了可信的锚，货币供给不能任意增加，对货币量的冲击仅发生在黄金生产的成本受到影响的情况下。这限制了价格水平的运动，并且锚住了预期价格水平（怀特，2004）。这是金本位相对于管理本位的重大区别。在典型金本位制度时期，预期通胀率的均值为零，如果黄金供给减少，通货将会紧缩。从世界范围来看，虽然金本位存在的时间并不长，但是却发挥了巨大的历史作用，第一次和第二次产业革命都发生在其鼎盛期内。工业和农业的技术进步是经济增长的推动力，当采掘技术与一般技术同步时，有助于稳定黄金的购买力。生产力的提高会使单位产品的价格下降，同样数量的商品流通需要的黄金量减少，节省的黄金既可以退藏也可以进行新的投资。而流通中的黄金会逐渐磨损，现有的矿藏逐渐开采殆尽，于是在其他条件不变的情况下，黄金的购买力随时间上升高于长期均衡水平，这会刺激金矿主加深开采现有的矿藏，还会刺激新的勘探、开采和纯化技术的发明创造。发现金矿和开采金矿方面的技术进步可推进增量黄金的供给曲线，从而使黄金购买力回落到长期水平上。历史上黄金购买力偏高或者偏低的情况可以持续数十年，而黄金产出做出反应的周期，从勘探、发现新金矿、增加开采直到满足有效黄金需求，使得黄金购买力恢复正常水平可能需要 25 年的时间

（Bordo，1984）。历史上金矿提纯黄金的氰化技术的发展降低了黄金的生产成本，极大地刺激了南非黄金储备的开采，而氰化技术之所以于1899年应用于商业用途正是19世纪80年代的黄金高价所引致的。

20世纪后期受到世界黄金价格上涨的刺激，金矿勘察开发投资持续增长，新型成矿理论、新的物理理论和化学勘探技术，如航天遥感、痕量金分析技术等得到运用，发现了一大批新型金矿，如澳大利亚和巴西的红土型金矿、北美的卡林型金矿等。特别是在亚太地区的日本–菲律宾–印度尼西亚–巴布亚新几内亚–新西兰新生代岛弧链上发现了储量惊人的金矿脉，据估计印度尼西亚的储量有1 800吨左右，新西兰有1 300多吨。一些老矿区因为重新发现储量又恢复了生机。2010年世界探明黄金储量中，澳大利亚占14%，南非占12%，俄罗斯占10%，智利、美国和印度尼西亚各占6%，巴西占5%，秘鲁、中国各占4%，乌兹别克斯坦占3%。2010年世界黄金产量为2 560吨，是金本位时期黄金产量的4倍以上[①]。

实际上，虽然经济发展对于货币金融的过度依赖是应该逐步减轻和解除的，但是这显然需要一个很长的过渡时期。金本位制度与生态文明具有相容性但条件尚不具备，可兑换管理本位制度则兼顾了生态环境约束与货币适度弹性供给，具有更强的适应性。

二、可兑换管理本位兼有商品本位和管理本位的优点

可兑换管理本位将生态约束与货币供应适度弹性结合起来，既有商品锚定也有管理原则，是介于纯粹100%准备的金属本位和100%脱锚的管理本位之间的货币本位制度，其优点如下。

第一，将兑换性局限在国际债权债务的集中性清偿，有效制约个别主权货币无限制发行给其他国家带来的损失，提供真正的清偿力。现行国际货币体系，有人称之为美元本位制度，实际上没有提供最后的清偿力，美元不过是债务的符号，没有确定的价值，必须购买、消费才能达到最后的清偿。而美国制造业大量向发展中国家外移，实际上用美元买到的都是持币国家自己生产的产品，真正能够消费的是服务和军火，结果造成了发展中国家对美元债权的非意愿的积累。

第二，国内管理货币不可兑换，给国内货币政策和金融发展以足够的弹性空间，避免了商品本位下因储备不足带来的金融脆弱。保持国内的非兑换性有

① 根据美国地质调查局2011年10月26日更新的数据，1900~1913年西方金本位时期世界黄金平均年产量为586吨。

利于保障国际兑换性的需要。

第三，国际可兑换的制度安排也将制约国内货币的管理原则，控制国际收支的余额规模，保持经济的内外均衡。可兑换管理本位制度具有自己的弱点，即国内利益的诉求可能冲击国际义务的履行，导致国际清偿的中断或者债务违约。但是由于商品储备的透明性，有关国家可以及早规避风险，控制顺差规模，防止形成过大的损失。

第四，照顾到管理货币已经建立起的使用习惯，对民众实际经济生活的影响不大；兼顾了主权国家控制力和可兑换商品锚定之间的平衡，政治上容易被接受，制度变迁的成本和不确定性较低，货币稳定的可信度高。

实际上，借鉴布雷顿森林体系的经验教训，可以在改良的基础上逐步恢复一个新的布雷顿森林体系，而可兑换性是检验货币体系是否健康的试金石，舍弃可兑换性，管理货币将难以凭主观意愿获得长期有效的制约，而长期效应才是可持续发展所关心的。

三、商品本位的运行基础是市场原则

19 世纪末西方进入金本位的过程也是白银作为商品大量流入中国，推动银元本位制度建立的过程。而美国1933年的白银收购计划却无意间造成了中国银本位的终结。罗斯福的本意是阻止银价下跌，但这个计划只顾满足白银矿主的短期利益却忽视了白银作为货币的长期作用，大量白银被美国政府窖藏，迫使世界上最后一个银本位大国——中国——承受不了白银大量流失带来的通货紧缩而最终选择了法定货币，为中国 20 世纪 40 年代发生法币恶性通货膨胀埋下了祸根（Friedman and Franklin，1992）。同样，凯恩斯一直关注的美国、法国等国的黄金收购和管制也是欧洲金本位最终不可维系的一个原因。因此，国家对国际、国内市场的过度干预对商品本位正常运行构成了威胁。

布雷顿森林体系表明，加强国家控制力和限制货币发行权滥用之间可以在部分商品本位上找到某种平衡，布雷顿森林体系的弱点是把为国家间提供流动性和可兑换性的责任过于集中于某个主权国家的货币当局，造成特里芬难题。一旦中心国家拒绝继续提供可兑换性，整个制度就无法维系。借鉴金本位、金汇兑本位时期的市场化兑换方式，建立更加公平、对等的基于市场而不是政府的国际本位商品兑换机制，有可能使制度运行的风险更加分散，效率更高。

本 章 小 结

当代经济制度应当以可持续发展为基本出发点，摒弃单纯追求经济增长的传统理念，重新审视金属本位、可兑换管理本位和不可兑换管理本位的相容性问题，为国际货币本位制度改革提供扎实的理论依据。

不可兑换管理本位制度的基本要求是通过无限弹性的货币供给保持低利率以刺激投资，依靠经济增长解决一切难题。现实是经济增长不仅没有解决诸如失业、收入不平等难题，还造成了生态危机，不可持续的经济增长损害了未来代的利益；而长期通货膨胀威胁到老龄化社会的养老和医疗福利制度，老而贫困、老而失养的威胁直接损害社会群体中相当一部分人的切身现实利益，更影响到青壮年的未来预期；而无限的货币和人为压低的利率导致金融盈利模式彻底转变，从选优变为竞次，通过无限交易的衍生市场把利息转化成高昂的手续费用和难以理解的组合现金流结构，变相加快了利息的贴现，同时把风险无限递延到未来、扩散到世界。尽管无限交易的理论似乎颇有道理，但它依然必须面临世界有限性的现实，人性不耐在这种货币制度中自我强化、自我毁灭。频繁的危机和市场信心的丧失，正在动摇不可兑换管理本位制度的基础。

包括金本位和可兑换管理本位在内的商品本位制度，其基本要求是通过市场机制实现自由贸易。从金本位到布雷顿森林体系，黄金一直是诚实的货币，作为财富的最高形式，以它为媒介的交易是庄严的承诺，极大地促进了世界市场的形成。黄金价值的稳定性在货币本位制度中充分发挥出来，作为公平和客观的社会契约，起到合理的价值尺度和财富贮藏作用。合理的货币体系也就是社会财富分配体系，是决定社会道德的底线，是构成社会伦理的基石。合理的货币体系把公正平等的回报给予勤劳生产财富并善于储蓄和积累的人，而投机取巧、急功近利的人则在这种货币体系下受到遏制。货币体系决定财富分配方式，合理的货币制度有利于真实财富的创造，不合理的货币制度则鼓励投机，破坏社会伦理基础，使人类走向混乱和消亡。

第六章　货币本位制度改革

第一节　货币本位制度改革的方向

从 1971 年起，主要货币都不再与某种商品挂钩，人类历史上第一次完全进入不可兑换的管理货币时代。虽然这种变革适应了当时激增的经济增长对清偿力的需要，但是不可兑换管理货币不稳定的弊端也日益暴露。市场在长期通胀预期下演化出以短期化为特征的适应性反馈，改变了物价利率行为，影响波及宏观经济绩效和长远可持续协调发展。实践表明，不稳定的货币会加大社会经济交易成本。例如，为了减少货币购买力变动的损失，需要进行外汇风险管理，对本币资产进行保值性投资交易，增加了货币经济的交易成本。金融体系在发挥风险管理功能的同时自身积聚了越来越多的风险，变得更加脆弱，带来巨大的监管和救助成本。1970 年的拉美债务危机，1980 年早期的智利和摩洛哥危机，1992 年英镑和欧洲货币体系危机，1994 年爆发的墨西哥金融危机，1997~1998 年的东南亚金融危机和俄罗斯金融危机，以及2007~2009年的美国次贷危机等，都是明证。通货膨胀和经济周期波动与危机还给消费者带来了巨大的福利成本。当前，债台高筑的各国政府的财政救助能力在金融危机中已消耗过多，包括美国、日本等在内的主权国家信用评级纷纷下滑，世界经济越来越依靠各国中央银行的基础货币发行来填补巨大的金融黑洞。欧洲主权债务危机愈演愈烈甚至威胁到欧元存废。越来越频繁、猛烈、持久的货币、金融和财政危机造成的间接损失将难以估量。

在生态和金融双重危机下，世界性的社会经济发展方向和方式的根本转变即将到来，货币本位制度的变革也在酝酿之中。

一、货币本位制度改革的各种主张

除了修补现存货币制度和国际货币体系的审慎监管主张，改革国家或国际货币制度的主张包括三大类，即管理本位方案、商品本位方案和折中的商品锚定管理货币方案。

（一）管理本位方案

管理本位方案包括主权货币、超主权货币和社区货币三个层面。

（1）在主权货币层面，改革主张包括美国货币改革学会创始人 Stephen（2002）、生态经济学派如 Daly（2009）等主张的将货币控制权完全集中于国家，私人没有货币发行权，银行逐步恢复 100%准备金制度，以自有资金发放贷款。Stephen（2002）主要从社会公平正义的角度要求恢复美国宪法精神，通过货币国有化减轻美国政府的债务负担，缓解金融寡头垄断带来的社会矛盾。Daly（2009）的主张旨在以货币国家化反对货币超主权化，从而达到生态的本地化平衡，促进可持续稳态经济的实现。

（2）在超主权货币层面，凯恩斯计划中的班克（Banca）、以欧元制度为示范的亚元构想、周小川（2009）提出的以 SDR 为基础创立超主权储备货币并建立国际权威治理机构管理货币、马国书（2009）提出的超主权全球独立货币的构想等，本质是超主权的管理本位。反对的意见认为，超主权货币分配的政治过程复杂，短期内建立全球超主权货币是不现实的。持续演变的欧元危机表明，超越国家主权的单纯货币联盟依然存在自主性财政赤字造成的脆弱性，财政稳健的德国等国家不断出资救助陷入政府债务危机的希腊等盟国，实际上导致利益从联盟内的稳健国家向冒险国家转移，道德风险已经凸显，即使靠救助能度过本轮危机，但欧元货币区内的财政赤字约束问题如不解决，依然会诱发逆向选择。

（3）在社区货币层面，日本学者西部忠（Nishibe，2001）认为社区货币可以抵制外部货币对社区资源的抽吸作用，增强社区的内聚力、活力和稳定。黑田明伸（2007）认为一国实体内可以存在多种地域货币。社区货币的本质是以社区货币部分替代国家垄断货币，形成多层次通货体系。社区货币与现代电子通信技术结合，出现了网络社区虚拟货币，如 Q 币等。而今，有关网络虚拟货币的探讨已经从游戏或者试验层面进入真实世界的范围（程皓，2009）。

进入 21 世纪之后，区块链货币的发展又给去中心化的市场发行的货币带来了新的前景。最近比较引人注意的是区块链技术支持的比特币。其数字算法模型决定其最高发行量为 2 100 万个比特币。这个限量版最近的一个挑战是比特币软件版本之间发生冲突，导致不同版本软件挖出的比特币的识别和交易出现问题。一部分欧美交易平台拒绝认可新出现的比特币现金[①]。

区块链技术的核心是不依赖权威中心（通常是中央银行）来保证货币获得信任，而由各区块分散自行核验，依靠加密算法来确保货币的唯一真实性和不可仿造性。这种技术的问题之一在于随着货币不断流通，这种自行核验需要等待的时间也越长，货币体系的流通效率存在不断下降的趋势，这意味着货币使用成本的上升。因此解决办法有两类，一是让这种区块链技术只应用于小范围内的社区货币，而在范围以外则引入其他的机制来保证货币对外的唯一真实性；二是提高自行核验的效率，其意义类似于提高黄金的生产技术。有趣的是，各国中央银行也在考虑用区块链技术发行数字加密货币，替代实物现金流通。中国人民银行也已经在研究设计央行数字货币，并最终选择保留中央银行-商业银行的二元结构，和英国的 RSCoin 颇为类似[②]。

区块链技术究竟能在多大范围和时间内保持可接受的效能尚在研究中。但是回顾人类货币史，曾经存在着各种分散的自行核验的区域货币体系。例如，中国历史上铜钱和银两的流通都存在分散铸造且标准不一的时期，民间建立了金属货币成色和重量核验的地域标准和服务机构[③]，但人们恰恰是因为这种分散核验的成本高昂而改用国定统一的银元货币取而代之。又如，欧洲各国放弃本国货币而加入欧元区，在很大程度上是基于降低货币兑换成本的动机，便利国际的交流。统一与分散都有各自合理的限度，过度的大一统和过度的分散化都受到诟病，需要找到相互间合理的平衡。

（二）商品本位方案

商品本位方案的核心是要回到银行实行 100%准备金制度的金本位。奥地利学派反对国家的货币干预，并断言：在一个真正自由的货币市场上，非实质性的货币将趋于消亡，让位给商品货币，如白银和黄金；任意生产货币不再可能，恣意发放信贷同样也不再可能；因此，经济中各层次的决策变得更负责，物质浪费和道德衰败可以减缓并得到阻止。我国也有学者提出建立新的或者局部的金本位制度，目的是稳定货币，从而保证经济稳定，如沈晗耀和崔长峰（2009）提出新的局部金本位制度。

---

① 了解更多背景，参看“电子发烧友”网站时文《比特币真的“一分为二”了？关于比特币社区的又一次“内斗”你该知道的》，http://www.elecfans.com/xinkeji/537061.html；以及互联网金融门户“未央网”的《比特币与比特币现金有哪些区别？》，http://www.weiyangx.com/265532.html。

② 参见姚前（2016）的有关介绍。

③ 参看石俊志（2009）有关铜钱铸造、戴建兵（2005）有关白银在铸造标准和流通中核验折算的描述。

（三）折中的商品锚定管理货币方案

折中的商品锚定管理货币方案，旨在兼容管理货币和商品货币的优点，主要是部分商品储备本位，如 Friedman（1951）所说的以一篮子商品为储备的法定货币制度，即可兑换管理本位；类似地，张五常（2010）主张以一篮子物品为锚，实际是构建商品组合本位。原则类似于金本位或银本位，虽然以实物为锚，但中央银行不需要储备黄金或者白银，构成储备组合的不同物品种类够多（30~100 种衣食住行相关物品，要有金属、医疗服务等），可以分散价格波动（张五常，2010）；多德（2004）的商品指数本位，以金融工程方法代替货币政策维护商品指数本位货币的币值稳定；世界银行前行长佐利克（Zoellick，2010）提出了一种参照黄金的新布雷顿森林体系；等等。

需要指出，商品本位方案、折中的商品锚定管理货币方案都可以有超主权、主权和社区等三个层面的具体形态。权衡三种本位制度的制度成本、经济绩效与社会激励，选择的标准不外乎其与决策目标的相容性和现实方法的可行性。

经济全球化下，货币本位制度的选择是一个全球性问题，既要兼顾各个国家在货币问题上的不同诉求，也要考虑人类共同的可持续发展目标。世界是相互依存的整体，如果没有地理大发现和金矿开采技术的突破，西方世界不可能走向金本位；没有大量的白银流入，中国也不会在 20 世纪初走向银本位；没有大规模战争，商品货币体系不会转向管理货币体系。商品本位制度的历史表明，每当政府基本上是迫于战争刺激而不得不寻求印钞机印制钞票来筹资的时候，保持兑换性和价格稳定性总是受到严重威胁。20 世纪 70 年代管理货币挣脱黄金枷锁的同时，自然生态资源的日益退化和枯竭的警钟也在敲响。美元疲软总是伴随黄金价格上冲，黄金枷锁并没有真正解除，它还不断警示人们应考虑到限度的存在，可持续的货币本位制度必须保证货币和自然生态服务一样有限。

根据超主权统一货币方案，当前的不可兑换管理货币本位在国际储备制度上仅仅从以美元等主权货币为储备货币上升到以超主权货币单位作为储备货币，并没有解决该制度的内在缺陷问题——缺乏可信赖的监督和货币发行制约机制；考虑到货币分配的政治过程的复杂和漫长，相当长时期内该方案不具备现实的可行性。

社区货币由于缺乏国家强制力保证，属于发展中的私人可兑换货币表征形态，当前其流通范围受到社区的局限，不具有挑战国家或超主权货币的地位。

就恢复传统的金本位或类似的商品本位方案来看，在全球普遍实行也缺乏可行性。首先，从资源成本上就难以承受初始货币替代成本；其次，人们已经建立了表征货币的使用习惯，手交货币形式表征化依然是交易成本最低、收益最大的；最后，国家间的冲突和战争的潜在威胁依然存在，因而民族国家控制货币的最低强制性理由依然存在，纯粹金本位制度的市场化运行条件难以具备。因此，恢复典型金本位制度或类似的金属本位制度也不具有可行性。

二、可持续发展的货币本位制度

权衡三种本位制度的制度成本、经济绩效与社会激励，选择的标准不外乎于决策目标的相容性和现实的可行性。但是经济社会和文化的巨大差异是不容忽视的问题，发展中国家需要提高物质生活水平的愿望与发达国家对生态危机的担忧都影响到世界货币本位制度的演进。可持续发展的货币本位制度必须兼顾经济、生态与社会，避免单纯管理货币带来的激励过度、经济失衡；纠正货币过度虚拟化而与自然脱离的态势，让货币本位制度既表达经济学的真理也表达生态学的真理。如果稳态经济是人类达到一定阶段后共同的发展愿景，可兑换管理本位制度，如某种新的布雷顿森林体系——具有较强的可行性和合理性，似乎提供了更好的指向——因其能够兼顾商品本位的自然生态约束和管理货币的适度弹性供给。

第一，该体系包含了商品本位稳定机制，有利于经济向稳态收敛；第二，基于稳态经济下部分准备的金本位资源成本是可行的；第三，这种方案兼顾了主权国家控制力和可兑换商品锚定之间的平衡，政治上容易被接受，货币稳定的可信度高；第四，考虑了管理货币已经建立起的使用习惯，对实际经济生活的影响不大，制度变迁成本可控性好；等等。因此未来货币本位制度改革方向应是在保持管理货币形式的前提下嵌入商品本位货币制度的稳定机制，即为管理货币加上反映生态限度的实物锚。

体现生态刚性约束的商品锚不同于一般的飘移不定、自相冲突的货币政策目标，自身具有明确的超然约束力。商品锚与管理货币的制衡关系可以根据经济、生态条件的不同具有地区差异。例如，把最具公信力和最具广泛接受度的金、银等贵金属作为货币锚，与管理货币形成价值参照，锚定管理货币的发行量。借由商品锚的世界性，国际货币体系得以重新自发联系起来，构成稳定的汇率体系。远期则随着经济增长趋于收敛，可以考虑恢复管理货币的有限可兑换性，使其约束性得到进一步强化，从而适应稳态经济下低增长甚至零增长、价格体系长期稳定的宏观环境，利于人们行为取向的长期化、发展格局的社区化和对生态的培育。

第二节　给管理货币加上稳定锚

Fisher（1912）曾警告世人不要打破货币的有限性——稳定的货币可以给人们带来很大的福祉，而丢掉了锚的货币，会给国家带来灾难。历史上关于管理货币脱离实物锚的争论由来已久。凯恩斯反对第一次世界大战以后英国恢复金本位制度，宁要通货膨胀下的就业，不要通货紧缩下的利息。美元充当布雷顿森林体系的中心货币以后，特里芬两难的问题日益突出，加上油价上涨、越南战争等压力，美国国内反对维持美元对黄金可兑换性的呼声持续了十多年，终于国内稳定目标压倒国际稳定义务，导致了尼克松冲击，直至布雷顿森林体系的崩溃。不可兑换管理本位制度在全球确立几十年，至今还没有形成有效的稳定锚。

实践中，世界各国采取了多种原则本位——政策性名义锚，包括外部名义锚和内部名义锚。外部名义锚，一种是货币局制度，一种是固定型汇率制度，盯住一种或一篮子货币，但是依然存在篮子中货币自身及其权重的双重稳定性问题。现实表明，把美元或者其他主权货币及其篮子作为货币锚并不一定能稳定币值，反而易于造成输入性通胀和紧缩。内部名义锚，有货币固定增长速度、泰勒规则、通胀目标制等。在操作中，名义锚内部的构成、权重和代表性一直在不断变化，并强烈依赖于统计的准确可靠性，如货币量的范围从现金到存款再到准货币，产出则有GNP、GDP及绿色GDP等区别，通货膨胀的测度则有批发物价指数、CPI、GDP平减指数等，近年来资产价格是否纳入指数也在探讨中。不可兑换管理本位制度具有零资源成本货币扩张的特性，加上缺乏客观有效的货币锚，形成了长期通胀预期，产生了费雪效应——名义利率随预期通胀率波动。通胀目标在把环比通胀率变为常数的同时也把物价水平变成趋势非平稳，不可能达成币值稳定的目的。20世纪80年代中期以来，持续20多年的“大稳健”似乎表明货币政策取得了“成功”（Bernanke，2004），可是，2008年一场席卷全球的金融危机警示人们：“大稳健”里埋藏了“大危机”。陈雨露和马勇（2011）提出了一个分析泡沫、实体经济和金融危机之间作用机制的完整周期性框架，认为“大缓和”时代[①]经济周期的熨平和拉长不但掩盖了系统性风险积累的程度，而且制造了一种前所未有的繁荣假象。

---

① 该文的“大缓和”与本书其他地方所用的“大稳健”含义相同，都是译自“great moderation”一词。

健康的社会经济发展需要健全的货币，健全的货币是长期购买力稳定的货币[①]，是供给量可调节，能避免过度紧缩和通胀的货币。健全的货币也是反映生态承载力限度的货币。秦池江（1999）指出，货币制度和货币政策的选择与实施，本身就有不可低估的风险性；过度依赖货币供给，最终会严重损害货币制度。林继肯（2002）认为货币问题的核心是货币数量。解决法定货币（不可兑换管理货币）不稳定性问题的关键在于制约货币数量随着时间无限制地增长问题；周其仁（2008）认为制约货币数量增长的办法是给国家信用货币增加外部锚。当前愈演愈烈的货币和金融不稳定问题亟待根本性的解决，管理货币需要新的稳定机制。

从生态承载力限度的角度来看，要使经济与生态的关系从透支到平衡需要经历一个经济从增长逐步收敛于稳态的过程，靠货币扩张增加财富或者解决就业只是局部短期的手段，整体上应该是以生态承载力限度作为制约货币总量变动的原则或名义锚。

除了名义锚，还有实物锚，包括单一实物锚、复合实物锚、多重实物组合锚等。商品本位制度下，本位货币的商品属性有效锚定了货币供给总量，即使在部分准备金银行体制下依然使信贷规模受到基础货币有限供给的制约，这带来了长期的币值稳定和零通胀预期，名义利率反映实际利率的波动，物价利率关系表现为吉布森现象。从全球货币本位制度变迁过程来看，黄金被非货币化始于1971年8月的尼克松冲击。1988年之后，各国中央银行总是净卖出黄金以减少持有黄金的成本损失。2010年11月，世界银行行长Zoellick（2010）建议国际货币体系考虑把黄金纳入通胀、通缩和货币未来价值的市场预期参照点，被认为是一种新的参考黄金的布雷顿森林体系。近年来的各种迹象表明，越来越多的中央银行、投资机构及个人购买并持有黄金。2009年之后，各国央行持有的货币黄金存量不断上升，已经从2009年第1季度的29 921吨低谷上升到2017年第2季度的33 421吨（图6-1）。可见，黄金事实上已经开始发挥价值贮藏作用，黄金以新的形式恢复担当管理货币的稳定锚非但可能，而且已经处在形成阶段。当然，货币锚并不一定局限于黄金一种，具体构造尚有待研究。

总之，给管理货币加上实物锚并非只是“天大的意外”，而是全球现有货币金融体系不稳定加剧与经济可持续发展在一定阶段上的现实可能。Meltzer（1986）认为，让单个国家实行金本位或者某种可兑换的货币制度是对世界的服务，提供这种服务的成本由实行该制度的国家的公众承担，收入和价格会更

① 凯恩斯在《货币改革论》中提出，货币本位的选择关键在于物价稳定性；如果物价不能避免波动，那么这种波动必须是不大的；不存在任何关于物价波动的有把握的预期。

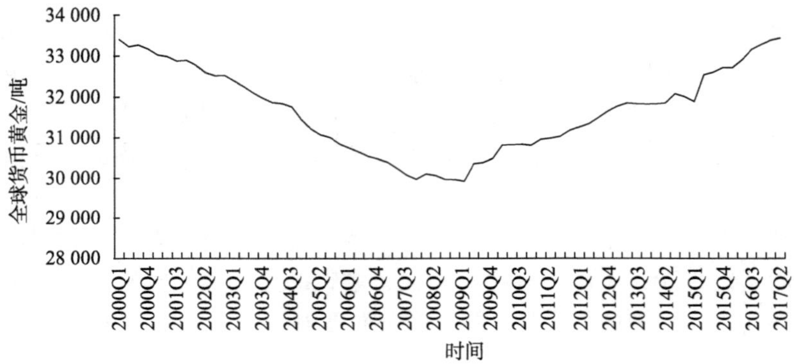

图 6-1　全球官方持有的货币黄金季度存量（2000Q1~2017Q2）

资料来源：IMF 国际金融统计数据库（IFS Dataset）

加不稳定，所导致的不确定性和差异性会降低资本存量，未来的收入和财富将会减少。因此，开放条件下锚定法定管理货币难以由单个国家实现，应在国际合作的框架下共同完成。

一、以有限生态承载力制约货币数量变动趋势

传统的经济学忽视了生态系统和生态效率的问题。方兴未艾的生态经济学认为，宏观经济是物质通量有限的和不增长的生态系统的子系统，生态可持续经济要求把整个物质通量消耗保持在生态承载能力最大限度内，这就为建立基于可持续发展的货币锚提供了依据。

宏观经济学中的 *IS-LM* 模型可以用来分析货币政策和财政政策对经济的影响。*IS* 曲线是投资 I 等于储蓄 S 条件下由实际利率 r 和实际收入 Y 决定的所有点的组合，是一条向下倾斜的曲线，表示高产出与高投资、低利率相联系（不过如果需求不足，利率下降不能刺激产出增加，这就是流动性陷阱）；*LM* 曲线则是流动性偏好决定的货币需求 L 等于货币实际余额 M 的条件下实际收入和实际利率的组合，其斜率为正，表示高产出与高的货币余额和利率相联系。把 *LM* 曲线和 *IS* 曲线放在一起，可以决定同时满足货币均衡和产出均衡的实际利率 r^* 和产出 Y^* 的唯一组合（Y^*，r^*）。而影响 *IS*、*LM* 的因素包括资本投资效率、流动性偏好、储蓄倾向等。这个模型是实体部门和货币部门的一般均衡模型，说明了实体和货币金融部门同时决定了实际利率和国民收入。根据生态经济学关于宏观经济规模应受到生态承载力上限限制的理论，货币数量在保持与经济规模相适应的原理下也要间接服从生态承载力的上限限制，这就可以给模型一个客观的限制条件，即生态承载力决定的最大产出，它是一条不受利率影响的垂线 *EC*（ecological capacity）。这条生态承载力垂线可以随着知识和技术的进步向右移动，也会随着自然生产力可以观察到的明显退化向左移动，从而反映生态承载力容许的产出上限（戴利和弗雷，2007）。

如图 6-2 所示，实体经济（*IS*）、货币供求（*LM*）均衡的状态下，生态承载力（*EC*）的位置有三种情况。

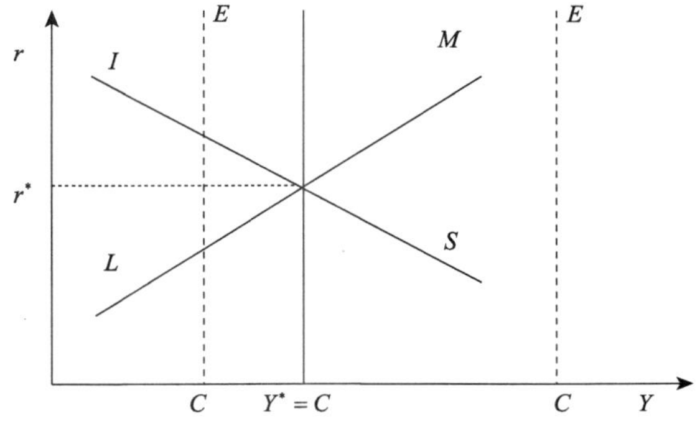

图 6-2　实体经济、货币供求与生态承载力的均衡

第一种，$Y^*<C$，即（Y^*，r^*）点在图中 *EC* 虚线的左侧，这表示生态承载力充足，世界是空余的，人类的经济活动有充足的增长空间，这正是传统经济学的假定。

第二种，$Y^*=C$，即 *EC* 正好和 *IS*、*LM* 交于一点（Y^*，r^*），表示达到生态最大承载力的均衡，自然界达到了充分就业。

第三种，$Y^*>C$，即（Y^*，r^*）在图中 *EC* 的右侧，这表示世界是超负荷的，人类的经济活动透支了自然资本，这将加速自然的退化。如果按照生态足迹的统计结果，现在全世界的消费是地球正常生态足迹的 1.6 倍，人类现在的位置就是 *EC* 在 *IS-LM* 均衡点的左侧。

显然，在物质能量利用技术没有提高，产品结构既定的前提下，既定的能量物质流量决定实际收入水平 *Y*，使产出符合生态可持续发展要求的途径就是使 *IS-LM* 的均衡点向左移动，同时改善生态环境使 *EC* 向右移动，达到 *IS-LM-EC* 三者的均衡。这就要：一是加强科学研究，获得必要的知识技术，加大自然资本的投资，从而改善自然生态，以促使生态承载力停止退化并逐步恢复到应有的水平，从而 *EC* 向右移动；二是减少财政赤字甚至追求财政盈余，提高储蓄率使得 *IS* 线左移；三是使货币从紧而不是从松，使 *LM* 左移。需要注意的是，恢复生态承载力的过程需要较长时间和较大投入，是一种中长期才能见效的策略，贵在尽早实施。当今各国政府普遍存在利用财政赤字或者宽松货币政策扩张经济的情况，财政政策的制定时滞较长，而执行和见效时滞较短；货币政策的制定时滞较短而效果时滞较长。针对三种策略的特点，根据不同情况在具体的政策搭配中可以有多种组合，总的是要及早着手恢复生态，提倡节俭消费、增加储蓄、适时适度推行从紧的财政货币政策、鼓励科学探索，这些都需要恢复商品货币本位时代的道德观念、政策环境和情趣追求。

在此，有必要讨论曹钟勇（2008）提出的爱因斯坦能量本位理论。根据这一理论，世界统一货币可以参照具有永恒价值的爱因斯坦能量确定其符合弗里德曼单一规则的货币增长率。基于地球封闭系统，人类可用能量（爱因斯坦能量与维持地球正常运行及生态平衡所需能量的差）将收敛为常数，从而得到终极本位能量值为人均终极可用能量的倍数。据此得出终极货币数量和货币供应规则，即固定遵循地球能量累积的平均复合增长率。曹钟勇还提出："由于当前人类的过度开发虽未危及地球的正常运行，但已危及地球生态平衡，所以才在较长一段时间内，（货币增长率）i 的取值必须低于全球每年能量可能的最大积累速度 1.565%，以利地球生态的恢复。"这个世界统一货币体系实际上是一种不可兑换的超主权管理本位，该理论存在以下值得商榷的地方。

首先，理想化的假设与现实有较大差距。现实是自然平衡所需能量实际上离不开人为配置，已经处于配置不足的境地，表明人类实际使用能量的增长是以破坏地球正常运行和侵占自然平衡所需能量的形式获得，现实的矛盾不是人类总能量利用是否达到充分，而是所利用能量来源结构与地球系统吸收能量的结构相脱离。例如，人类大量使用地球化石能源与化石能源形成的速度不成比例，造成化石能源趋于枯竭，而地球新增能量被森林植被吸收的越来越少，太阳能、风能等新能源开发利用方面又受到环境污染和能效不高的困扰，地球吸收能量增加表现为温室效应而导致冰川融化、气候变异。这显然与假设的人类可用能量与地球生态平衡所用能量最终均衡的理想境界不相符。

其次，可能夸大了货币需求。计算终极货币数量没有考虑货币是属于市场的交易媒介，市场是有边界的，也应该有边界；笼统地用能量来通约一切自然形成和人工创造的物质和精神财富，虽然包罗万象，但夸大了货币经济的范围，从而夸大了货币需求量。

最后，按照该理论推导，货币供应单一增长率应该为从实施该能量货币本位时的初始货币量到终极货币量的年均复合增长率，而不是地球能量累积的复利系数。根据该理论，地球最大能量累积方式为每年吸收太阳能的 1.565%，因而地球能量累积不是指数模式，而是线性模式，其最大斜率为 1.565%或其倍数。

尽管该理论存在以上一些技术上值得商榷的地方，但基于地球增量能量有限的假设，推导出人口、财富本源和货币量终将达到极值稳定，与基于地球能量守恒观推导出生态承载力有限，从而财富和货币量均应极值稳定的稳态经济主张有某些共同的限度观。依照该理论所给定的每年地球新积累的能量存在一个上限数，则新增总财富的最大增长近于常数，分为人工财富和自然财富。如果人工财富累积速度服从指数增长率，则超过一定限度必然推出自然财富负增长的结论，即自然财富被净消耗，这个推论符合现实。两种理论假设的最大的区别是，稳态经济理论认为当今世界已经超越了生态承载力限度，当务之急是稳定而不是增长；爱因斯坦能量本位理论则将极值的出现放在遥远的未来，即便承认现在生态已经失衡，还是给予世界统一货币一个低于 1.565%的增长速度——这实际上已经超过了 2001~2010 年世界人口的年均增长率（1.19%），也超过了 2001~2009 年的世界人均 GDP 增长率（1.13%）[①]——实际上等于假设自然平衡所需能量近于常数，每年地球新增能量全部或绝大部分都归人类使用。然而，不增加对自然的能量配给，如植树造林、清除污染、保护生物多样性等，以及相关宣传教育和研究投入，是不可能达到恢复生态的目的的。

另一个与生态保护相关的货币本位设想是以碳排放权为基础的碳货币本位。碳排放权的设定和交易是依靠市场分配特定生态环境有限承载力的一种方式，在设定阶段不可避免地具有主观性。尽管王颖和管清友（2009）认为碳货币本位是一种兼具商品本位和信用本位特征的全新货币体系，但是究其本质，还是对有限的碳排放计划如何分配、估值和交易的问题，而最关乎生态本身的是限制排放的计划能否真正实现，从而减缓生态环境退化的压力，这恰恰是目前技术条件下还无法确定的，即碳减排本身未能解决客观可核查性，这既是美国等国家对世界气候会议及其协议态度消极的一个重要原因，也是碳货币本位面临的重大困难。尽管如此，基于生态承载力限度的货币稳定机制和本位制度设计依然值得人们坚持不懈地探索。

综上，在当前条件下，人类已经超越生态承载力，大多数国家都存在生态赤字，因而要把生态承载力作为产出从而作为制约货币数量变动的原则本位。货币数量变动的总体趋势应当是稳定的而不是指数增长的，以便形成稳定合理的包含环境成本的价格体系、合理的产出-分配格局，逐步淘汰浪费性生产和消费，压缩政府消费和赤字，节约资源和能量流以转向满足基本需要的领域，如改善和保护生态环境、增加保障性住房和提高教育经费等，抑制金融资源过度开发，鼓励培育企业家精神。

---

① 人口增长率数据来源：美国农业部网站数据库。

二、构建管理货币的商品锚

稳定货币数量从而引导经济收敛于生态承载力决定的实际收入水平，是货币本位制度改革的一个基本目标。由于生态承载力测定方法还有待完善，而同样的通量消耗可能产生不同的实际收入水平，因此实践中还不能获得准确的货币数量与生态承载力对应关系，还需要构建反映生态限度的商品锚并建立与管理货币有条件的可兑换关系，来确立货币的稳定机制。

综合历史经验和相关研究成果，构建管理货币的商品锚的原则应当包括：以国际货币合作协定和国际组织机构为保障、有限可兑换和商品锚价格水平稳定。

首先，任何国家单方面锚定本国商品实行可兑换都是难以持续的，锚商品可能大量流出，可兑换性承诺难以维持。这就要求锚定的安排只能发生在意愿实行商品锚的国家之间，各方达成可兑换货币合作框架协议或协定，设立办事机构，制定具体操作规则，设立锚商品储备，规定可兑换管理货币与锚商品的兑换率、兑换的条件要求，如申请兑换的持币人必须为合作国家的中央银行、所持货币数量必须满足最低下限要求、必须符合国际收支余额的实际等。这个货币合作协定应有常设机构，目的是管理可兑换国际货币的商品储备达到100%充足，并开展有序的兑换服务，促进合作国家之间的经贸往来。参与协议的国家对锚商品的最终选择有重要的影响。

其次，有限可兑换原则要求以锚商品的存量决定发行的可兑换管理货币的数量；可兑换管理货币可以完全采取记账货币的形式，不具备实体；国内仍以不可兑换管理货币为流通货币，国内居民不可兑换锚商品；对外国指定机构（中央银行、指定商业银行）持有的不低于数额下限的可兑换管理货币可以定期或不定期在指定机构兑换锚商品。初期的可兑换管理货币发行主要满足国际收支余额最终清偿的需要。

最后，商品锚价格稳定原则。商品锚可以是单一金属、几种金属组合、多种商品和服务的组合等形式。要充分考虑锚商品应属于竞争性供给，没有价格垄断和操纵的问题。在构造商品组合或商品篮子时，要求商品耐存储、规格标准化、结构配比合理、价格波动分散从而整体价格稳定。组合商品的面要适度，保证兑换的实现。

历史上，商品货币的发展经历了从一般商品，固定到金属，再固定到金、银的发展过程。尽管金本位取得了辉煌的成就，但有研究表明，其动机只是金币在防伪技术上优于银币。Redish（1990）认为，英国作为首先选定金本位的国家，在很大程度上是出于铸币技术动机，而没有经济政策的用意。除了黄金是公认的最高价值体现形式，各国历史上普遍流通的金属货币还包括白银。在产量上白银有着不逊于黄金的优势。

商品本位的基础宜宽不宜窄。历史进程反映出货币本位向贵金属发展的趋势，关键是对于金属币材，不要把单一化视为最佳选择，而要以满足货币需要量为度，保持几种币材的并存互补。中国历史上长期公认金、银、铜为上、中、下三币。国家只是垄断了铜铸币的发行，以适应封建经济小商品生产和流通的需要，而金和银则是市场化的自由货币，三币之间没有固定的比价关系，随市场自由波动。金、银和铜钱的流通有着各自不同的层次，币材种类适度多样的金属本位货币体系维持了两千多年。金本位制度是西方商品本位制度发展的一个高峰，然而从币材来看，单一币材比多种币材更容易受到资源枯竭和人为垄断的干扰，给金本位制度带来内在不稳定。Friedman（1990）认为，复本位（bimetallism）就价格稳定性来说，在理论上、操作上及历史上都优于单本位（monometallism），但不如混合金属本位（symmetallism）；在单本位中，金本位并不优于银本位。当然，也不是说本位商品越多越好，那样又会带来操作上的复杂化，增大兑换的成本。

历史上英国选择金单本位带来了意想不到的后果。英国金本位强化了黄金的市场地位，导致白银相对被削弱，金、银比价变动剧烈，西方各国先后选择黄金，抛售白银，从金银复本位转为黄金单本位，进一步加剧了白银过剩、不断贬值的局面。Friedman（1990）把美国1873年铸币法案视为使白银非货币化的错误，这个法案确定了金币的唯一无限法偿本位货币地位，而白银则降低为辅币，偿付能力不超过5美元。弗里德曼认为，如果没有这个错误，金银比价将比实际上的稳定得多，金本位国家不会因为美国白银非货币化遭受通货紧缩，其他以白银为本位的国家也不会遭受通货膨胀。

可见，由于本位商品币材范围的单一化，商品本位的基础单薄，脆弱性上升。世界上新的可兑换管理本位如果建立，应考虑多样化本位商品，如金和银或其他贵金属等，防止因为资源不足或垄断而破坏可兑换性。

可兑换管理货币的发行存在央行发行和国际机构统一发行等选择。央行发行是各中央银行用相同的或者不相同的商品篮子为准备发行自己的可兑换货币单位作为国际通货，保证定期对超过一定兑换起点金额的外国持币中央银行兑换篮子商品；国际机构统一发行是将各国商品篮子储备集中，由国际货币机构（如IMF）统一发行可兑换储备商品组合的国际通货，各国根据自己的储备量获得相应数额的国际通货，定期结算。持有通货超过份额的国家可以兑换篮子商品——扩大自己在国际货币机构的储备份额。篮子商品的范围和构成可以调整，因此不容易出现储备来源枯竭的局面。选择不同的发行模式也就决定了清算模式或者兑换模式是分散的还是集中的。在可兑换管理本位制度下，锚商品储备量决定了一国可以得到的最大国际收支逆差融资，如果不能及时扭转国际收支的失衡，将导致储备商品被兑换，减少自己的融资保证，其效果等同于国际评级的降低。锚商品储备的补充主要是各国中央银行根据需要自行在市场上购进和缴存。当市场上的锚商品价格偏低时，中央银行可以购进，从而价格上涨；反之，当价格偏高时，中央银行可以将储备的多余部分卖出，从而有利于锚商品的稳定。国家间也可以进行黄金等锚商品储备的调剂。

以下具体介绍商品锚可能选择的集中形式，包括组合商品锚和黄金白银复合锚，然后把黄金锚单独作为一节来分析。

（一）组合商品锚

黄金、白银、铜等金属构成的单金属本位、多金属本位和合成金属本位都在历史上有例可循，而以更多不同商品组成的可兑换的篮子本位或商品组合本位还没有先例。多德（2004）将商品组合本位区分为含有较少商品的窄组合和含有较多商品的宽组合，窄组合最有名的例子是盯住黄金和白银的加权平均价格的合金本位制或混合本位制，它产生了比单一本位制更稳定的价格水平。而宽本位制可能包含几千种商品和服务，相对窄本位制更容易获得稳定的价格水平，但是其直接兑换几乎没有可能。

Friedman（1951）曾经讨论过商品准备本位（commodity-reserve standard），其基本货币单位可以是一个商品篮子，其中的商品规格化、标准化且接受度广，有代表性，其构成可以定期调整。这些商品能以合理的竞争性条件供应，具有物理上和经济意义上的耐存性，如金属矿产、铁轨、新闻纸等。Friedman 认为商品篮子的价格表现与金属商品价格表现的共同部分较大，差异较小，篮子的价格主要是受金属价格的影响。这个本位在货币体系中的一种极端作用是被简单加入货币体系，作为反周期的一个具体工具，或对具体生产者提供政府帮助的工具。另一个过渡的用途是以 CRC（commodity reserve currency，商品储备货币）代替高能货币（如美联储钞票、存款、财政货币或黄金），这就成了部分商品本位，保留部分比例准备银行制度。最后一个极端的作用是取代现有一切货币甚至包括银行活期存款，并实行 100%准备金制度，这就涉及货币制度最基础的重构了。

用篮子商品储备货币完全替代现有一切货币的资源成本较高，并不理想；将篮子商品的价格指数化作为一种反周期的工具而不可兑换，则商品篮子只是起到名义锚的作用。而取代高能货币的部分商品本位在国内实现可兑换，与本书讨论的可兑换管理货币本位形式比较接近，所不同的是后者强调的仅仅是国际可兑换，国内居民暂不参与兑换，以节约资源和交易成本。

张五常（2010）认为现在无锚的货币制度不可取，主张以一篮子物品为锚，实际是构建商品组合本位。原则类似于金本位或银本位，虽然以实物为锚，但中央银行不需要储备黄金或白银，构成组合的不同物品种类够多（30~100 种衣食住行相关物品，要有金属、医疗服务等），可以分散价格波动，避免了单纯以黄金或白银为锚可能造成金银市场价格发生暴涨暴跌等问题；物品要是期货市场或批发市场的交易品种，易于获得价格信息。物品数量通常保持稳定，必要时也可调整。张五常构造篮子的方法：由央行选出一个人民币的乘数，如 5 000 元，固定这 5 000 元可以在指定的不同市场购买一篮子物品有多少，把这 5 000 元化做指数，说是 100 元；篮子的商品构成可以调整；每年允许在 98~105 元的指数上下限波动，央行只是稳守上述的一篮子物价指数，完全不必有物品存货，不负责物品交收，任何人可以在指定的市场自己购买；央行可以解除所有外汇管制，也不需要调控利率。张五常的这个篮子实际上是一个反周期的政策工具。由于包罗衣、食、住、行和服务等内容，持币人需分别到篮子涉及的诸多分散独立的期货或批发市场购买。由于每个市场都有成交的起点数量，5 000 元买不方便、量太少，张五常自己估计要 30 篮子才好买，也就是 15 万元的兑换起点，如果不设专门市场交易这 30~100 种篮子物品，持币者的兑换成本较高，实际成为不易兑换的本位，影响商品锚定的可信度。

以上两种商品组合锚的构成，相同点是都强调要有金、银等金属，但也存在区别。例如，Friedman（1951）为了保证可兑换性，要求商品耐存、标准，倾向于金属和金属制品的组合，不主张用农产品或服务。而张五常则把鸡蛋、白菜等农产品、石油、木材，甚至医疗服务等都纳入篮子，而且没有兑换机制，只有市场交易机制。兑换机制是以货币兑换既定比例的锚商品篮子，交易机制则可以自选购买篮子商品中的部分，不需要和篮子的构成完全一致。由于包含了许多不可长期保存和转让的农产品和服务，要 100%购买 1 篮子或 30 篮子恐怕是很不经济的行为。商品组合越宽，价格稳定性越好；但锚商品的货币属性也就越弱，其兑换需求也越低，从而对锚定的监督越差，最终效果也越不确定。

历史的演进已经把货币性聚焦在了天然的货币商品——金、银、铜等金属身上，这是交换经济发展到一定的时间和空间的内在要求。货币性不但要标准和耐存，而且体积小、易携带、质量大且易分割。把非货币属性的商品纳入商品篮子，过去的研究还没有找到能产生稳定价格水平的商品储备通货的窄组合（多德，2004）。

（二）黄金白银混合锚

价值量大的金、银等贵金属相比其他相同体积而且质量低的商品，用作国际清偿更为合适。而且历史上黄金和白银作为通货流通积累了大量的知识和经验，实行金银锚定的制度成本和不确定性相对其他方式要小。黄金和白银都可以单独作为锚，但是假定两种金属的价格所面临的冲击在不确定性上具有同质性，即方差相等，把黄金和白银按黄金占比为 d，白银占比为（$1-d$）的固定数量比例进行混合，则这个混合锚的价格 P 有

$$P_{\text{sym}} = dP_g + (1-d)P_s$$

锚价格的方差为

$$\sigma_{\text{sym}}^2 = d^2\sigma^2 + (1-d)^2\sigma^2 + 2d(1-d)\text{cov}(P_g, P_s)$$

当金价和银价的波动不完全相关，即 $\text{cov}(P_g, P_s) < 1$ 时有

$$\sigma_{\text{sym}}^2 - \sigma^2 = 2(d-d^2)\left[\text{cov}(P_g, P_s) - 1\right] < 0\text{，即}\sigma_{\text{sym}}^2 < \sigma^2$$

其中，P_g 为黄金价格；P_s 为白银价格；P_{sym} 为金银混合锚价格；σ^2 为黄金和白银价格的方差；σ_{sym}^2 为金银混合锚价格的方差。

以上推算表明金银混合锚价格的方差将低于金价或银价的方差，表明分散化、多样化带来更稳定的相对价格。当然，黄金和白银在混合锚中的组合比例与市场价格的比例如果发生背离，有可能引起类似复本位制度下的投机性兑换。金银复合锚的比例可根据需要调整，但这种预期又会加剧投机。单一商品锚则避免了这样的问题，只要锚商品的储备量与兑换要求权对称即可。

三、黄金锚的需求模型分析

在考虑构建管理货币的稳定锚时，最不能忽视的就是黄金。当今世界各国拥有的非外汇国际储备形式就是黄金，因此黄金作为国际可兑换管理货币的商品锚具有天然的优势。推崇恢复金本位或布雷顿森林体系这类有限金本位的主张并没有因为黄金被非货币化而消失，相反，虽然黄金还没有恢复无限法偿的通货地位，但世界各国现在普遍放开居民持有各种形式的黄金，包括铸币、金条等货币形式的黄金。以下通过黄金需求效用模型，具体分析黄金锚的构建。

（一）黄金需求效用模型分析

黄金的供给是外生的，黄金的需求包括国家储备的需求和家庭的货币与非货币需求，由持续生存的各个家庭和国家独立决定。而国家内部存在着有限个数无限生存的相同的家庭，一个代表性家庭的黄金需求包括货币黄金 G_m（金块、金条等）和非货币黄金 G_n（如黄金首饰等）。假定一个代表性的国家需要持有货币黄金进行对外支付和作为稳定信用货币的发行支持，其黄金需求量为 G_m；货币黄金不能给家庭提供消费效用，非货币黄金则可以带来效用。家庭

通常先要确定每个时期 t 的支出 $E(t)$，然后决定如何在不同的商品之间分配支出，目标是使得整个家庭的效用最大化。假定这种支出分为非货币黄金 G_n 和其他消费品 C 两个部分，则代表性家庭的效用函数为

$$U(t)=G_n(t)^a C(t)^b, a,b>0, a+b=1$$

其中，a 为货币黄金 G_n 的弹性系数；b 为消费品 C 的弹性系数。

由于黄金的使用会带来成本，即租金，它被定义为黄金价格与未来黄金价格现值的差额。当黄金的名义价格被固定，则租金成本取决于实际利率 R，在 t 期的黄金租金 $r_g(t)$ 为

$$r_g(t)=P_g(t)-\frac{1}{1+R}P_g(t+1)>0$$

其中，$P_g(t)$ 为 t 时期黄金对商品的相对价格，一般与价格水平 $P(t)$ 反向波动，当商品价格相对黄金上涨，则 $P_g(t)$ 下降，反之亦然。

设家庭持有货币黄金 G_m 的租金占总支出的一定比例 s，则有

$$s=\frac{r_g(t)G_m(t)}{E(t)}, 0\leqslant s<1$$

$$\Leftrightarrow G_m(t)=\frac{sE(t)}{r_g(t)}$$

其中，当 $s=0$ 时，家庭的货币黄金需求为零，家庭不持有货币黄金；当 $s>0$ 则家庭持有货币黄金，如金条、金币等，这正是现在各国开放黄金投资的情形，在黄金没有恢复法定通货地位之前，s 应比较偏低。

设 P 为商品价格，t 时期家庭支出的构成包括货币黄金的租金、非货币黄金的租金和消费支出，即

$$E(t)=sE(t)+r_g(t)G_n(t)+P(t)C(t)$$

则为求此预算约束条件下的家庭总支出效用最大化而构建拉格朗日函数 L：

$$L(G_n,C,\lambda)=G_n(t)^a C(t)^b+\lambda\left[(1-s)E(t)-r_g(t)G_n(t)-P(t)C(t)\right]$$

分别对 G_n、C、λ 求偏导，令其等于零，得到联立方程组

$$\begin{cases}\dfrac{\partial L}{\partial G_n}=aC(t)^b G_n(t)^{a-1}-\lambda r_g(t)=0\\ \dfrac{\partial L}{\partial C}=bC(t)^{b-1}G_n(t)^a-\lambda P(t)=0\\ \dfrac{\partial L}{\partial \lambda}=(1-s)E(t)-r_g(t)G_n(t)-P(t)C(t)=0\\ a+b=1\end{cases}$$

解得

$$\lambda=\frac{aC(t)^{b}G_{n}(t)^{a-1}}{r_{g}(t)}=\frac{bC(t)^{b-1}G_{n}(t)^{a}}{P(t)}\Rightarrow\frac{aC(t)}{r_{g}(t)}$$

$$=\frac{bG_{n}(t)}{P(t)}\Rightarrow C(t)=\frac{(1-a)r_{g}(t)G_{n}(t)}{aP(t)}$$

故

$$(1-s)E(t)=\frac{r_{g}(t)G_{n}(t)}{a}\Rightarrow G_{n}(t)=\frac{a(1-s)E(t)}{r_{g}(t)}$$

则家庭黄金总需求 $G'(t)$ 为

$$G'(t)=G_{n}(t)+G_{m}(t)\frac{\left[a(1-s)+s\right]E(t)}{r_{g}(t)}$$

假定经济中的有限的 n 个家庭都是相同的，具有相同的效用和偏好，因此经济中的私人家庭的整体黄金需求为 $nG'(t)$。

在以黄金为可兑换管理货币之锚的情况下，国家必须持有黄金储备，用于国家间的最后清偿，家庭的货币黄金需求转化为国家集中的黄金储备需求。

假设国家的黄金储备 $G_m{}'$ 是政府支出 Y 和黄金租金 r 的函数，则类似地，d 为黄金租金占政府支出之比，则国家黄金储备需求函数为

$$G_{m}{}'(t)=\frac{d}{r_{g}(t)}Y(t),0\leqslant d<1$$

一国黄金总需求 $G(t)$ 包括常数 n 个家庭黄金需求之和和政府黄金储备需求，假定这两者是相互独立的，则国内黄金总需求函数表达式为

$$G(t)=n\left[G_{n}(t)+G_{m}(t)\right]+G_{m}{}'(t)=\frac{n\left[a(1-s)+s\right]E(t)+dY(t)}{r_{g}(t)},n>0$$

（二）货币黄金需求的影响因素分析

家庭货币黄金需求函数由 $G_{m}(t)=\frac{sE(t)}{r_{g}(t)},0\leqslant s<1$ 给出。

当 $s>0$ 时，家庭总是持有货币黄金；而当 $s=0$ 时，家庭不直接持有黄金货币，代表一种金汇兑本位或者国内黄金非货币化的状况。国家的黄金需求函数由 $G_{m}{}'(t)=\frac{d}{r_{g}(t)}Y(t),0\leqslant d<1$ 给出，国内货币黄金总需求函数为

$$nG_m(t)+G_m{}'(t)=\frac{nsE(t)+dY(t)}{r_g(t)}$$

从上式可以看出，家庭和国家持有黄金储备的总量受到三类因素的影响。

（1）黄金占支出的比重，家庭是 s，国家是 d，如果一国已经或准备采取黄金锚，则应拥有较高的 d 比例。现在中国、印度等国家的中央银行都重视提高黄金储备，这些国家的 d 值在提高。而如果家庭重视货币保值，则可能有较高的 s，增加货币黄金的持有。

（2）单位黄金的租金额 r，如果社会争抢黄金氛围浓厚，黄金价格上涨，在实际利率不变的情况下，黄金的租金额 r 趋于下降，有利于家庭和国家对货币黄金需求的增加。

（3）一定时期一国 GNP①。一国经济的总量越大，其货币黄金需求越大，私人收入越高，黄金需求越大。

这个等式可以理解为一国的货币黄金持有量受到有支付能力的储备意愿 $(sE+dY)$ 和黄金租金 r 的制约。

（三）黄金总需求的影响因素分析

一国黄金总需求包括常数 n 个家庭需求之和和政府储备，假定这两者是相互独立的，则黄金总需求函数表达式为

$$G(t)=n\left[G_n(t)+G_m(t)\right]+G_m{}'(t)=\frac{n\left[a(1-s)+s\right]E(t)+dY(t)}{r_g(t)},n>0$$

对 $G(t)$ 求偏导分别得到

$$\frac{\partial G}{\partial a}=n(1-s)\frac{E(t)}{r_g(t)}>0$$

$$\frac{\partial G}{\partial s}=n(1-a)\frac{E(t)}{r_g(t)}>0$$

$$\frac{\partial G}{\partial d}=\frac{Y(t)}{r_g(t)}>0$$

$$\frac{\partial G}{\partial E}=n\left[a(1-s)+s\right]\frac{1}{r_g(t)}\geqslant 0$$

$$\frac{\partial G}{\partial Y}=\frac{d}{r_g(t)}\geqslant 0$$

---

① 因为 $nE(t)+Y(t)=\mathrm{GNP}$，即政府和私人支出之和等于全部收入。

$$\frac{\partial G}{\partial r} = -\frac{n\left[a(1-s)+s\right]E(t)+dY(t)}{r_g(t)^2} < 0$$

这表明：

（1）黄金总需求是a的增函数，当一国得自黄金消费的效用水平越高，则黄金总需求越大。而一国国民文化越是偏好黄金则效用水平越高。印度、中国和东南亚地区都是黄金消费水平较高的地区。

（2）黄金总需求是s和d的增函数，即当私人和国家用于黄金的支出占总支出比例越大，黄金需求越大。s和d的大小取决于社会支付体系和国家储备政策。当黄金锚实行，d将上升至较高水平。

（3）黄金总需求是总支出的增函数，当一国的经济发展越好，国家和私人的总支出越大时，黄金需求越大。

（4）黄金总需求是黄金租金的减函数，当持有黄金所需承担的租金越高，黄金需求越低。租金主要受到黄金相对价格波动和实际利率水平的影响，实际利率通常是稳定的。

当a、d、s和r一定时，黄金需求应当与总支出呈同向变动，经济增长的国家黄金需求不断增长。而对于货币黄金的需求主要取决于国家和私人的储备政策d、s和经济实力Y、E。

这个等式还暗示，在一定的黄金总量下，一国如果想提高效用，可以实行藏金于民的政策，在不减少总黄金需求的情况下，适当减少政府黄金储备支出的比例，提高居民家庭的黄金持有量。当前我国很多银行开展金条、金砖的实物销售，国家造币局发行金、银纪念币等都是藏金于民的举措。

第三节　人民币国际化的稳定锚战略

一、人民币国际化的战略目标和路径

一般而言，一国在世界贸易中的比重越大，贸易参加者对该国货币越熟悉，这一货币作为计价单位和交易媒介的可能性也就越大。历史上英镑、美元成为国际货币都与其经济实力和贸易地位密切相关。21 世纪以来，中国的对外贸易占世界贸易的比重已经上升到 10%左右，接近美国的占比，而欧元区贸易占比在 25%以上。日本、英国、印度的贸易占世界贸易的比重较小。2011 年，中国的经济总量已超过日本，居世界第二位；自 2015 年起，若中国经济年均增速为6.5%，美国为2.5%，则预计到2029年，中国的实际经济总量将超过美国[①]，这为人民币的国际化奠定了坚实的经济基础。

2010年由11个发展中国家组建的中国–东盟自由贸易区正式启动，这个贸易区惠及人口达19亿，约占世界人口的27%，GDP约占世界12%，贸易总额约为4.5万亿美元，是继北美自由贸易区、欧洲自由贸易区之后的一个人口最多的区域自由贸易区。2016年，中国与东南亚地区贸易额为4 554.4亿美元，占中国与“一带一路”沿线64个国家贸易总额的47.8%。在“一带一路”沿线64个国家中，中国向东南亚出口额最大，占比为44.1%；中国自东南亚进口额也最大，占比为53.6%[②]。此外，中日韩自由贸易区的相关协定也在波折中继续谈判。根据Emerson等（1992）提出的“一个市场，一种货币”的理论，货币选择本质上应以市场为中心，根据市场需要及降低交易成本的目的建立货币区，只要是一个要素自由流动的统一市场，那么统一货币就是最佳选择。如果货币主权的让渡有利于经济增长与国民福利的提高，那么让渡就是最优的选择。这为欧元的创立提供了理论准备，也成为思考区域性统一货币体系的参照。中国作为东亚区域内最大的经济体，人民币国际化的战略目标应以成为区域货币为现实选择。

现代经济学奠基人凯恩斯认为，破坏一个国家的最好方式就是破坏这个国家的货币；货币主义创始人弗里德曼也认为，“货币是经济社会中的最重要因素，甚至货币结构的一点细微变化也会产生深远、意想不到的后果……更甚至影响国家的发展方向”（弗里德曼，2006）。亚洲金融危机使东南亚各国的外汇储备瞬间耗尽，货币狂贬，经济倒退，物价飞涨，国家遭受巨大的损失。中国在危机中承担起大国的稳定责任，没有让人民币贬值，得到了周边国家的高度赞扬，而日本的逃避政策则遭到了指责。中国的和平崛起意味着承担更大的责任，也需要更强的抗风险能力。人民币国际化对于中国和人民币货币区域内的国家可以构成一道货币屏障，既能够进取，也可以防御，为经济提供更好的安全保障，实现持久繁荣。

实际上，依托上海国际金融中心建设和商业银行的国际化拓展，人民币的国际化正在稳步发展，按照第一步成为贸易结算货币；第二步成为投资货币；第三步成为储备货币的步骤展开。根据中国人民大学国际货币研究所2017年发布的《人民币国际化报告2017》，到2016年第四季度，人民币在全球国际贸易的结算份额达到2.11%，人民币国际化指数（RII）达到2.26%，而2010年初这一指数仅为0.02%（中国人民大学国际货币研究所，2017）。

---

① 以2015年美国实际GDP为179 470亿美元，中国以108 664亿美元作为起点计算。估计到2029年美国实际GDP总量为253 586亿美元，中国为262 410亿美元。这个估计可能高估了美国增长率，低估了中国的增长率，为保守估计。

② 数据来源于中国–东盟自由贸易区官网。

长远来看，人民币国际化若满足成为与美元、欧元三足鼎立的国际货币，改变现在单一美元本位的国际货币体系，当然会获得巨大的铸币税等利益，但是也同样会陷入特里芬难题，重蹈美元的覆辙。美国凭借货币发行特权攫取世界的利益，虽然短期内有利于国民消费水平的维持和提高，长远则不利国家发展，也是不可持续的。美国2017年新上台的特朗普政府正试图重构世界贸易格局，以重振本国制造业，缓和国内贫富两极分化的社会矛盾，应该说，一定程度上是为了纠正过去美国依赖美元霸权带来的结构性问题。中华文明在与西方文明的竞争中应该体现出自己独特的文化内涵。人民币国际化应走良币之路，通过货币制度的创新获得普遍的接受，其成功的价值在于显著表达中华文明所具有的公正、和谐、稳定、持久的优秀文化基因。

二、人民币国际化应走市场化的良币之路

回顾世界储备货币的发展，在19世纪前，铸币任意流通，而不限制自己的疆界。外国铸币可以用来交换本国货币，货币选择事实上不受限制，货币流通实质上是非领土化，跨境竞争是惯例而不是例外。在人类商品经济发展的漫长历史时期，商品货币逐渐发展到金、银等贵金属币材并采用铸币的形式。金属货币依然是商品货币。金属本位时代，货币流通和商品的流通一样不受国家的限制，可以自由输出入，本国的货币可能是别国的商品，而本国的商品可能是别国的货币。例如，中国在清代实行银铜本位，欧洲、日本实行金本位，黄金是中国的商品，而白银是中国的货币；欧洲和日本则反之，黄金是货币，而白银是商品。这就造成中国银价高于欧洲和日本，金价低于欧洲和日本。近代中国总是净出口黄金，净进口白银就是这个道理。在这个阶段上，没有绝对的国际货币本位，不同本位货币间的兑换服从商品交换的原则。相同本位货币间则按货币的金属含量确定兑换率。本杰明 · J. 科恩（Benjamin J. Cohen）指出，一种铸币将最终成为占据主导地位的国际货币，它是需求驱动下的自然选择过程的胜者（科恩，2004）。典型的国际货币的例子是公元前15世纪雅典的银德拉克玛；公元前6世纪拜占庭的拜占特；公元前 16 世纪的墨西哥的银元；等等。在金属货币本位的漫长时期，世界上先后形成了各种货币圈，如铜本位货币圈、银本位货币圈、金本位货币圈，这些货币圈在地理上交叉重叠，形成不同的货币层次，并且贵金属货币圈不断扩展。黑田明伸（2007）认为，在一个国家内部，可以存在地域通货，并且货币流通规律存在分层现象，同样的货币的交换价值不同。

主权货币成为国际货币，经济及金融实力是最直接的因素，此外，也不能忽略信誉、文化和政治等非经济因素的影响。虽然第二次世界大战后美国的实力已经是世界第一，但其综合影响力还不足以迫使其他国家接受一个不可兑换

的美元，于是美元的崛起还要依托巨额黄金储备作为信心支撑，经过了布雷顿森林体系的过渡期，美元才最终成为“顶级”国际货币；而牙买加体系下世界依然选择了美元，不得不说除了经济军事实力，还得益于美国在美元-黄金体系下迅速扩大的文化影响力及政治影响力。英镑和美元先后成为世界货币体系的核心，都得益于当时英国和美国凭借强大的实力在全球大力推动文化输出，使英语成为世界上最通用的国际交流工具。

从国际货币体系演变历史可以看出，一旦某种货币确立了国际储备货币的地位，就存在维持其地位的惯性，即使该货币的主权发行国经济实力大为下降，其货币的地位还可以保持相当长时间。例如，英镑取代荷兰盾成为国际储备货币用了大约100年。美国在19世纪80年代经济总量就超过了英国，但美元一直到布雷顿森林体系建立才最终取代英镑成为国际储备货币，这个过程持续了将近70年。现在，尽管美国经历经济危机、美联储定量宽松导致美元泛滥，但是，美元依然是国家间最佳的投资避险货币，美元地位能经历风雨而不倒，惯性是一个重要的解释，也被称为“货币的惰性”。

国际货币的更替是一个市场选择的缓慢发展的过程。美元霸权的基础在金融危机以来发生动摇，全球投资者对美元信心下降，但离美元被彻底替代还有很遥远的距离。近期国际货币体系改革有从单一到多元的趋势，最有可能出现的结果将是形成由美元、欧元、日元、人民币、黄金、SDR 等多种货币相互制衡的多元化货币格局。

事实说明，货币的产生、竞争和选择是一个复杂的经济、政治、文化融合过程，如果一个大国崛起，而不依靠战争暴力来调整国际秩序和利益格局，就要服从市场力量的选择。欧元之父蒙代尔认为，在没有外在强制力的条件下，平等交易主体之间不存在劣币驱逐良币的格雷欣法则，相反，人们意愿接受的通常是硬货币而不是软货币，是良币驱逐劣币的规律（Mundell，1998）。人民币国际化显然要走市场竞争选择的良币之路，币值稳定是关键。从长远来看，人民币的价值稳定和国际化有赖于国家贯彻科学发展观、切实进行经济结构调整，从而实现内外均衡。2012 年以来我国进入经济新常态，大力进行供给侧结构性改革，以降低增速换来经济结构改善、发展质量提高，无疑是非常正确和必要的。鉴于货币稳定的重要性，从货币本位的角度来看，一个创新的思路就是把商品货币的稳定机制与国定管理货币的弹性机制相结合，取长补短，科学构造人民币的稳定锚。

三、人民币国际化必须确定独立的价值基础

货币经济条件下，货币自身价值基础的选择和稳定对经济社会生活具有重

大的影响。历史上许多政府的倒台都与货币危机有关，如京钞风潮与清朝的覆灭、金圆券改革失败与中华民国政府的垮台等。经济金融化、金融全球化的今天，美国次贷危机通过以美元为中心的国际货币体系传染世界，导致了2007年以来的世界金融和经济危机。

我国发行的法定货币——人民币一直没有规定明确的价值基础，这引发了一场人民币代表什么的争论（叶世昌，2006）。在实践中，改革开放前主要采用旨在保持国内价格稳定的货币政策名义锚，但发生了短缺经济下的隐形通货膨胀。改革开放后则主要采用稳定对外币值的汇率政策名义锚，人民币长期盯住美元汇率，形成了实事上的美元本位。1994年开始了人民币汇率形成机制市场化改革，人民币汇率自由浮动，却带给经济主体不稳定的预期和高于固定汇率的交易成本，带来实际经济发展效率的损失。不久，人民币再次盯住了美元。随着我国经济开放程度不断提高，国际收支双顺差不断累积了大量的外汇储备，特别是美元储备，内价稳定和外价稳定两者不可兼得的问题日益突出。为了稳定人民币汇率，中国人民银行大量投放基础货币收购美元外汇，形成了人民币的外汇占款发行机制，实际上影响了国内货币政策的独立性和稳定币值承诺的可信度。

改革国际货币体系的一个主流主张是推行人民币国际化，开展货币竞争，将单一美元本位改变为多元主权信用货币本位，从而增加国际货币体系的稳定性。但是人民币自身如果继续单一盯住美元则人民币国际化就没有意义。2005年7月20日后，中国的货币锚名义上是参考一篮子货币，实际上除了升值的因素，汇率主要还是受美元支配。这对于寻求人民币国际化的战略来说殊为不利。张庭宾（2009）提出，“中国的货币战略选择需要站在人类文明突围的高度上，需要立于人类诚实守信的基本价值观立场选择上。同时必须看到的是，以美元为核心的全球信用纸币体系的崩溃正不以人的意志为转移地到来。谁能率先摆脱美元的绑架和羁绊，谁就能最大限度地避免损失”。世界金融危机下，美联储实施定量宽松政策使美元泛滥，中国被动输入通货膨胀，广义货币高速增长，给社会带来福利损失和不稳定。为人民币加上稳定锚，即确定其独立的价值基础从而明确货币政策目标具有重要的理论和实际意义。

一般来说，稳定有效的国际货币体系必须解决三大问题：一是清偿能力问题；二是调整问题；三是信心问题（Cohen，1977）。对于商品货币被不可兑换管理货币取代，一般认为主要是商品货币的有限性不能满足经济快速增长对货币清偿力增长的要求。然而现实表明，不能长期依靠货币扩张来达到经济稳定增长。中国经济增长与宏观稳定课题组（2007）的报告认为，在经济发展的一定阶段，通过宽松的货币政策，以及国家对银行的隐性担保，信贷扩张激励了国内产出规模的扩大，经济持续高速增长。但信贷扩张在逆向选择和道德风险机制的作用下出现坏账不断累积，宏观经济存在潜在不稳定。应逐步取消信贷扩张的金融安排，卸掉 M_2/GDP 高比例的潜在通胀风险。2016 年以来频频见诸人民日报头版的专业人士也强调要把调结构放在经济工作的中心地位，避免短期化行为，反对“大水漫灌式”的刺激性货币政策，指出全球经济要从国际金融危机中走出来，需要经历一个较长过程。我国经济进入新常态，结构调整是一个绕不过去的坎，是一场绵绵用力、久久为功的持久战。在这样的形势下，必须保持战略定力，要树立信心，坚定战胜困难的决心，保持滴水穿石的耐心，多做标本兼治、重在治本的事情，避免用“大水漫灌式”的扩张办法给经济打强心针，造成短期兴奋过后经济越来越糟的局面（龚雯等，2016）。

同时，20 世纪 70 年代兴起的生态环境运动使得可持续发展逐步成为人类共识。超越增长、实行稳态经济战略，使经济从数量型增长转变为通量（through volume）稳定下的质量型可持续发展的主张日益得到广泛的认同。经济增长的意识形态正在消亡，这为改革不可兑换管理本位制度创造了前提。我国是正在崛起的发展中国家，经济增长在一定地区和时期内依然需要保持较快的速度，但总体速度必然趋于下降。事实也是如此，2012 年国家经济目标从应对危机的“保增长”转向“稳增长”，经济增速回落到 8%以下，此后我国经济逐步进入新常态，2016 年经济增速为 6.7%。

我国明确提出了绿色发展、提高生态文明水平的方针，这就要克服短期化倾向，创造有利于长期行为的社会激励机制，尤其是扭转货币机制。一个创新的思路就是把商品货币的稳定机制与法定货币的弹性机制相结合，取长补短，科学构造人民币的稳定锚。稳定锚的选择要兼顾国内经济可持续发展和国际经济一体化发展的全局，追求生态经济社会协调发展目标及国际收支基本平衡，尊重生态限度和社会和谐而不是盲目追求无限增长。因此，为了制衡不可兑换管理本位制度下本位货币滥发带来的信任危机，人民币在国际化进程中应当适时引入商品锚，加强市场对人民币的信心，扩大人民币接受范围。

四、加快构建人民币的稳定锚

2015 年 12 月 1 日 IMF 正式批准，并于 2016 年 10 月 1 日起将人民币纳入 SDR 的货币篮子，标志着人民币国际化程度已经获得了较大的进展，在国际货币制度改革中的话语权进一步加大。虽然已经加入 SDR 货币篮子，但人民币国际化还有更长的路要走。事实是，人民币汇率中间价从创下 2014 年 1 月 6.09 元/美元的高点，以及国家外汇储备达到 2014 年 6 月的 3.99 万亿美元高点后，外汇储备快速下降至 2015 年底的 3.33 万亿美元，到 2017 年 1 月则下降至2.99万亿美元；人民币汇率也在2015年底降至6.41元/美元，2017年1月则升至6.88元/美元，2016年底达到6.94元/美元，几度接近破7，市场人心浮动。其中，美元加息预期导致资本流出加快是人民币汇率贬值的主要因素，而外汇储备规模的降低有相当部分是用于外汇市场干预。此外，2015年以来，我国金融市场先后发生了股市与债券市场的大幅波动，经济结构调整的任务还很艰巨，人民币能否成为国际货币中的良币，还需经受更多的考验，需要更大的体制机制创新，以及科学构建稳定锚。

人民币的稳定锚构建需要从两个方面着手。一是增加锚商品的实物储备；二是从价值尺度和储藏职能出发，在心理上保持人民币与财富价值的比例关系，即心理锚定或者影子锚定。

黄金是公认的价值贮藏最高形式，是唯一同时具备流动性、独立性、安全性的国际储备。据估计，地球上挖出来的全部黄金为16万多吨，作为可流通金融储备资产——准货币性的黄金——合6万多吨，约占全部黄金的40%；作为消费性商品的合9万多吨，约占全部黄金的60%。6万多吨准货币黄金中有3万多吨是各国拥有的官方黄金储备，还有2万多吨属于私人和民间企业所拥有的民间黄金储备。另外60%左右的一般性非货币黄金，被用于首饰等消费商品、宗教和文化艺术品，以及一些电子化学等工业产品中。这些非货币黄金的很大一部分可以随时转换为货币黄金或准货币黄金，即私人和民间企业所拥有的金融性资产，参与到金融交易和货币流通之中。

在金本位制下，黄金曾经具有货币的全部职能，即价值尺度、流通手段、贮藏手段、支付手段和世界货币，一国实际的国际储备主要是由外汇储备和黄金储备所构成。1976年的《牙买加协定》签署了“黄金非货币化”条款。然而几十年过去了，美国等发达国家并没有放弃黄金储备，且黄金储备在国际储备中的比重远高于外汇储备，美国、德国、意大利和法国等国的黄金储备占国际储备的比例都高达60%以上。曹贞和张华清（2010）认为目前还没有更坚挺的国际货币能够替代黄金，同时，全球货币体系又未建立公平、合理、相互制约的货币制度，因此，黄金的货币功能依然得到部分保留。黄金在稳定国民经济、抑制通货膨胀、提高国际信用等方面有着特殊的作用。充足的黄金储备正是抵御金融危机的有力武器，如20世纪90年代后期的东亚金融危机中，韩国在危机时刻发起全国性的捐金运动，百姓自发和有组织地捐献黄金首饰，为国家渡过金融危机和经济困难出力，发挥了黄金的货币功能。

（一）缩小我国黄金储备与世界的差距

从黄金分布的国别结构来看，发达国家占有大部分的黄金存量。根据有关统计，目前五个最主要的黄金储备国的黄金拥有量几乎是发展中国家黄金储备总和的6倍多。在黄金非货币化后，为了追求较高的储备资产收益率，减少黄金储备消耗成本，几个黄金储备大国（如英国、荷兰）在20世纪90年代后期将近六年的时间里大量抛售黄金。央行售金行为增强了黄金流动性，改变了黄金大量集中在欧洲和北美地区的状况，一部分黄金流向亚洲地区市场，使黄金存量分布趋于合理。但自 2005 年之后，欧洲国家的黄金不减反增，近年来的各种迹象表明，越来越多的中央银行、投资机构及个人购买并持有黄金。世界黄金委员会（The World Gold Council）报告指出，2010 年各国央行的黄金净买入量为 76 吨，2011 年前 9 个月，各国央行的黄金净买入量已达 350 吨。各国央行增加储备的需求或意愿改变了黄金的供求关系，推动了金价上涨。

2016 年我国（大陆）的黄金储备为 1 842 吨，我国与其他国家的储备水平还有很大的差距。其一，按黄金储备占总储备的比例，欧洲联盟规定其成员国的黄金储备应占总储备的 15%，如果我国也参照这个比例进行计算，若总储备 20 000 亿美元则需要储备 3 000 亿美元的黄金储备，按 2012~2016 年国际市场均价 1 382 美元/盎司的价格[①]计算，约为 6 752 吨，即我国需要增加储备约 4 910 吨黄金储备。其二，若按人均黄金储备持有量计算，1998 年世界十大工业国人均持有黄金储备 24.9 克，亚洲各国（日本除外）及地区的人均拥有量为 3.73 克（曹勇，2004）。按 13 亿人口计算，我国黄金储备应达到 4 849 吨方能与亚洲其他国家看齐；黄金储备应达到 32 370 吨方能与十大工业国看齐。其三，按经济总量地位，2011 年我国 GDP 已居世界第二位，仅次于美国，但黄金储备规模远远低于第四位德国的 3 400 多吨。此外，据吕伟（2007）测算方法[②]，如为了应付未来可能爆发的战争冲突，进口并支付战争时期所需的物资，我国应该储备超过 3 110 吨的黄金，以减少美元资产被冻结带来的负面影响。而张晓京（2016）认为，人民币国际化需要黄金储备发挥超主权信用担保，为此宜保持黄金储备占我国全部外汇储备的 5%~10%，即 5 000~10 000 吨。

缩小我国与世界的差距、尽快增加我国黄金储备是十分紧迫的战略目标，要分阶段有计划地进行。第一阶段的任务就是把黄金储备提高到 3 000~4 000 吨的安全保障水平，第二阶段则是 5 000~6 000 吨的亚洲人均水平，第三阶段则是万吨级目标，成为世界主要黄金储备拥有国。

（二）缩小人民币相对美元参照黄金的价值差距

以上的测算，只是从我国黄金储备与世界各国的差距方面提出一个大体

---

① 为美国地质调查局采用的 Engelhard 2016 年均价。

② 吕伟（2007）在文章中按当时条件测算，认为应储备价值超过 500 亿美元的黄金。

的增持目标。在人民币的商品锚还没有构建的时候，比较人民币与其他储备货币相对于参照商品的价值，指导相应的货币政策调整，就是一个值得探索的方向。

随着人民币国际地位提升，人民币已经被越来越多的国家和地区的货币当局——央行作为储备货币少量持有。例如，2017年6月17日，欧洲央行宣布已将价值 5 亿欧元的外汇储备由美元换成人民币。人民币要保持储备货币的价值稳定性，必须从具备客观财富尺度的角度稳定人民币与参照的黄金总量，即心理锚的价值关系锚定。这种锚定并不指向可兑换，但制约对人民币的总量管理，为货币稳定提供参照依据。

黄金是世界商品中最具接受性的公认的财富最高形式，黄金的存在和数量对货币持有人的信心具有较强的心理暗示作用。由于非货币黄金在必要时可以转化为货币黄金，因而可以将黄金总量看成一个无形的作为心理意义上的货币锚，本书称为“心理锚”，意指不具有实际操作意义的参照，但是可以给市场带来心理上的暗示从而影响对货币的信心。

根据一价定律或者无套利原则，对同一种商品，不同的货币经过汇率套算后应当有相同的价格，或者由对同一种商品的价格能够确定不同货币单位的比价关系。如果资本账户下货币完全可兑换，套利机制存在，则各国的锚定参数之比与金价、汇率应当达到均衡。由于资本和外汇管制、信息不对称等因素的存在，套利机制受到限制，各国的锚定参数可能不具有一致性，但参数的高低变动可以反映出潜在的压力，压力越大越可能发生以套利为目的的资本流动。

如果以黄金总量充当储备货币的心理锚，不同的国际储备货币经过套算后应该有相同的黄金价格。而当今不可兑换管理本位货币被作为价值尺度和虚拟财富而积累，与黄金作为真实财富的尺度而积累两相参照。因此，可以把世界黄金总存量作为货币总量的参照进行比较，不同储备货币如果都对此保持同一比例，则不存在套利机会，一价定律成立，各国货币数量相对共同的心理锚达到均衡关系。例如，每一种希望成为世界储备货币的货币都可以根据自己设定的心理参照物来调整货币量或者参照物的数量，获得锚定的效果。

$$\frac{M_{\text{A}}}{G}=\delta;\ \frac{M_{\text{B}}}{G}=\lambda;\Rightarrow\frac{P_g^{\text{A}}}{P_g^{\text{B}}}=X_{(\text{A/B})}$$

其中，M_{A}、M_{B} 为 A、B 两国的货币量；G 为心理设定的锚（假设为黄金）的数量；δ、λ 为两国各自的比值或者锚定参数；P_g 为锚商品的价格，上标标识不同的国家；$X_{(\text{A/B})}$ 为 A、B 两国货币的汇率，即一单位 B 国货币的 A 国价格。

以下从货币“参照”黄金的程度来分析比较中、美两国货币的锚定程度，对进一步认识人民币的现状、测算构建人民币稳定锚所需要的黄金储备量具有启发意义。

考虑虚拟货币财富与黄金财富的比例。举例而言，如果把所有美元存量看作是对应于黄金的虚拟财富，而黄金自 1900 年到 2010 年累计开采了 138 483 吨，加上 19 世纪以前的存量约 1 万吨，累计黄金存量按 148 483 吨计算。2010 年底美国的 M_2 余额为 87 668 亿美元。这样每克黄金价值 59.04 美元，相当于每盎司 1 835.42 美元，这与 2011 年的国际金价高点已经比较接近。相应地，人民币也与黄金存量对照，2010 年底我国的货币供应量 M_2 为 725 851.8 亿元，与黄金存量的比例为 488.85 元/克。美元与人民币“含金量”的比例关系为 1∶8.28，但同期美元兑人民币的汇率为 6.77 元，这说明人民币相对美元高估，有贬值下行风险。同时这意味着我国货币低于美元的财富锚定水平，或者说人民币实际上比美元更加泛滥。

改善人民币与黄金心理锚定程度的途径包括以下几种。

A. 其他不变，人民币兑美元贬值到 8.28 元/美元，则人民币金价在 489 元/克，与美元金价协调。

B. 其他不变，人民币 M_2 压缩 18.23%，即减少到 593 534 亿元，则美元和人民币与黄金锚定比例达到 1∶6.77。

C. 其他不变，美元对黄金贬值，即黄金的美元价格升高到 123.94 美元/克，即 3 854.53 美元/盎司。

D. 三种调整都存在，共同达到新的均衡。

可以看出，通过“心理锚定”可以调整人民币与总黄金财富的关系，调整的内容包括汇率、金价和人民币余额。

同理，用 2015 年的数据进行心理锚定测算，可以得出更加惊人的结果——世界黄金存量 162 953 吨，美元 M_2 为 123 112 亿美元，人民币 M_2 为 1 392 278 亿元，按照以上的心理锚定原理计算，每克黄金对应 75.55 美元，对应人民币 854.40 元，人民币 M_2 与黄金存量比值是美元这一比值的 11.3 倍。而同期美元汇率在 6.227 5 元。虽然两种货币相对黄金存量都在贬值，但人民币贬值的速度远远超过美元。因此，锚定美元比锚定人民币还是容易得多。这至少部分地解释了为什么至今美元还是投资者的避险货币，美元资产还是避险天堂，因为人民币相对世界黄金财富存量脱锚的程度远超美元。中国长期以来依赖大水漫灌式的货币政策必须改变了。人民币不应继续升值，对美元和黄金都有贬值的要求；人民币总量也不能继续高速增长，否则只能更加扩大与核心储备货币的差距。当然，如果美元自行对黄金贬值，或者世界金价高涨，则可以减轻人民币调整的压力，更容易在心理上锚定。但是，最能有效控制的还是人民币自己的发行。

人民币需要从黄金比价上和美元等其他储备货币获得可比性，方能增强市场对人民币的信心。在人民币完全可兑换后，在一价定律加上市场套利机制的作用下，人民币需要与其他储备货币协调参照体系和参照系数，共同维护国际货币体系的稳定发展。

五、发展金银市场与增加金银存量

增加黄金等锚商品的途径主要还是依托国内国外两个市场。以黄金为例，一是以市场需求带动黄金生产；二是以市场建设满足和稳定黄金需求；三是稳步增加官方和民间的黄金存量。

（一）以市场需求带动黄金生产

从国内黄金供给方面来看，黄金生产受到资源和成本的双重制约。由于勘探技术的进步，我国黄金探明储量明显增加，国内的黄金探明储量约占世界探明储量的 10%①。随着国家改革黄金管理体制和加入世界贸易组织，加上国际金价持续回升，黄金生产企业获得了稳步的发展。通过组建大型企业集团，实现了资源的统一规划与合理开发，经济效益得到提高，企业竞争力得到增强，我国黄金产量平稳增长，已成为世界重要产金国。2007 年我国黄金产量跃居世界第一位，并保持至今。我国黄金产量基本用于消费，到 2016 年只有 1 842 吨的官方黄金储备，所以官方和民间的黄金需求都有很大空间。随着人民富裕程度的提高，我国民间对黄金的需求将会日益增长，其动机可能是工业制造、抵御通胀，也可能是艺术收藏或装饰装潢。一般而言，旺盛的需求将推高国际金价，而金价的上涨一定程度上对增加黄金产量可以起到良好的刺激作用，也将促进国内黄金生产企业的发展。但是，鉴于国内黄金矿藏大多品位不高，黄金生产的环境成本日益上升，以及黄金自然储备的保存需要，满足国内需求不应以国内生产为主，而应该更多地通过市场进口国外黄金存量和增量。

（二）以市场建设满足和稳定黄金需求

我国是发展中国家，官方和民间黄金拥有量还处于低水平，但我国国内黄金市场发展很快，有着巨大的发展潜力。当前大众对投资黄金的认识还比较肤浅，投资者的观念和方法还不成熟，应大力开放黄金市场，扩大黄金市场规模、提高黄金市场效率，运用市场的推介、示范和服务功能，加强市场宣传力度，使大众不断提高对黄金的认识，从而调动个人、企业、机构参与黄金交

① 截至 2006 年底，我国查明黄金资源储量 4 997 吨。

易，促进黄金需求稳步提升。

近年来国内各家银行相继推出各类黄金投资理财业务，主要有实物黄金投资和纸黄金投资两种黄金投资方式，居民投资实物黄金可以采取多种形式，如收藏金条、金币。对于黄金账户投资产品，投资者只要在黄金账户上记录实际购买黄金数量即可，黄金实物既可以提取也可以存放在银行金库，投资者根据金价波动进行交易，赚取差价。而纸黄金投资则不涉及实物，只是赚取买卖差价，对实物增加影响不大，但对黄金市场价格有一定的诱导，价格的高低也影响到黄金需求。黄金市场建设就是要通过价格波动引导供应和需求，吸引越来越多的国内和国际投资者参与，形成丰富多样、量大面广的市场，从而稳定黄金的供求关系。

市场建设的另一目的还包括获得人民币的国际黄金定价权。中国目前已是全球第一大黄金生产国、第一大黄金消费国和第一大黄金加工国。但是中国上海的黄金交易所却还只是全球第三大黄金交易市场，居前的是伦敦黄金交易所和纽约黄金交易所。伦敦是国际黄金现货交易中心，而纽约是世界最大的黄金期货交易市场，它们拥有国际黄金定价权。上海黄金交易所2014年9月启动了黄金交易国际板，2015年6月成为伦敦黄金交易所的会员，2016年4月推出了人民币计价的“上海金”。中国黄金交易市场的对外开放既是我国黄金产业发展的必然，也将有助于提高中国在全球黄金市场的定价话语权。进一步的产品开发和市场设施建设有助于人民币成为功能更加健全的国际储备货币。

（三）稳步增加官方和民间的黄金存量

梅新育（2011）认为，我国官方黄金储备需要增持到与国际地位相当的水平，但必须考虑到增持本身面临的复杂情况，中短期制约官方大规模增持的因素主要是此举容易抬高市场金价、冲击黄金消费者需求，因此应慎重而为，更多发挥民间力量。实际上，藏金于民既是一种民间投资渠道，也是补充性的储备来源。随着人民币国际化的推进，官方增加货币黄金和其他锚商品应当平稳有计划地推进，以国外采购为主，从而保持国内市场供求大体平衡，不干扰民间的黄金投资需求为宜。官方储备活动可以对黄金市场形成良好的稳定作用，特别是在国际黄金价格低落时，既是官方增加储备的良机，又可以稳定黄金价格，保护投资者利益。总之，黄金由国储和民储共同实施，既可增加国内黄金、白银等储备，提高国家抵御突发事件冲击的能力，又可节省国家资金，是比较理想的策略。

以上主要论证了黄金市场，实际上白银、铂金等也是重要的货币金属，可以起到一定的保值作用，我国历史上就有用银的习惯。现在白银价格处于低位，正是国家实施战略性储备和家庭投资的大好时机。

结 束 语

一、主要研究结论

本书对历史上的货币本位制度进行了比较研究，以揭示出金属本位、可兑换管理本位与不可兑换管理本位制度在制度成本、经济绩效、激励机制及相容性等方面的差异性。

在制度成本方面，从直接资源成本、间接资源成本、管理成本和福利成本四个方面开展比较。金本位资源成本最高，而政府管理成本最低；不可兑换管理本位的直接资源成本最低，但间接资源成本、管理成本和福利成本最高；可兑换管理本位介于两者之间。在经济趋于稳态和低准备率条件下，模拟测算的可兑换管理本位的资源成本具有可行性。

在经济绩效方面，从经济增长、就业和收入分配不平等三个方面展开宏观经济绩效比较。运用 G7 国家和中国 19 世纪之后的历史数据进行了分析和实证，结果表明，管理本位在经济增长方面总体表现优于商品本位，两者结合的优势更大。第二次世界大战后的可兑换管理本位时期经济增速最高、最稳定，其次是不可兑换管理本位时期，但最近十几年的经济增速已经低于金本位时期；在就业方面，商品本位下的失业率低于不可兑换管理本位，而管理本位下的就业人口比高于金本位。不可兑换管理本位下的收入不平等较以往不断扩大。

在制度的激励机制方面，对金本位和中国白银核心金属本位时期的实证表明，物价和利率存在同向波动的吉布森悖论；不可兑换管理本位时期则存在费雪效应，表明通胀预期在金本位下为零甚至为负；而在不可兑换管理本位时期通胀预期大于零。商品本位制度下长期稳定的价格环境形成了注重节俭和注重长远的道德行为准则，而长期通胀的预期则助长了以人性不耐为特征的短期行为。同样的原因，金本位下的利率期限结构为水平和向下，而不可兑换管理本位时代则变为向上，即长期利率由于通胀预期而升高。历史上恪守金本位制度的国家在融资利率方面要比非金本位制国家优惠。

在相容性方面，从自然生态承载力限度和社会经济和谐发展两个维度论证了不可兑换管理本位既不具有价格稳定性也不具有生态约束性，不适应老龄社会、资源短缺、失业上升、全球失衡条件下向生态经济转型的需要。基于“无限增长”假设的货币本位相容理论应当抛弃，代之以生态可持续的相容性视角。不可兑换管理本位带来通货膨胀、货币管理的权责利错配，对社会伦理道德产生破坏性影响；而可兑换管理本位是建立在自然物质基础之上，可以容纳多种币材的组合，以市场机制为运行基础，符合生态和社会生产力实质性发展的要求。

在比较的基础上得出不可兑换性——脱离商品锚——是造成货币无限增长的主要原因。货币本位制度改革的方向是给管理货币加上包含生态约束、商品组合在内的稳定锚。生态承载力限度在原则上已经指示出货币数量必须随着经济稳态而停止继续增加，能量本位、碳货币本位等生态货币本位的构想符合生态约束的方向，然而具体方案还有待进一步的探讨、商榷；构建管理货币的商品锚的原则是国际合作协议、有限可兑换和商品锚价格稳定。篮子组合锚可能获得较好的价格稳定性，但可兑换性降低；金银混合锚的数量较充裕，但可能因为比价与市场偏离而招致投机；单一锚（如黄金）则存在分布不平衡和垄断等问题。可见，管理货币稳定锚的构建还主要是一种方向性、原则性的构想，具体则有待于在大量理论研究和货币实验的基础上进一步探讨，最终转化为可行的货币本位制度设计。

作为商品锚的天然成员之一，黄金在货币稳定锚构建中的地位不容忽视。对黄金的需求模型分析表明，货币本位制度对货币黄金需求有重要影响。中国应把握时代需要，促进世界的可持续绿色发展，科学构造人民币的稳定锚——包括生态承载力原则和商品锚，这不仅有助于改变美元为主的储备资产结构，还是人民币确定独立价值基础的内在要求，是人民币成功国际化的战略需要。人民币对黄金总财富心理锚定测算的结果显示，人民币相对美元与黄金的关系而言已经严重“脱锚”，需要大力控制货币总量。作为构建人民币稳定锚的现实步骤，在大力向可持续生态经济转型的同时要加紧充实金、银等商品储备，逐步脱离外汇占款发行机制。

概括起来，本书在以下方面取得了一些研究成果。

第一，对中国金属本位制度下的物价利率关系进行了实证分析。吉布森悖论问题在过去国内的理论研究中非常罕见，用现代计量方法实证研究中国吉布森悖论问题的较少。实证结果表明，我国白银核心金属本位制度下存在吉布森悖论，进一步支持商品本位制度下货币的有限性决定了它们具有类似的价格水平预期和行为模式。目前这项工作已经得到了公开发表（程皓和朱新蓉，2012）。

第二，将生态约束纳入管理货币稳定锚的构建。一方面，从生态承载力角度要求货币在变动趋势上应当稳定而不是增长；另一方面，构建具有生态资源稀缺性的商品锚。既把稳态经济的通量恒定主张具体纳入货币制度，又突破了稳态经济的国家货币制度框架，通过可兑换管理本位进行流通域分层，以商品锚解决国际货币体系的特里芬难题。这部分研究在本书出版前也已公开发表（程皓，2017）。

第三，提出了心理锚定的理论和方法，并测算发现人民币比美元更加脱锚。在人民币稳定锚的构建中提出设定“心理锚”的概念，即人民币要维持储备货币的价值优越性，必须从具备客观财富尺度的角度锚定人民币与参照的黄金总量心理锚的价值关系。这种锚定并不指向可兑换，但制约对人民币的总量管理，为货币稳定提供参照依据。通过测算，人民币与黄金的锚定不如美元与黄金的锚定，人民币货币供应总量过高，对美元汇率高估，金价低估，存在调整的必要。

第四，对货币演进按从私人到国家，从实物到表征的二维四元素归纳，比较系统全面地反映了货币的组合形态，是一种新的表述逻辑。依据原则本位观和可兑换性程度的不同，界定19世纪之后中外三大货币本位制度为金属本位、可兑换管理本位和不可兑换管理本位，是一种较新颖的分类方法。管理货币明确包含了银行信用货币和央行基础货币，避免了信用货币、法定货币等带来的含义模糊，兑换则突出了管理本位中的矛盾统一：管理与监督；管理本位下，可兑换是管理下的有限可兑换；而不可兑换也不等于放弃了管理和原则。原则本位观包含币材本位观，也为管理货币构建综合的实物和名义的稳定锚体系奠定了基础。

第五，对金本位资源成本的估算。借鉴 Friedman（1951，1960）和怀特（2004）的方法，以中国为例，在高速增长和稳态经济不同条件下对金本位和部分准备金本位的资源成本进行了实证分析，得出部分准备金条件下的金本位资源成本较低，支持了怀特（2004）的观点。

二、未来研究展望

一是对货币本位制度改革进行进一步研究。一方面，人民币的国际化战略需要更长远的规划和以世界共同价值为基础。本书主要突出了人民币稳定锚构建中的生态价值观，这是具有世界性的共同价值基础。对能量本位、碳本位作了一些探讨，还不够系统。生态货币和相关本位制度设计应该是未来努力的一个重要方向，并与国际货币体系改革结合起来。另一方面，对于把非货币属性的体现生态约束的商品纳入商品篮子并寻找价格稳定的组合的问题，有很多学者进行了研究，如 Graham（1944）提出的 19 种食品组合、26 种材料组合和其他 15 种自选商品组合，Friedman（1951）考虑的金属和金属制品组合，Hall（1982）建立的包含铜、铝、胶合板的 ANCAP 组合，一直也没有找到能产生稳定价格水平的商品储备通货的组合（多德，2004），等等。由于有些研究没有考虑到本位制度变迁，其结论值得推敲，未来寻找商品组合锚的研究依然有其价值。

当然，货币本位制度的发展还必须顾及全球经济发展不平衡、不充分的现实，要容许在一定条件下在局部和短期保持充分的货币本位制度弹性，以支持贫困人口和落后经济体的发展——生态限度要和包容发展结合起来，不能片面。

二是将演化经济学等前沿理论与全球货币金融制度史联系起来研究人类货币金融制度演进发展问题。货币本位制度研究是非常博大精深的一个领域，是东西方共有的一个巨大的经济思想宝库。通过研究发现了许多有待深入的课题，如费雪提出的人性不耐的利息债务理论，其对现实的解释力甚至超过费雪提出它的时代，这既表明费雪惊人的预见和天才，同时也反映出一个可以深入拓展的方向——人性不耐与短期化、制度演化理论结合，有可能为认识当今的经济社会特别是金融现象提供新的方向。

参 考 文 献

埃格特森 T. 1996. 新制度经济学. 吴经邦，李耀，朱寒松，等译. 北京：商务印书馆.

艾瑶. 2010. 从本位制度看国际货币体系的变化——人民币国际化. 经济界，（1）：81-85.

白钦先. 1998-06-07. 建立面向 21 世纪的新金融观：论金融可持续发展. 金融时报.

白钦先. 2003. 百年金融的历史性变迁. 国际金融研究，（2）：59-63.

白钦先. 2005. 金融结构、金融功能演进与金融发展理论的研究历程. 经济评论，（3）：39-45.

白钦先，等. 2001. 金融可持续发展研究导论. 北京：中国金融出版社.

班洁，戴菲菲. 2010. 中国费雪效应悖论的实证分析. 中国证券期货，（4）：4-6.

鲍尔斯 S. 2006. 微观经济学：行为、制度和演化. 江艇，洪福海，周业安，等译. 北京：中国人民大学出版社.

波兰尼 K. 2007. 大转型：我们时代的政治与经济起源. 刘阳，冯钢译. 杭州：浙江人民出版社.

布朗 L R. 2002. 生态经济：有利于地球的经济构想. 林自新，戢守志，等译. 北京：东方出版社.

蔡定创. 2010. 货币迷局——当代信用货币论. 北京：中国科学技术出版社.

曹国强. 1987. 利率如何跟踪物价？——兼论利率与物价的关系. 金融研究，（12）：13，25-27.

曹勇. 2004. 论黄金储备的地位与我国黄金储备政策的选择. 黄金科学技术，12（2）：1-4.

曹贞，张华清. 2010. 黄金储备与通胀预期管理. 黄金，31（5）：5-9.

曹钟勇. 2008. 财富本源与世界统一货币. 北京：中国铁道出版社.

陈海燕，李松臣. 2010. 中国费雪效应的门限协整检验. 统计与信息论坛，25（2）：55-59.

陈利平. 2003. 通货膨胀福利成本与消费攀比. 经济学（季刊），2（3）：573-590.

陈如，张旭昆. 2010. 金本位制与美元本位制的比较研究——基于大危机和次贷危机视角. 浙江学刊，（1）：178-182.
陈太明. 2007. 中国经济周期的福利成本：1978~2004. 数量经济技术经济研究，24（1）：22-30.
陈太明，逄博，张彦波. 2008. 中国通货膨胀对社会福利影响的实证分析. 财经问题研究，（8）：77-83.
陈雨露. 2012. 全球金融体系向何处去？金融博览，（1）：11-13.
陈雨露，马勇. 2011. 金融危机应对政策的有效性：基于 40 起事件的实证研究. 财贸经济，（1）：41-48，136.
陈雨露，马勇. 2012. 泡沫、实体经济与金融危机：一个周期分析框架. 金融监管研究，（1）：1-19.
陈雨露，宋科，李濛. 2010. 多维视角下的金融危机：跨国实证. 国际金融研究，（9）：47-54.
陈雨露，张成思. 2008. 全球新型金融危机与中国外汇储备管理的战略调整. 国际金融研究，（11）：4-11.
程恩富，胡乐明. 2005. 新制度主义经济学. 北京：经济日报出版社.
程皓. 2009. 中外虚拟货币的含义及其研究视角——兼评Q币的性质. 江西师范大学学报（哲学社会科学版），42（2）：90-96.
程皓. 2017. 货币寻锚：生态限度与包容发展. 江西师范大学学报（哲学社会科学版），50（3）：60-68.
程皓，张莹. 2014. 互联网货币市场基金的创新与监管初探. 江西师范大学学报（哲学社会科学版），47（4）：49-54.
程皓，朱新蓉. 2012. 基于货币本位制度变迁的物价利率关系实证研究. 金融研究，（6）：110-123.
代明，覃剑，丁宁. 2009. 恒态经济学理论研究进展. 经济学动态，（9）：101-105.
戴国强. 2011. 人民币为何“内贬外升”. 金融博览，（2）：37.
戴建兵. 2005. 白银与近代中国经济（1890-1935）. 上海：复旦大学出版社.
戴利 H E. 2006. 超越增长：可持续发展的经济学. 褚大建，胡圣，等译. 上海：上海译文出版社.
戴利 H E，弗蕾 J. 2007. 生态经济学：原理与应用. 徐中民，张志强，钟方雷译. 郑州：黄河水利出版社.
德米尔古克-肯特 A，莱文 R. 2006. 金融结构和经济增长：银行、市场和发展的跨国比较. 黄纯纯译. 北京：中国人民大学出版社.
丁剑平，杨飞. 2007. 人民币汇率参照货币篮子与东亚货币联动的研究. 国际金融研究，

（7）：36-42.
董德利，司强. 2008. 基于信用货币的多重货币合作分析. 金融发展研究，（1）：26-29.
杜恂诚. 2004. 金融制度变迁史的中外比较. 上海：上海社会科学院出版社.
多德 K. 2004. 竞争与金融：金融与货币经济学新解. 丁新娅，桂华，胡宇娟，等译. 北京：中国人民大学出版社.
封福育. 2009. 名义利率与通货膨胀：对我国“费雪效应”的再检验——基于门限回归模型分析. 数量经济技术经济研究，（1）：89-98.
弗兰克 G. 2000. 白银资本：重视经济全球化中的东方. 刘北成译. 北京：中央编译出版社.
弗里德曼 M. 2006. 货币的祸害——货币史片断. 安佳译. 北京：商务印书馆.
弗里德曼 M，施瓦茨 A J. 1991. 英国和美国的货币趋势. 范国鹰，陈龙渊，郭世贤，等译. 北京：中国金融出版社.
弗里德曼 M，施瓦茨 A J. 2009. 美国货币史 1867-1960. 巴曙松，王劲松，等译. 北京：北京大学出版社.
高茵. 2010. 财政刺激计划、货币供应量、公众预期与通货膨胀——中国 1996-2008 年月度数据的实证分析. 财经问题研究，（2）：8-16.
宫崎犀一，奥村茂次，森田桐郎. 1990. 近代国际经济要览. 陈小洪，任兴州，姚玉明，等译. 北京：中国财政经济出版社.
龚六堂，邹恒甫，叶海云. 2005. 通货膨胀与社会福利损失. 财经问题研究，（8）：3-10.
龚雯，许志峰，吴秋余. 2016-05-09. 开局首季问大势——权威人士谈当前中国经济. 人民日报，第 1 版.
古德哈特 C A E. 1999. 货币本位选择//多德 K，刘易斯 M K. 金融与货币经济学前沿问题. 陈雨露，王芳译. 北京：中国税务出版社：17-47.
郭翠荣，张宏. 2003. 国际货币制度的自然演进——国际金融资源的合理开发与配置. 金融问题研究，（5）：36-40.
郭福敏. 2003. 以日本和中国实证研究为根据的货币均衡新说. 俞一其，郭福敏译. 保定：河北大学出版社.
郭建军. 2008. 对中国股票市场费雪效应及相关“波动性假说”的检验. 上海金融，（11）：62-65.
哈耶克 F V. 2007. 货币的非国家化. 姚中秋译. 北京：新星出版社.
何国华. 2006. 汇率制度与宏观经济绩效：实证研究综述. 中国货币市场，（2）：41-43.
黑田明伸. 2007. 货币制度的世界史：解读非对称性. 何平译. 北京：中国人民大学出版社.
胡援成，张亦平. 1999. 建立新国际货币制度构想. 金融与经济，（11）：23-26.

怀特 L H. 2004. 货币制度理论. 李扬，周素芳，姚枝仲译. 北京：中国人民大学出版社.

黄安仲，毛中根. 2008. 我国股票市场费雪效应的误差修正模型检验. 国际商务——对外经济贸易大学学报，（1）：50-53.

黄达. 2003. 金融学. 北京：中国人民大学出版社.

黄达. 2004. 人民币的风云际会：挑战与机遇. 经济研究，（7）：4-8.

黄梅波，熊爱宗. 2009. 特别提款权与国际货币体系改革. 国际金融研究，（8）：47-54.

霍默 S，西勒 R. 2010. 利率史. 4 版. 肖新明，曹建海译. 北京：中信出版社.

季尚. 2011. 咀嚼人民币. 北京：中国发展出版社.

姜波克，牛晓健. 2006. 局部战争视角下中国国际储备管理研究. 复旦学报（社会科学版），（4）：1-9.

姜波克，张青龙. 2005a. 国际货币的两难及人民币国际化的思考. 学习与探索，（4）：17-24.

姜波克，张青龙. 2005b. 货币国际化：条件与影响的研究综述. 新金融，（8）：6-9.

金立群，林毅夫，李稻葵，等. 2016. 世界金融新秩序. 贾冬妮译. 北京：中信出版社.

靳玉英. 2000. 钉住通货膨胀的货币制度及对我国的借鉴意义. 上海金融，（11）：19-20.

靳玉英. 2003. 货币制度变革中的相机抉择与规则. 上海金融，（7）：13-15.

凯恩斯 J M. 1997. 货币论（上、下）. 何瑞英（上），蔡谦，范定九，王祖廉（下）译. 北京：商务印书馆.

凯恩斯 J M. 1999. 就业、利息和货币通论. 高鸿业译. 北京：商务印书馆.

康瑞华. 2008. 生态社会主义与绿色资本主义——福斯特的生态革命与布朗的环境革命思想之比较. 社会主义研究，（3）：18-22.

科恩 G J. 2004. 货币地理学. 代先强译. 成都：西南财经大学出版社.

孔祥毅，等. 2002. 百年金融制度变迁与金融协调. 北京：中国社会科学出版社.

朗咸平. 2003. 盯住一篮子货币应慎之再慎. 金融信息参考，（12）：35-37.

李翀. 2003. 虚拟货币的发展与货币理论和政策的重构. 世界经济，（8）：75-79.

李国疆. 2003. 货币本质：制度演进视角的解释. 云南财贸学院学报，19（3）：30-33.

李健，等. 2004. 中国金融发展中的结构问题. 北京：中国人民大学出版社.

李金铠. 2009. 能源约束与中国经济增长研究理论与实证. 北京：中国物资出版社.

李南. 2006. 我国增加黄金储备的战略意义. 经济研究参考，（39）：10-11.

李扬. 2009. 推动国际货币体系多元化的冷思考. 上海金融，（4）：5-7.

李扬，王国刚，刘煜辉. 2005. 中国城市金融生态环境评价. 北京：人民出版社.

李振. 2009. 货币文明及其批判——马克思货币文明思想研究. 北京：人民出版社.

里斯本小组. 2000. 竞争的极限—— 经济全球化与人类未来. 张世鹏译. 北京：中央编译出版社.

列特尔 B. 2003. 货币的未来. 林罡，朱姝颖译. 北京：新华出版社.

林继肯. 2002. 再论货币核心论. 财经问题研究，（1）：20-24.

刘金全，郭整风，谢卫东. 2003. 时间序列的分整检验与“费雪效应”机制分析. 数量经济技术经济研究，（4）：59-63.

刘金全，隋建利，闫超. 2009. 我国经济运行中“费雪效应”的分区制度量与检验. 南通大学学报（社会科学版），25（1）：107-112.

刘金全，王风云. 2004. 资产收益率与通货膨胀率关联性的实证分析. 财经研究，（1）：123-128.

刘骏民，段彦飞. 2008. 全球流动性膨胀的历史和逻辑. 经济学家，（6）：99-105.

刘康兵，申朴，李达. 2003. 利率与通货膨胀：一个费雪效应的经验分析. 财经研究，29（2）：24-29.

刘思华. 2006. 生态马克思主义经济学原理. 北京：人民出版社.

刘秀光. 2008. 货币定义的模糊性与货币政策的着力点——金融创新和技术进步条件下货币本位的选择问题. 兰州商学院学报，24（6）：73-77.

龙建民. 1988. 市场起源论. 昆明：云南人民出版社.

吕伟. 2007. 关于我国黄金储备的思考. 法制与社会，（8）：568-569.

马国书. 2009. 全球独立货币——超越布雷顿森林体系的人类共赢超主权货币纲要. 北京：中国社会科学出版社.

马克思. 1962a. 资本论//马克思，恩格斯. 马克思恩格斯全集. 第 23 卷. 中共中央马克思恩格斯列宁斯大林著作编译局编译. 北京：人民出版社：39，105，390.

马克思. 1962b. 政治经济学批判//马克思，恩格斯. 马克思恩格斯全集. 第 13 卷. 中共中央马克思恩格斯列宁斯大林著作编译局编译. 北京：人民出版社：54.

马寅初. 2004. 通货新论. 北京：商务印书馆.

麦迪森 A. 2003. 世界经济千年史. 伍晓鹰，许宪春，叶燕斐，等译. 北京：北京大学出版社.

梅新育. 2011. 难调的黄金储备战略. 南风窗，（1）：72-73.

诺斯 D C. 1994a. 制度、制度变迁与经济绩效. 刘守英译. 上海：上海三联书店.

诺斯 D C. 1994b. 经济史中的结构与变迁. 陈郁，罗华平，等译. 上海：上海人民出版社，上海三联书店.

裴平，张宜浩. 2005. 人民币外溢及其经济效应. 国际金融研究，（9）：68-73.

彭芬艳. 2004. 浅析我国黄金储备的适度规模及增长途径. 青海金融，（12）：33-34.

皮凯蒂 T. 2014. 21 世纪资本论. 巴曙松，等译. 北京：中信出版社.
乔恩 J F. 2002. 货币史——从公元 800 年起. 李广乾译. 北京：商务印书馆.
秦池江. 1999. 论货币制度与货币政策风险——对中国金融风险的货币环境分析. 金融研究，（9）：39-43.
任卫峰. 2008. 低碳经济与环境金融创新. 上海经济研究，（3）：38-42.
沈晗耀，崔长峰. 2009. 构建世界公币——局部金本位制度. 上海经济，（5）：16-17.
沈军，白钦先. 2006. 论金融研究方法论的范式转换——兼论对金融发展理论的启示. 经济评论，（5）：123-128.
石俊志. 2009. 半两钱制度研究. 北京：中国金融出版社.
石莹，赵建. 2006. 铸币税、币值动态与货币体系的稳定性：来自货币史的经验. 制度经济学研究，（3）：55-72.
史丹，王俊杰. 2016. 基于生态足迹的中国生态压力与生态效率测度与评价. 中国工业经济，（5）：5-14.
舒贝克 M. 2006. 货币和金融机构理论. 第 1 卷. 王永钦译. 上海：上海人民出版社.
舒马赫 E F. 1984. 小的是美好的. 虞鸿钧，郑关林译. 北京：商务印书馆.
苏宁. 2005. 优化金融环境 改善金融生态. 金融信息参考，（10）：5-7.
苏梽芳，周璐，蔡经汉. 2010. 中国经济费雪效应再检验：基于两区制门槛协整模型的实证研究. 安徽大学学报（哲学社会科学版），（5）：129-135.
孙刚. 2004. 金融与经济增长关系实证研究的发展与创新. 财经问题研究，（12）：15-23.
孙杰. 2002. 货币与金融：金融制度的国际比较. 北京：社会科学文献出版社.
唐磊，王紫荆. 2011. 黄金价格上涨与国际货币体系的新变革. 中国货币市场，（1）：13-17.
唐文进，陈勇. 2006. 利率期限结构研究新进展. 经济学动态，（4）：73-76.
唐智勇. 2001. 新货币论——权本位制条件下的货币实质研究. 广州：广东经济出版社.
田素华. 2000. 国际货币制度的宏观经济绩效与选择. 国际金融研究，（11）：11-18.
田卫民. 2010. 测算中国国民收入分配格局：1978-2006. 财贸研究，21（1）：8-16.
图克 T. 1993. 通货原理研究. 张胜纪译. 北京：商务印书馆.
汪祖杰. 2008. 信用货币本位的选择及其模型的再造. 经济理论与经济管理，（6）：19-24.
王广谦. 2005. 经济全球化进程中的中国经济与金融发展. 北京：经济科学出版社.
王卉彤. 2008. 应对全球气候变化的金融创新. 北京：中国财政经济出版社.
王明华. 2001. 金融工程与金融效率相关问题研究. 北京：中国经济出版社.
王群勇，武娜. 2009. 对费雪效应的重新考察：来自面板协整的国际新证据. 南方经济，

（7）：61-71.
王少平，陈文静. 2008. 我国费雪效应的非参数检验. 统计研究，25（3）：79-85.
王文平，冯健. 2002a. 货币制度与经济绩效. 社会科学辑刊，（3）：68-73.
王文平，冯健. 2002b. 利率期限贴水与货币本位制度：欧洲国家的实证分析. 山西财经大学学报，24（1）：63-65，80.
王文忠. 1992. 试论从世界货币向国际货币本位的过渡. 国际金融导刊，（5）：9-11，25.
王信文，吴信芳. 2005. 市场结构反转下之费雪效应研究. 当代经济科学，27（4）：1-10.
王颖，管清友. 2009. 碳货币本位设想：基于全新的体系建构. 世界经济与政治，（12）：69-78.
王玉茹. 1997. 近代中国价格结构研究. 西安：陕西人民出版社.
魏克赛尔 K. 1997. 利息与价格. 蔡受百，程伯撝译. 北京：商务印书馆.
武剑. 2000. 货币政策与经济增长——中国货币政策发展取向研究. 上海：上海人民出版社.
武巧珍. 2004. 对货币制度变迁与金融协调的理论分析. 生产力研究，（6）：48-50.
西美尔 G. 2002. 货币哲学. 陈戎女，耿开君，文聘元译. 北京：华夏出版社.
希尔 G. 2006. 自然与市场：捕获生态服务链的价值. 胡颖廉译. 北京：中信出版社.
夏斌. 2006. 提高外汇储备使用效益. 银行家，（5）：13-15.
小岛清，李悦容. 1989. 倡议改革国际货币制度实行“复数中心货币金汇兑本位制”. 世界经济评论（日），（2）：13-18.
谢平，罗雄. 2002. 泰勒规则及其在中国货币政策中的检验. 经济研究，（3）：3-12，92.
谢作诗，陈丽娜. 2011. 货币制度的选择与代价. 金融博览，（11）：34-35.
徐诺金. 2005. 论我国的金融生态问题. 金融研究，（2）：35-45.
许尔斯曼 J G. 2011. 货币生产的伦理. 董子云译. 杭州：浙江大学出版社.
燕红忠. 2008. 从货币流通量看清代前期的经济增长与波动. 清史研究，（3）：24-43.
杨端六. 2007. 货币与银行. 武汉：武汉大学出版社.
杨继军，范从来. 2015. “中国制造”对全球经济“大稳健”时期的影响——基于价值链的实证检验. 中国社会科学，（10）：92-113，205.
杨小凯. 1998. 经济学原理. 北京：中国社会科学出版社.
杨宗麟. 1998. 现行国际货币制度的演变、弊端及未来. 上海金融，（9）：33-35.
姚前. 2016. 中国版数字货币设计考量. 中国金融，（12）：26-27.
姚遂. 2007. 中国金融史. 北京：高等教育出版社.
叶世昌. 1991. 刘冕执的能力本位论. 江海学刊，（5）：38-42.
叶世昌. 2006. 简论 20 世纪中国纸币理论的演变. 复旦学报（社会科学版），（2）：

68-73，85.
叶世昌，李宝金，钟祥财. 2003. 中国货币理论史. 厦门：厦门大学出版社.
叶世昌，潘连贵. 2001. 中国古近代金融史. 上海：复旦大学出版社.
易纲. 2003. 中国的货币化进程. 北京：商务印书馆.
易纲，汤弦. 2001. 汇率制度“角点解假设”的一个理论基础. 金融研究，（8）：5-17.
易宪容，卢婷. 2006. 基础性制度是金融生态的核心. 经济社会体制比较，（2）：47-54.
尹杰. 2000. 谈我国黄金储备的规模问题. 中国黄金经济，（4）：11-13.
袁申国. 2009. 中国经济费雪效应的实证研究：1987-2007——基于多个国家和地区的面板数据分析. 经济问题探索，（6）：8-13.
张成思. 2016. 金融计量学：时间序列分析视角. 2 版. 北京：中国人民大学出版社.
张春嘉. 2007. 流通纸币增长率模型及其用途. 社会科学研究，（1）：27-32.
张春嘉. 2008. 虚拟货币概论. 成都：巴蜀书社.
张杰. 2007. 晚明的货币本位困局. 中国金融，（19）：87.
张杰. 2010a. 认识“制度金融学”. 中国金融，（5）：96.
张杰. 2010b. “恋铜情节”、低水平货币均衡与人民币国际化的“本位困扰”. 中国金融，（9）：95-96.
张立军. 2007. 金融发展影响城乡收入差距的实证研究. 复旦大学博士学位论文.
张萌，钟晓兵. 2004. 名义锚的选择分析. 中国软科学，（7）：146-150.
张明. 2002a. 负熵与货币——经济学的重构. 杭州：浙江大学出版社.
张明. 2002b. 国际货币制度变迁的系统相容性分析. 中央财经大学学报，（3）：24-28，67.
张明. 2010. 国际货币体系改革：背景、原因、措施及中国的参与. 国际经济评论，（1）：114-137.
张曙光. 2001. 构造可持续发展的经济体制. 天津社会科学，（5）：89-94.
张庭宾. 2009. 共和国新 60 年攻略：黄金保卫中国. 北京：机械工业出版社.
张五常. 2010. 货币战略论：从价格理论看中国经验. 北京：中信出版社.
张五六. 2009. 基于分位数回归模型的我国“费雪效应”检验. 统计教育，（12）：7-11.
张晓京. 2016. 我国央行宜大力增加黄金储备. 中国经贸导刊，（11）：31-33.
张友直. 2009. 中国实物货币通论. 北京：中国财政经济出版社.
张雨燕，高程. 2004. 美洲金银和西方世界的兴起. 北京：中信出版社.
赵静. 2009. 实施绿色金融措施保护环境概论——以英国“绿色金融项目”为例. 法制与社会，（2）：132-133.
郑友揆. 1984. 中国的对外贸易和工业发展（1840-1948）. 上海：上海社会科学院出版社.

郑振龙，陈国进，等. 2009. 金融制度设计与经济增长. 北京：经济科学出版社.

中国经济增长与宏观稳定课题组. 2007. 金融发展与经济增长：从动员性扩张向市场配置的转变. 经济研究，（4）：4-17.

中国人民大学国际货币研究所. 2017. 人民币国际化报告 2017：强化人民币金融交易功能. 北京：中国人民大学出版社.

钟伟. 2001. 国际货币体系的百年变迁和远瞻. 国际金融研究，（4）：8-13.

钟伟. 2003. 盯住一篮子货币是否具有可行性？金融信息参考，（12）：37-38.

周洁卿. 2005. 论我国黄金储备适度规模及其实现途径. 上海金融，（11）：34-36.

周其仁. 2008. 货币、制度成本与中国经济增长. 国际经济评论，（5~6）：10-14.

周小川. 2005. 法治金融生态. 中国经济周刊，（3）：11.

周小川. 2009-03-23. 关于改革国际货币体系的思考. http://www.pbc.gov.cn/hanglingdao/128697/128719/128772/2847833/index.html.

朱纯福. 2011. 主权货币国际化内在矛盾及其策略选择. 世界经济研究，（3）：28-33，87-88.

朱家贤. 2009. 环境金融法研究. 北京：法律出版社.

朱新蓉. 2000. 论金融环境的可持续性. 中南财经大学学报，（4）：58-60.

朱新蓉，朱振元. 2008. 人民币汇率波动与中国股票价格报酬之间的相关性——基于 2005 年至 2007 年的实证分析. 金融研究，（11）：99-107.

Allen F，Gale D. 2000. Comparing Financial Systems. Cambridge：MIT Press.

Antonio M，Martins C. 1980. A nominal theory of the nominal rate of interest and the price level. The Journal of Political Economy，88（1）：174-185.

Arrow K. 1969. The organization of economic activity：issues pertinent to the choice of market versus nonmarket allocation//The Analysis and Evaluation of Public Expenditure：The PPB System，Vol 1，US Joint Economic Committee，91st Congress，1st Session. Washington，D. C. ：US Government Printing Office：39-73.

Atkins F J，Coe P J. 2002. An ARDL bounds test of the long-run Fisher effect in the United States and Canada. Journal of Macroeconomics，24（2）：255-266.

Atkins F J，Serletis A. 2003. Bounds test of the Gibson paradox and the Fisher effect：evidence from low-frequency international data. The Manchester School，71（6）：673-679.

Bae S C，Yi T D. 2009. Structural breaks and the Fisher hypothesis in bond and stock markets. Applied Financial Economics，19（24）：1961-1973.

Bagehot W. 1866. One banking reserve or many? The Economist，24（Sep）：1025-1026.

Bagehot W. 1873. Lombard Street：A Description of the Money Market. London：William Clowes and Sons.

Bailey M J. 1956. The welfare cost of inflationary finance. The Journal of Political Economy，64（2）：93-110.

Barsky R B，de Long J B. 1991. Forecasting pre-World War Ⅰ inflation：the Fisher effect and the gold standard. The Quarterly Journal of Economics，106（3）：815-836.

Barsky R B，Summers L H. 1988. Gibson's paradox and the gold standard. Journal of Political Economy，96（3）：528-550.

Barthold T A，Dougan W R. 1986. The Fisher hypothesis under different monetary regimes. The Review of Economics and Statistics，68（4）：674-679.

Beck T，Levine R，Loayza N. 2000. Finance and the sources of growth. Journal of Financial Economics，58（1）：2107-2137.

Benjamin D K，Kochin L A. 1984. A retropective on the classical gold standard，1821-1931//Bordo M D，Schwartz A J. War，Prices，and Interest Rates：A Martial Solution to Gibson's Paradox. Chicago：University of Chicago Press：587-604.

Bernanke B S. 2004-02-20. The geat moderation. http://www.federalreserve.gov/BOARDDOCS/SPEECHES/2004/20040220/default.htm.

Bernholz P. 1986. The implementation and maintenance of a monetary constitution. Cato Journal，6（2）：477-511.

Bernstein E M. 1935. Money and the Economic System. Orange County：The University of North Carolina Press.

Bordo M D. 1995. Is there a good case for a new bretton woods international monetary system? The American Economic Review，85（2）：317-322.

Bordo M D. 2003. Exchange rate regime choice in historical perspective. IMF Working Paper，No.WP/03/160，August.

Bordo M D，Rockoff H. 1996. The gold standard as a "good housekeeping seal of approval". The Journal of Economic History，56（2）：389-428.

Bordo M D，Schwartz A J. 1984. A Retrospective on the Classical Gold Standard，1821-1931. Chicago：University of Chicago Press.

Boyreau D G. 2003. Financial intermediation and growth：Chinese style. World Bank Working Paper.

Brown C. 2008. Inequality，Consumer Credit and the Saving Puzzle. Northampton：Edward

Elgar Publishing Limited.

Buchanan J M. 1987. Comment：the constitutional strategy and the monetary regime//Dorn J A，Schwartz A J. The Search for Stable Money. Chicago：The University of Chicago Press：119-127.

Cagan P. 1965. Determinants and Effects of Changes in the Stock of Money，1875-1960. New York：Columbia University Press for the National Bureau of Economic Research.

Cameron R，Patrick H T，Tilly R，et al. 1967. Banking in the Early Stages of Industrialization：A Study in Comparative Economic History. New York：Oxford University Press.

Capie F，Mills T C，Wood G E. 1991. Money，new perspectives on the late victorian economy：essays in quantitative economic history 1860 to 1914//Foreman-Peck J. Interest Rates and the Great Depression：Britain from 1870-1913. Cambridge：Cambridge University Press：251-284.

Cassell F. 1965. Gold or Credit? The Economics and Politics of Internatioanal Money. London：Pall Mall Press.

Cetorelli N，Cambera M. 1999. Banking market structure，financial dependence and growth：international evidence from industry data. Journal of Finance，56（2）：617-648.

Chen C，Lee C J. 1990. A varma test on the Gibson paradox. The Review of Economics and Statistics，72（1）：96-107.

Christopoulos D K，León-Ledesma M A. 2007. A long-run nonlinear approach to the Fisher effect. Journal of Money，Credit and Banking，39（2~3）：543-559.

Cohen B J. 1977. Organizing the World's Money：The Political Economy of International Monetary Relations. New York：Basic Books.

Corbae D，Ouliaris S. 1989. A random walk through the Gibson paradox. Journal of Applied Econometrics，4（3）：295-303.

Coulombe S. 1998. A non-paradoxical interpretation of the Gibson paradox. Bank of Canada Working Paper：98-22.

Crowder W J，Hoffman D L. 1996. The long-run relationship between nominal interest rates and inlation：the Fisher equation revisited. Journal of Money，28（1）：102-118.

Daly H E. 1980. Economic，Ecology，Ethics：Essays Toward a Stead-state Economy. San Francisco：W. H. Freeman and Company.

Daly H E. 1991. Steady-State Economics. Washington，D. C.：Island Press.

Daly H E. 2008a. A steady-state economy.

Daly H E. 2008b. Growth and development：critique of a credo. Population and Development Review，34（3）：511-518.

Daly H E. 2009-09-01. Herman Daly on the credit crisis，financial assets，and real wealth. http://www.theoildrum.com/node/4617:2009/9/1.

Daly H E，Cobb J B，Jr. 1989. For the Common Good：Redirecting the Economy Toward Community the Environment and a Surstainable Future. Boston：Beacon Press.

Dam K W. 1982. The Rules of the Game. Chicago：The University of Chicago Press.

Darby M R. 1975. The financial and tax effects of monetary policy on interest rates. Economic Inquiry，13（2）：266-276.

Davidson P. 2002. Financial Market，Money and the Real World. Northampton：Edward Elgar Publishing.

Davidson P. 2004. The future of the international financial system. Journal of Post Keynesian Economics，26（4）：591-605.

Davies G.1994. A History of Money：From Ancient Times to the Present Day. Cardiff：University of Wales Press.

Dowd K. 1988. Option clauses and the stability of a laissez faire monetary system. Journal of Financial Services Research，1（4）：319-333.

Dowd K，Harrison B. 2000. The Gibson paradox and the gold standard：evidence from the United Kingdom，1821-1913. Applied Economics Letters，7（11）：711-713.

Dwyer G P，Jr. 1984. The Gibson paradox：a cross-country analysis. New Series，51（202）：109-127.

Eichengreen B. 1992. Golden Fetters：The Gold Standard and the Great Depression，1919-1939. Oxford：Oxford University Press.

Emerson M，Gros D，Italianer A. 1992. One Market，One Money：An Evaluation of the Potential Benefits and Costs of Forming an Economic and Monetary Union. Oxford：Oxford University Press.

Evans M D D，Lewis K K. 1995. Do expected shifts in inflation affect estimates of the long-run Fisher relation? Journal of Finance，50（1）：225-253.

Evans P，Wang X. 2008. A tale of two effects. The Review of Economics and Statistics，90（1）：147-157.

Fama E F. 1975. Short-term interest rates as predictors of inflation. American Economic Review，65（3）：269-282.

Fama E F. 1983. Financial intermediation and price level control. Journal of Monetary Economics, 12（1）: 7-28.

Fisher I. 1896. Appreciation and Interest. Cambridge: American Economic Association.

Fisher I. 1911. The "impatience theory" of interest: a study of the cause determining the rate of interest. Estratto Da "SCIENTIA" Rivista di Scienza, 9: XVIII-2.

Fisher I. 1930. The Theory of Interest. New York: Macmillan.

Fisman R, Love I. 2003. Trade credit, financial intermediary development, and industry growth. Journal of Finance, 58（1）: 353-374.

Fisman R, Love I. 2004. Financial development and growth in the short and long run. NBER Working Papers 10236.

Foster J B. 2010a. Why ecological revolution. Monthly Review, 61（8）: 1-18.

Foster J B. 2010b. The age of monopoly-finance capital. Monthly Review, 61（9）: 1-13.

Freeman S. 1989. Fiat money as a medium of exchange. International Economic Review, 30（1）: 137-151.

Friedman M. 1951. Commodity-reserve currency. The Journal of Political Economy, 59（3）: 203-232.

Friedman M. 1960. A Program for Monetary Stability. New York: Fordham University Press.

Friedman M. 1961. Real and pseudo gold standards. Journal of Law and Economics, （4）: 66-79.

Friedman M. 1968. The role of monetary policy. American Economics Review, 58（1）: 1-17.

Friedman M. 1982. Monetary policy: theory and practice. Journal of Money, Credit, and Banking, 14（3）: 404-406.

Friedman M. 1986a. The resource cost of irredeemable paper money. The Journal of Political Economy, 94（3）: 642-647.

Friedman M. 1986b. Economists and economic policy. Economic Inquiry, 24（1）: 1-10.

Friedman M. 1990. The crime of 1873. The Journal of Political Economy, 98（6）: 1159-1194.

Friedman M, Franklin D. 1992. Roosevelt, silver, and China. The Journal of Political Economy, 100（1）: 62-83.

Friedman M, Schwartz A J. 1963a. A Monetary History of the United States, 1867-1960. Princeton: Princeton University Press.

Friedman M, Schwartz A J. 1963b. Money and business cycles. The Review of Economics and Statistics, 45（1）: 32-64.

Friedman M, Schwartz A J. 1974. From Gibson to Fisher. NBER: Explorations in Economic

Research，3（2）：130-133.

Friedman M，Schwartz A J. 1982. Monetary Trends in the United States and the United Kingdom：Their Relation to Income，Prices，and Interest Rates，1867-1975. Chicago：University of Chicago Press.

Friedman M，Schwartz A J. 1986. Has government any role in money? Journal of Monetary Economics，17（1）：37-62.

Fry M J. 1978. Money and capital or financial deepening in economic development? Journal of Money，Credit and Banking，10（4）：464-475.

Gandal N，Sussan N. 1997. Asymmetric information and commodity money：tickling the tolerance in medieval france. Journal of Money，Credit and Banking，29（4）：440-457.

Garrison R W. 1985. The Costs of a Gold Standard//Rockwell L H，Jr. The Gold Standard：An Austrian Perspective. Lexington：D. C. Heath and Co. ：61-79.

Gibson A H. 1923. The future course of high class investment values. Banker's Magazine，115：15-34.

Glasner D. 1997. Classical money theory and the quantity theory. Bureau of Economics，Federal Trade Commission.

Goldsmith R W. 1969. Financial Structure and Development. New Haven，Conn：Yale University Press.

Goodhart C A E. 1994. What should central banks do? What should be their macroeconomic objectives and operations? The Economic Journal，104（427）：1424-1436.

Gordon R J. 1973. Interest rates and prices in the long run：comment. Journal of Money，Credit and Banking，5（1）：460-463.

Graham B. 1944. World Commodities and World Currency. New York，London：McGraw-Hill.

Gurley J G，Shaw E S. 1967. Financial structure and economic development. Economic Development and Cultural Change，15（3）：257-268.

Guttmann R. 1994. How Credit-money Shapes the Economy：The United States in a Global System. Armonk：M. E. Sharpe，Inc. ：138.

Hall R E. 1982. Explorations in the Gold Standard and Related Policies for Stabilizing the Dollar. London，Chicago：Chicago University Press.

Hannsgen G. 2006. Gibson's paradox Ⅱ. The Levy Economics Institute Working Paper，No. 448.

Harley C K. 1977. The interest rate and prices in Britain，1873-1913：a study of the Gibson paradox. Explorations in Economic History，14（1）：69-89.

Hayek F A. 1976. Choice in currency：a way to stop inflation. The Institute of Economic Affairs.

Hellman T, Murdock K, Stiglitz J. 1997. The role of government in East Asian economic development: comparative institutional analysis//Khan M, Kim H-K, Mckinnon R, et al. Financial Restraint: Towards a New Paradigm. Oxford: Clarendon Press: 163-207.

Hutchinson F, Burkitt B. 1997. Towards a re-evaluation of the role of finance in the causation of environmental degradation. Local Environment, 2（1）: 7-17.

Ibrahim I B, Williams R M. 1978. The Fisher relationship under different monetary standards: note. Journal of Money, Credit and Banking, 10（3）: 363-370.

Jeucken M. 2002. Sustainable finance and banking-slow starters are gaining pace. Ethical Corporation Magazize, 11: 44-48.

Kasibhatla K M. 2010. Cointegration and short-ran dynamics of U.S. long bond rate and inflation rate. North American Journal of Finance and Banking Research, 4（4）: 50-61.

Keynes J M. 1913. Indian Currency and Finance. London: Macmillan and Company Ltd.

Keynes J M. 1923. A Tract on Monetary Reform. London: Macmillan and Company Ltd.

Keynes J M. 1930. A Treatise on Money. London: Macmillan and Company Ltd.

King R G, Levine R. 1993. Finance, entrepreneurship, and growth: theory and evidence. Journal of Monetary Economics, 32（3）: 513-542.

Kitchin J. 1923. Cycles and trends in economic factors. Review of Economics and Statistics, 5（1）: 10-16.

Klein B. 1974. The competitive supply of money. Journal of Money, Credit, and Banking, 6（4）: 423-453.

Klein B. 1975. Our new monetary standard: the measurement and effects of price uncertainty, 1880-1973. Economic Inquiry, 13（4）: 461-483.

Lee C J, Petruzzi C R. 1986. The Gibson paradox and the monetary standard. Review of Economics and Statistics, 68（2）: 189-196.

Lee F K. 2009. An empirical study of the Fisher effect and the dynamic relation between nominal interest rate and inflation in Singapore. The Singapore Economic Review, 54（1）: 75-88.

Levine R. 1997. Financial development and economic growth: views and agenda. Journal of Economic Literature, 35（2）: 688-726.

Levine R, Zervos S. 1998. Stock markets, banks, and economic growth. The American Economic Review, 88（3）: 537-558.

Lewis N. 2007. Gold the Once and Future Money. Hoboken: John Wiley & Sons, Inc.

Lopez-Cordova J E, Meissner C M. 2003. Exchange-rate regimes and international trade: evidence from the classical gold standard era. The American Economic Review，93（1）：344-353.

Lucas R E，Jr. 2000. Inflation and welfare. Econometrica，68（2）：247-274.

Macauley F R. 1938. Some Theoretical Problems Sugeested by Movements of Interest Rates，Bond Yields，and Stock Prices in the United States Since 1856. New York：NBER.

MacKinnon J G. 1996. Numerical distribution functions for unit root and cointegration tests. Journal of Applied Econometrics，11（6）：601-618.

Malliaropulos D. 2000. A note on nonstationarity，structural breaks，and the Fisher effect. Journal of Banking and Finance，24（5）：695-707.

Mason W E. 1963. Clarification of the Monetary Standard. Philadelphia：The Pennsylvania State University Press.

McKinnon R I. 1973. Money and Capital in Economic Development. Washington，D. C.：The Brookings Institution.

McKinnon R I. 1993. The rules of the game：international money in historical perspective. Journal of Economic Literature，31（1）：1-44.

Meadows D L，Meadows D H，Randers J，et al. 1974. The Limits to Growth：A Report for the Club of Rome's Project on the Predicament of Mankind. New York：Universe Books.

Mehrling P. 2011. The New Lombard Street：How the Fed Became the Dealer of Last Resort. Princeton：Princeton University Press.

Meltzer A H. 1983. Monetary reform in an uncertain environment. Cato Journal，3（1）：93-120.

Meltzer A H. 1986. Alternative monetary regimes//Campbell C D，Dougan W. Some Evidence on the Comparitive Uncertainty Experienced Under different Monetary Regimes. Baltimore：The Johns Hopkins University Press：122-153.

Menger K. 1892. On the origin of money. The Economic Journal，2（6）：239-255.

Mills T C. 2008. Exploring historical economic relationships：two and a half centuries of British interest rates and inflation. Cliometrica，2（3）：213-228.

Milne W J，Torous W N. 1984. Long-term interest rates and the price level：the Canadian evidence on the Gibson paradox. The Canadian Journal of Economics，17（2）：327-339.

Mises L V. 1953. The Theory of Money and Credit. New Haven：Yale University Press.

Mishkin F S. 1991. Is the Fisher effect for real? A reexamination of the relationship between inflation and interest rates. Journal of Monetary Economics，30（2）：195-215.

Mundell R A. 1961. A theory of optimum currency areas. American Economic Review，51（4）：657-665.

Mundell R A. 1963. Inflation and real interest. Journal of Political Economy，71（3）：280-283.

Mundell R A. 1998. Uses and abuses of gresham's law in the history of money. Journal of Economics，2（2）：3-38.

Mundell R A，Zak P J. 2002. Monetary Stability and Economic Growth：A Dialog Between Leading Economists. Northampton：Edward Elgar Publishing Limited.

Muscatelli V A，Spinelli F. 1996. Gibson's paradox and policy regimes：a comparison of the experience in the US，UK and Italy. Scottish Journal of Political Economy，43（4）：468-492.

Nishibe M. 2001-12-06. On LETS. http://cc.econ.hokudai.ac.jp/works01/On_LETS.pdf.

Nusair S A. 2008. Testing for the Fisher hypothesis under regime shifts：an application to Asian countries. International Economic Journal，22（2）：273-284.

Palley T I. 2004. Asset-based reserve requirements：reasserting domestic monetary control in an era of financial innovation and instability. Review of Political Economy，16（1）：43-58.

Panopoulou E. 2005. A resolution of the Fisher effect puzzle：a comparison of estimators. IIIS Discussion Paper，No. 67.

Papaioannou E. 2007. Finance and growth—a macroeconomic assessment of the evidence from a European angle. European Central Bank Working Paper Series，No.787.

Patinkin D. 1956. Money，Interest，and Prices：An Integration of Monetary and Value Theory. Evanston：Row，Peterson and Co.

Rajan R G，Zingales L. 1998. Financial dependence and growth. American Economic Review，88（3）：559-586.

Redish A. 1990. The evolution of the gold standard in England. The Journal of Economic History，50（4）：789-805.

Ritter J A. 1995. The Transition from barter to fiat money. American Economic Review，85（1）：134-149.

Rolnick A J，Weber W E. 1994. Inflation and money and output under alternative monetary standards. Federal Reserve Bank of Minneapolis Staff Report 175.

Santis M D. 2007. Individual consumption risk and the welfare cost of business cycles. American Economic Review，97（4）：1488-1506.

Sargent T J. 1973. Interest rates and prices in the long run：a study of the Gibson paradox. Journal of Money，Credit and Banking，5（1）：385-449.

Schumpeter J A. 1934. The Theory of Economic Development. New York：Oxford University Press.

Selgin G A，White L H. 1994. Monetary reform and the redemption of national bank notes，

1863-1913. Business History Review，68 （2）：205-243.

Serletis A，Yavari K. 2004. The welfare cost of inflation in Canada and the United States. Economics Letters，84（2）：199-204.

Serletis A，Yavari K. 2005. The welfare cost of inflation in Italy. Applied Economics Letters，12（3）：165-168.

Serletis A，Zestos G. 1999. On Gibson paradox. Review of International Economics，7（1）：117-115.

Seyfang G. 2001. Money that makes a change：community currencies，north and south. Gender and Development，9（1）：60-69.

Shaw E S. 1973. Financial Deepening in Economic Development. Oxford：Oxford University Press.

Shiller R J，Siegel J J. 1977. The Gibson paradox and historical movements in real interest rates. The Journal of Political Economy，85（5）：891-908.

Soddy F. 1926. Wealth，Virtual Wealth and Debt. London：George Allen & Unwin.

Soto J H. 2009. Money，bank credit and business cycle. 2nd ed. Ludwig von Mises Institute.

Stephen S. 2002. The lost science of money，the mythology of money-the story of power. American Monetary Institute.

Sumner S. 1993. The role of the gold standard in the Gibson paradox. Bulletin of Economic Research，45（3）：215-228.

Tobin J. 1965. Money and economic growth. Econometrica，33（4）：671-684.

Toma M. 1982. Inflationary bias of the federal reserve system：a bureaucratic perspective. Journal of Monetary Economics，10（2）：163-190.

Wallace M S，Warner J T. 1993. The Fisher effect and the term structure of interest rates：test of cointegration. The Review of Economics and Statistics，75（2）：320-324.

Westerlund J. 2008. Panel cointegration tests of the Fisher effect. Journal of Applied Econometrics，23（2）：191-233.

White L H. 1990. Competitive monetary reform：a review essay. Journal of Monetary Economics，26（1）：191-202.

White L H. 1999. The Theory of Monetary Institutions. Oxford：Blackwell Publishers.

Wicksell K. 1907. The influence of the rate of interest on prices. The Economic Journal，17（66）：213-220.

Wicksell K. 1936. Interest and Prices：A Study of the Causes Regulating the Value of Money. London：macmillan and Co. ，Limited.

Wood J H. 1963. Expectations，errors，and the term structure of interest rates. Journal of Political Economy，71（2）：160-171.

Wood J H. 1983. Do Yield cure slop up? The term structure of interest rates，1862-1982. Economic Perspectives：Federal Reserve Bank of Chicago 7，July-August：17-23.

Woodward G T. 1992. Evidence of the Fisher effect from U.K. indexed bonds. The Review of Economics and Statistics，74（2）：315-320.

Worldwatch Institute. 2005. State of the World 2005：Redefining Global Security. New York：Norton and Company.

Wray L R. 2011. Minsky's money manager capitalism and the global financial crisis. Levy Economics Institute of Bard College，Working Paper，No.661.

WWF. 2012. Japan ecological footprint report 2012.

WWF. 2016. Living planet report 2016：risk and resilience in a new era.

Yuhn K-H. 1996. Is the Fisher effect robust? Further evidence. Applied Economics Letters，3（1）：41-44.

Zoellick R B. 2010-11-08. G20 must look beyond breton woods. http://go.worldbank.org/CJ3YADS1S0.

附录一　基于1978~2010年的物价利率关系实证结果①

一、序列平稳性检验结果

对两种货币本位时期的物价水平、年通胀率和利率的水平值和一阶差分分别进行ADF单位根检验，最大滞后7期，SIC信息准则，MacKinnon（1996）单边*P*临界值。是否带截距项视其显著性而定。采用0.05显著性水平，若小于0.05显著水平，则拒绝变量为I（1）的原假设，反之则不能拒绝。检验结果如附表1-1所示。

附表1-1　序列平稳性的ADF单位根检验结果

期间	序列名称	水平值 t-statistics	一阶差分 t-statistics	水平序列性质	差分序列性质
白银核心金属本位（1873~1910年）	批发物价指数（P）	1.981 2	$-6.742\ 6^{***}$	I（1）	I（0）
	年通胀率（π）	$-6.684\ 5^{***}$	$-5.175\ 4^{***}$	I（0）	I（0）
	上海银拆年均利率（i）	$-4.853\ 4^{***}$	$-4.108\ 2^{***}$	I（0）	I（0）
不可兑换管理本位（1978~2010年）	CPI（P）②	1.019 5	$-1.862\ 1^{*}$	I（2）	I（1）
	年通胀率（π）	$-1.836\ 0^{*}$	$-5.249\ 5^{***}$	I（1）	I（0）
	一年期存款利率（年末）（i）	−0.660 4	$-4.757\ 5^{***}$	I（1）	I（0）
	一年期存款利率（均值）（$\bar{i}$）	−0.841 1	$-3.818\ 7^{***}$	I（1）	I（0）

*表示0.1显著水平，***表示0.01显著水平

附表1-1中报告检验统计量t值，*表示显著性水平。可以看到，白银核心

① 附录中的实证结果作为本人与朱新蓉教授的论文《基于货币本位制度变迁的物价利率关系实证研究》的一部分发表在《金融研究》2012年第6期。

② CPI的二阶差分单位根检验结果为I（0）过程。

金属本位时期（1873~1910 年）的物价指数为 I（1）过程，通胀率和利率则为 I（0）过程；不可兑换管理本位时期（1978~2010 年）的物价指数为 I（2）过程，通胀率和利率为 I（1）过程。这个结果表明不可兑换管理本位时期的物价水平和利率不是同阶过程，水平值序列之间、一阶差分序列之间都不存在同阶协整关系。至此已经可以认为在不可兑换管理本位时期利率和物价水平没有长期均衡的线性相关关系，排除吉布森悖论的存在。

二、协整检验结果

不可兑换管理本位时期的通胀率和利率都是 I（1）过程，因此需要检验两者是否存在协整关系。根据 SC 准则，选择滞后长度为 1 期进行 Johansen 协整检验，结果见附表 1-2。

附表 1-2　不可兑换管理本位时期利率与通胀率 Johansen 协整检验结果

原假设	无协整关系	至多 1 个协整关系	结论（0.05 水平）
Trace 统计量	18.671**	1.286	1 个协整关系

**表示 0.05 显著水平

从附表 1-2 中可以看到，在 0.05 水平上认为利率与通胀率具有 1 个线性协整关系；至此，通过协整检验可以知道不可兑换管理本位时期利率与通胀率存在长期均衡关系。

三、回归结果

由于白银核心金属本位时期批发物价指数水平值为 I（1）过程，而利率为 I（0）过程，不适于直接进行最小二乘回归；故差分平稳后进行回归。而通胀率和利率都是 I（0）过程，直接进行了 OLS 回归。回归结果报告见附表 1-3。不可兑换管理本位时期通胀率和利率有协整关系，直接进行 OLS 回归发现存在残差自相关，因此加入 AR（1）项进行修正后的 OLS 估计，结果报告见附表 1-4。

附表 1-3　中国白银核心金属本位时期（1873~1910 年）回归结果

变量	OLS	回归系数	R^2	DW	残差自相关 Q 检验和单位根检验
物价水平与利率	$\Delta P_t = \alpha \Delta i_{t-1} + \varepsilon_t$	0.27	0.02	2.45	无自相关 I（0）
	$\Delta P_t = \alpha_G \Delta i_t + \varepsilon_t$	0.68**	0.11	2.07	无自相关 I（0）
	$\Delta P_t = \alpha \Delta i_{t+1} + \varepsilon_t$	−0.27	0.02	1.94	无自相关 I（0）

续表

变量	OLS	回归系数	R^2	DW	残差自相关 Q 检验和单位根检验
通胀率与利率	$\pi_t = \beta_F i_{t-1} + \mu_t$	−0.83*	0.09	2.06	自相关 I（0）
	$\pi_t = \beta i_t + \mu_t$	0.34	0.01	1.84	无自相关 I（0）
	$\pi_t = \beta i_{t+1} + \mu_t$	−0.20	0.00	1.91	无自相关 I（0）

*表示 0.1 显著水平，**表示 0.05 显著水平

附表 1-4　中国不可兑换管理本位时期（1978~2010 年）通胀率与利率回归结果

回归方程	回归系数	R^2	DW	残差自相关 Q 检验和单位根检验
$\pi_t = \beta_F i_{t-1} + \mu_t + \text{AR}(1)$	1.13***	0.58	1.75	无自相关 I（0）
$\Delta\pi_t = \beta_F \Delta i_{t-1} + \mu_t$	1.14*	0.10	2.16	无自相关 I（0）
$\pi_t = \beta i_t + \mu_t + \text{AR}(1)$	1.93***	0.75	1.93	无自相关 I（0）
$\Delta\pi_t = \beta\Delta i_t + \mu_t$	2.65***	0.53	2.63	无自相关 I（0）
$\pi_t = \beta i_{t+1} + \mu_t + \text{AR}(1)$	1.05***	0.51	1.68	无自相关 I（0）
$\Delta\pi_t = \beta\Delta i_{t+1} + \mu_t$	0.39	0.01	1.85	无自相关 I（0）

*表示 0.1 显著水平，***表示 0.01 显著水平

为了对物价利率及通胀率的相互关系有个更全面的比较，分别进行了物价、通胀率对滞后 1 期、同期、下一期利率的回归。

从附表 1-3 结果可以看出：①物价与滞后、领先 1 期利率（差分）的回归系数均不显著，只有同期物价水平与利率的差分回归系数为 0.68，显著水平 0.05，残差无自相关，表明中国这一时期存在吉布森悖论现象，即物价和利率存在显著同期正相关关系；②通胀率和过去一期利率的回归系数为负值（−0.83），显著水平 0.1，且残差自相关，用 AR（1）修正后残差自相关并无改进，这影响到回归系数的可靠性①。因此完全拒绝一个正的费雪效应。这与国外学者检验欧美金本位时期费雪效应往往得到显著负相关的结果一致。Friedman 和 Schwartz（1982）认为英美最典型的吉布森悖论时期（1880~1914 年）的物价利率关系研究结果，虽然无法排除，但也决不支持费雪假说。在本书研究中必须指出的是，由于数据可得性的限制，实证所用通胀率为年度数据，而利率为年化平均日利率，两者覆盖时期不匹配，基于长期利率与短期利率在水平上具有长期一致性，而在波动程度上差异较大，因此作者谨慎地认为，实证结果虽不能就此完全排除，但绝不支持这一时期的费雪效应存在性。

从附表 1-4 可以看到，本年通胀率与上年末利率的修正后回归系数为

① 差分后的回归系数仍然为负值，自相关也没有消失，AR（1）修正也无改进，提示通胀率和上期利率的关系不稳定。

1.13，0.01 水平显著，残差平稳且无自相关，表明 1978~2010 年不可兑换管理本位时期我国存在费雪效应，名义利率对（后验的）预期通胀率的调整系数在 0.885 左右[①]，属于部分费雪效应。这个结果与当前对我国费雪效应实证的主流看法基本一致，即中国存在部分或弱费雪效应。此外，通胀率和同期、下一期的期末利率都有显著的正相关关系，也隐含着本期期末利率与上一期和同期通胀率有正相关关系。

四、格兰杰因果检验结果

检验我国白银核心金属本位时期物价利率之间、不可兑换管理本位时期通胀率和年末利率之间的格兰杰因果关系，检验结果分别按滞后 1 期、2 期和 3 期报告于附表 1-5。白银核心金属本位时期（1873~1910 年）的物价是 I（1）变量而利率是 I（0）变量，故经过差分平稳后进行检验；不可兑换管理本位时期（1978~2010 年）利率和通胀率都是 I（1）非平稳变量，并且两者存在 1 个协整关系，但直接的格兰杰因果检验有出现伪因果的可能，为了提高可靠性，本书同时进行了水平变量检验和差分平稳变量检验。

附表 1-5　利率和通胀率的格兰杰因果关系检验结果

货币本位时期	原假设	F 统计量		
		滞后 1 期	滞后 2 期	滞后 3 期
白银核心金属本位（1873~1910 年）	ΔP 不是 Δi 的原因	0.483	0.189	0.644
	Δi 不是 ΔP 的原因	1.516	1.752	1.179
不可兑换管理本位（1978~2010 年）	π 不是 i 的原因	4.468**	3.820**	2.824*
	i 不是 π 的原因	7.870***	7.172***	4.477**
	$\Delta\pi$ 不是 Δi 的原因	0.016	1.416	1.396
	Δi 不是 $\Delta\pi$ 的原因	6.389**	3.931**	2.863*

*表示 0.1 显著水平，**表示 0.05 显著水平，***表示 0.01 显著水平

附表 1-5 结果显示，我国金属货币本位时期（差分后）物价和利率的格兰杰因果检验的 F 统计量均不显著，提示两个变量相互独立，一方的滞后因子对对方没有解释能力。这个结果从侧面支持了吉布森悖论是同期相关关系。

不可兑换管理本位时期水平变量格兰杰因果检验表明，通胀率是利率的格兰杰原因，在滞后 1 期和 2 期条件下 F 统计量均在 0.05 水平以上显著；同

① 回归系数 1.13 的倒数。

时利率更是通胀率的格兰杰原因，1、2、3 期滞后均在 0.05 水平以上显著。与前面的回归结果结合起来表明，我国法定存款利率和通胀率之间可能存在双向反馈机制，即通胀率的升降影响利率的升降，利率的升降影响通胀率的升降，利率的先行解释作用相对更强，是一种自我增强、自我实现的非稳定机制。差分平稳变量格兰杰因果检验结果，在滞后 1-2 期条件下拒绝利率不是通胀率的格兰杰原因的原假设，而接受通胀率不是利率的格兰杰原因的原假设，意味着利率对通胀率有单向解释能力。以滞后 1 期而言，即表示上年末利率对本年的通胀率有显著的格兰杰先行关系，这正是通胀预期作用下费雪效应的表现。这一方面印证了格兰杰关于协整变量之间至少有一个方向的格兰杰因果关系的论断；另一方面也削弱了水平非平稳变量检验得出的双向格兰杰因果关系结论，当然，差分过程也可能损失了有用信息。总之，两种检验都强烈支持我国不可兑换管理本位时期利率对通胀率的先行关系，即费雪效应；而通胀率对利率的先行关系，即使存在，其表现也相对较弱。因此，年末利率与其说是对过去通胀率的反映，不如说是对预期未来通胀率的准备。

五、结论

综上，基于我国货币本位制度变迁的物价利率关系实证结果表明：其一，我国白银核心金属本位时期（1873~1910 年）存在显著的吉布森悖论，但不支持费雪效应，同期物价利率正相关系数在 0.35 左右；而物价变动和利率变动独立，相互没有格兰杰因果关系。其二，不可兑换管理本位时期（1978~2010 年）不存在吉布森悖论，存在一个显著的部分费雪效应，名义利率对通胀率的调整系数约为 0.885。同时不可兑换管理本位的通胀率和利率相互正向反馈，具有不断自我加强、自我实现的不稳定机制。实证结果支持货币本位变迁理论，即吉布森悖论是商品货币本位制度的产物，而费雪效应是不可兑换管理本位（亦即法定货币制度）的产物。

附录二　基于市场化利率对我国物价利率关系的再检验

鉴于到 2015 年 10 月，我国基本放开了对存款和贷款利率的管制，利率市场化改革基本完成，随着以上海银行间同业拆放利率（Shanghai Interbank Offered Rate，SHIBOR）贷款基准利率（loan prime rate，LPR）为核心的市场化利率体系逐步形成，中央银行将不再公布存贷款基准利率。如附图 2-1 所示，与以实际交易为基础的 SHIBOR 记录相比，LPR 是由银行报价形成的，走势缺乏弹性，因此本检验选择 1 年期 SHIBOR 利率和年度 CPI 进行吉布森悖论和费雪效应的再检验，模型、方法和步骤大体与第四章第二节相同。

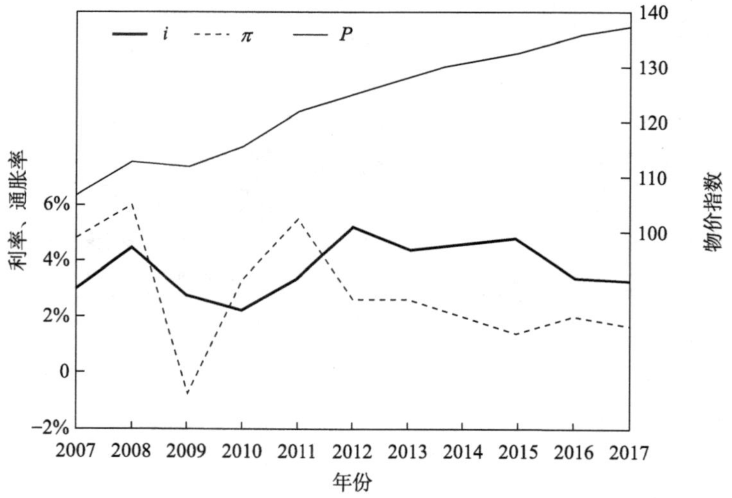

附图 2-1　中国不可兑换管理本位时期的物价指数、利率、通胀率（2007~2017 年）

一、数据

限于数据可得性，利率采用 2007~2017 年 1 年期上海银行间同业拆放利率的年底最后 20 日均值。数据来源于中国货币网网站（www.chinamoney.com.cn）公布的历史数据。年底利率（i）应包含了对次年通胀的预期。物价水平则采用定基消费物价指数 P（2005 年=100），通胀率（π）则选用了年度 CPI 环比变化率，数据来自国家统计局网站。

二、实证结果

（一）时间序列平稳性和协整检验

对 CPI、年通胀率和一年期 SHIBOR 利率的平稳性检验结果如附表 2-1 所示。

附表 2-1　时间序列平稳性的 ADF 单位根检验结果

序列名称	水平值 t-statistics	一阶差分 t-statistics	水平序列性质	差分序列性质
CPI（P，2005 年=100）	4.810 5	−1.568 3	I（2）	I（1）
年通胀率（π）	−1.723 5*	−8.467 0***	I（0）/I（1）	I（0）
一年期 SHIBOR 利率（i）	−0.374 5	−3.481 5***	I（1）	I（0）

*为 0.1 水平显著，***为 0.01 水平显著

可见，物价指数为I（2）过程，而通胀率为I（0）（0.1 显著水平下）过程利率为 I（1）过程，这与利率管制时期相同。由于物价指数和利率不是同阶过程，水平值序列之间、一阶差分序列之间都不存在协整关系，至此可以认为，在不可兑换本位时期的市场化利率和物价水平之间没有长期均衡的线性相关关系，排除了吉布森悖论的存在。

由于在 0.1 显著水平上通胀率为I（0），而在 0.01 显著性水平上为I（1）过程，而利率为 I（1），不能排除水平回归。而由于样本量小，无法采用 Johansen 协整检验。根据 Engle-Granger 协整检验法，发现利率和通胀率的 OLS 残差的单位根 ADF 检验 t 值为−3.073 0，根据张成思（2016）整理的 Engle-Granger 协整检验中残差序列单位根检验临界值表，在 0.05 显著水平上，50 个样本量到无穷大样本下，2 个变量协整检验的 t 临界值介于−3.461~−3.34，因此接受存在单位根的原假设，即通胀率和利率即使都为I（1）过程，也不存在长期协整关系。

（二）OLS 回归结果

采用平稳变量的 OLS 回归检验物价和利率之间的关系，包括通胀率及其变动与上期、同期和下期的 1 年期 SHIBOR 利率变动的回归，得到结果如附表 2-2 所示。

附表 2-2　中国不可兑换本位时期市场利率与通胀率 OLS 回归结果（2007~2017 年）

回归方程	回归系数	R^2	DW	残差 Q 检验和单位根检验
$\pi_t = \beta_F i_{t-1} + \mu_t$	1.086 5**	0.46	2.78	无自相关 I（0）
$\Delta\pi_t = \beta_F \Delta i_{t-1} + \mu_t$	0.555 2	0.05	2.83	无自相关 I（0）
$\pi_t = \beta\Delta i_t + \mu_t$	0.357 0	0.05	2.08	无自相关 I（0）
$\Delta\pi_t = \beta\Delta i_t + \mu_t$	0.979 4	0.17	3.01	自相关 I（0）
$\pi_t = \beta\Delta i_{t+1} + \mu_t$	−0.799 8	0.23	2.30	无自相关 I（0）
$\Delta\pi_t = \beta\Delta i_{t+1} + \mu_t$	−0.036 4	0.00	2.85	无自相关 I（0）

**为 0.05 水平显著

可见，只有通胀率和上期利率变化的回归显著，其他都不显著。并且，通胀率及其变动与上期和同期的利率变动的回归系数均为正，而通胀及其变动和下一期利率变动的回归系数均为负数。从可决系数 R^2 来看，通胀率与上期利率变动明显正相关，相关系数（即 R）达到 0.68。

接下来对变量关系进行格兰杰因果检验。由于样本量的限制，同时差分的格兰杰检验只做了滞后 1 期和 2 期，结果见附表 2-3。

附表 2-3　市场利率和通胀率的格兰杰因果检验结果（2007~2017 年）

原假设	F 统计量		
	滞后 1 期	滞后 2 期	滞后 3 期
π 不是 Δi 的原因	1.799	0.117	39.643
Δi 不是 π 的原因	8.329**	1.705	0.743
$\Delta\pi$ 不是 Δi 的原因	0.020	0.357	
Δi 不是 $\Delta\pi$ 的原因	1.808	0.117	

**为 0.05 水平显著

从附表 2-3 可见，在 0.05 的显著水平上，只发现了利率变动是通胀率的格兰杰原因，且仅在滞后 1 期的情况下显著。这说明，上期的利率变动是本期通胀率的先导指标，利率先于通胀率变动，符合费雪效应中利率包含对未来通胀预期的假说。

三、结论

实证结果表明，市场利率的变动，而不是利率本身，与预期通胀有显著的正相关关系，并且利率变动是对未来预期通胀的反映。这意味着市场利率水平和预期物价水平之间存在某种相关性。而标准意义上的吉布森悖论、费雪效应都未发现。

造成这个结果可能的主要原因：一是样本数量较小。我国实行利率市场化改革几十年，但能够获得的公开市场化定价的利率主要还是 2006 年 10 月开始发布的 SHIBOR，迄今只有十几年，在某种程度上制约了实证方法的选择和统计显著性。二是利率的选择。20 日均值虽然最大可能地包含了准确的预期，但是也很可能因为平均效应被其他不准确预期所削弱了。三是我国市场化的利率体系尚在形成过程中，利率的自由定价行为还不充分，同时银行间同业拆放利率受到中央银行货币政策意图的影响，容易出现逆周期调节效应，也是需要考虑的问题。

实证还表明，我国市场化利率和物价水平、通胀率的关系有待进一步的实证观察，从数据到方法还有很多可以探索的地方。

后　记

本书是在博士学位论文的基础上历时两年多修订完成的，对主要数据资料进行了更新，基本结论没有改变，现在来看，主要观点仍然是稳健的和具有前瞻性的，这让我感到欣慰。

距离博士毕业已经过去了五年多，世界对货币本位制度的认识越来越深入，实践也越来越丰富。美国的量化宽松货币政策已经退出，并且进入了加息缩表的正常化进程；欧洲和日本则继续在负利率政策上观望徘徊，小步试探；人民币已经加入了 SDR 货币篮子，广义货币增速降到一位百分数；而新的货币和金融危机的阴影持续笼罩世界。这五年，主权货币和传统金融还遭遇了来自互联网金融的强烈冲击，第三方支付的蓬勃发展让银行体系黯然失色；去中心化的区块链货币，如号称“数字黄金”的比特币等，对国家货币发起了挑战。可以明显地感受到，中国的态度和作用对于世界经济和金融制度的走向越来越重要。本书力求与时俱进，反映货币相关领域的最新变化。但是，受到时间、精力和水平的限制，仍然有不少缺憾，不足之处诚恳欢迎读者的批评指正。

我深深感谢我的导师，2012 年度湖北名师获得者——朱新蓉教授。朱老师既是一位充满关爱、师德高尚的教授，又是一位学识渊博、治学严谨的学者，某种程度上，我对货币问题产生浓厚兴趣，可以追溯到 20 世纪 90 年代初在中南财经大学财金系读本科时期，当时跟从朱新蓉教授学习“货币流通管理”课程时就播下了种子。

我要感谢留美期间的指导老师克里斯·布朗教授和兰道尔·凯瑟琳教授。他们一个是后凯恩斯学派和制度主义的重量级人物，一个是主流经济学的国际知名学者，他们的共同指导使我在学术上可以兼收并蓄、获得丰富的学术养分；既吸收了凯恩斯、后凯恩斯学派的理论，也在实证研究方法上有了长足的进步。

当然，还要感谢我的家人长期以来对我的默默支持和帮助，没有他们的爱和信任，我无法完成出版这部学术专著的梦想。

感谢南昌大学经济管理学院对本书出版的资助！

程　皓

2018年7月30日

于南昌湾里